Hoje,
Walter Benjamin

Hoje, Walter Benjamin

Relicário

Bruno Almeida Guimarães, Imaculada Kangussu, Marcelo de Mello Rangel e Romero Freitas (Orgs.)

CIP –Brasil Catalogação-na-Fonte | Sindicato Nacional dos Editores de Livro, RJ

H719

Hoje, Walter Benjamin / organizado por Bruno Almeida Guimarães...[et al.] – Belo Horizonte : Relicário, 2021.

216 p. ; 15,5cm x 22,5cm.

Inclui bibliografia e índice.

ISBN: 978-65-89889-24-3

1. Filosofia. 2. Walter Benjamin. I. Guimarães, Bruno Almeida. II. Kangussu, Imaculada. III. Rangel, Marcelo de Mello. IV. Freitas, Romero. II. Título.

2021-4315 CDD 100
CDU 1

Elaborado por Odilio Hilario Moreira Junior - CRB-8/9949

COORDENAÇÃO EDITORIAL Maíra Nassif Passos
PROJETO GRÁFICO Ana C. Bahia
CAPA Tamires Mazzo
DIAGRAMAÇÃO Cumbuca Studio
REVISÃO Lucas Morais

RELICÁRIO EDIÇÕES
Rua Machado, 155, casa 1, Colégio Batista | Belo Horizonte, MG, 31110-080
contato@relicarioedicoes.com | www.relicarioedicoes.com
@relicarioedicoes /relicario.edicoes

PREFÁCIO

Completaram-se, no ano passado, oitenta anos da morte de Walter Benjamin (Berlim, 15 de julho de 1892 – Portbou, 27 de setembro de 1940).

Benjamin tem sido cuidadosamente estudado há décadas no Brasil, nos Programas de Pós-Graduação em Filosofia, História, Letras, Artes, Ciências Sociais, Comunicação, Cinema, Direito, Música, Arquitetura, etc., e vem marcando decisivamente as reflexões que têm sido produzidas nos campos da estética e das artes, da ética e da política, da linguagem e da epistemologia. Nesse sentido, o Programa de Pós-Graduação em Filosofia da UFOP também tem se ocupado com atenção especial do pensamento benjaminiano, vide, por exemplo, três dossiês da *Revista Artefilosofia* – Revista de Estética e Filosofia da Arte do Programa de Pós-Graduação em Filosofia da UFOP: v. 4, n. 6, de 2009; v. 14, n. 26, de 2019 e o v. 15, n. 29, de 2020, dedicados à obra do filósofo alemão.

A ideia inicial foi, assim, a de organizarmos um livro sobre o pensamento benjaminiano por ocasião dos oitenta anos de sua morte, reunindo textos de especialistas brasileiros(as) em torno da obra do autor; no entanto, percebemos que não se tratava apenas de um livro sobre Benjamin, e sim, como indica o próprio título, de um livro sobre e *para* o hoje a partir do pensamento benjaminiano.

Trata-se da importância do pensamento de Benjamin para refletirmos sobre e no mundo contemporâneo, marcado por uma intensa aceleração temporal, lutas pela igualização e anticoloniais, pela diferença e pela democratização, e, também, pelo avanço da técnica, do empreendedorismo de si, do neoliberalismo, do conservantismo e do autoritarismo. Essa constatação – a de que se trata de um livro sobre e *para* o hoje, a partir do pensamento benjaminiano – chama a atenção para o caráter de urgência próprio à nossa temporalidade e contexto histórico. Indicando a necessidade de um pensamento e de uma prática insistentes no sentido da crítica, da retenção da diferença, da ampliação da democratização, da tarefa premente de lembrarmos do caráter de possibilidade da história e do papel relevante de cada um na diferenciação da realidade, da sociedade.

Por fim, agradecemos à Capes e ao Programa de Pós-Graduação em Filosofia da UFOP pelo financiamento que tornou possível a publicação de *Hoje, Walter Benjamin*. E esperamos que o pensamento benjaminiano seja ainda mais estudado e continue sendo decisivo.

@s organizador@s

Lendo imagens dialéticas contra a flecha do tempo: Walter Benjamin com Denise Ferreira da Silva

Aléxia Bretas

Walter Benjamin foi um autor alemão de ascendência judaica, que viveu ao longo da primeira metade do século XX entre cidades europeias como Berlim, Berna, Svendborg, Ibiza e Paris. Preocupações com a linguagem, o mito, a história, o sonho, a imagem e a técnica estão entre algumas de suas obsessões mais persistentes, seja em seus ensaios críticos, seja em seus estudos e fragmentos inacabados. Denise Ferreira da Silva nasceu no último terço do século XX, no Morro do Pasmado, em Botafogo, e cresceu em Bangu, no Rio de Janeiro. Atualmente reside no território ancestral dos povos *Musqueam*, em Vancouver, e atua como professora e diretora do Institute for Gender, Race, Sexuality and Social Justice da University of British Columbia, no Canadá. Inquietações em torno da soberania do "eu" transparente, do processo global e histórico de produção científica da "raça", bem como da violência policial contra pessoas negras – tanto no Brasil quanto nos Estados Unidos –, têm ganhado corpo em seus escritos pelo menos desde o início dos anos 2000. Por questões diversas, Benjamin nunca conseguiu exercer formalmente a profissão de filósofo e professor universitário, o que, segundo Adorno, o teria levado a filosofar mesmo contra a própria academia; Denise, ao contrário, é uma filósofa, pesquisadora, artista visual, ativista antirracista e professora bastante respeitada tanto dentro quanto fora dos meios acadêmico e artístico. Mas, afinal, qual o sentido de aproximar dois autores, cujas vidas e obras se afiguram tão distantes no tempo (histórico) e no espaço (geográfico)? Em quais "encruzilhadas filosóficas" (Haddock-Lobo, 2020) seus caminhos poderiam vir a se encontrar?

É Márcio Seligmann-Silva quem indica um possível cruzamento entre a experiência intelectual de um pensador judeu, perseguido pela SS durante o terceiro Reich, e uma autora afro-brasileira há trinta anos comprometida em entender e desmontar os dispositivos que normalizam a violência racial contra pessoas negras. Ressaltando importantes correspondências entre os modos de operação do antissemitismo hitlerista e as estratégias coloniais de expropriação do trabalho, do corpo e das terras das populações nativas e/ou escravizadas transformadas em recursos e mercadorias, logo na apresentação de sua recém-publicada versão – ou melhor, versões – das teses *Sobre o conceito de História*, Seligmann-Silva afirma:

> Todo o pensamento decolonial, para ficarmos em um exemplo próximo e atual, pode se estear nessas teses como uma poderosa base de estrutura metodológica. Afinal, a violência colonial e a violência sofrida por Benjamin não são tão estrangeiras assim: ambas emanam do mesmo projeto de razão e econômico. Benjamin era perseguido pelo nazismo por ser de esquerda e por ser judeu. A pinça da violência colonial na África, no Atlântico e em todo o mundo que sofreu a violência colonizadora tinha como uma de suas pernas o interesse econômico que era agarrado graças à outra perna, a do racismo. (Seligmann-Silva *in* Benjamin, 2020, p. 13)

Destacando a "poderosa base de estrutura metodológica" que assoma da leitura das críticas benjaminianas à ideologia do progresso, bem como ao culto de um historicismo narcótico, Seligmann-Silva sinaliza uma interessante conjunção entre a violência antissemita perpetrada pelo nacional-socialismo e a violência colonial dirigida contra corpos ameríndios/negros, pelo menos, do século XVI ao século XIX: são ambas justificadas pela existência do racismo como peça fundamental nas campanhas expansionistas do capital mundial tanto ao norte quanto ao sul global. Portanto, como o próprio Benjamin já havia notado, se, para combater o fascismo no século XX, é preciso (antes) desmontar a concepção de história que normaliza a marcha triunfal da razão como uma lei natural, Ferreira da Silva se dá conta de algo parecido: para lutar contra a violência da polícia contra pessoas negras hoje, é necessário desestabilizar os pilares onto-epistemológicos que (ainda) sustentam "raça" como um conceito científico e histórico.

Por sinal, é exatamente isso que a leva a escrever sua tese de doutorado, publicada como *Towards a Global Idea of Race* [Para uma ideia global de raça] em 2007 – e com tradução prevista para ser lançada no Brasil ainda em 2021.

> Por estar convencida de que o arsenal crítico ainda carece de um engajamento com a representação moderna que aborde esse contexto onto-epistemológico como um regime produtivo governado pela razão universal, a estratégia analítica que apresento orienta uma escavação do pensamento moderno por meio da qual reúno os enunciados que prepararam o terreno para a formulação do dispositivo produtivo que rege a configuração política global contemporânea. Muito parecida com as escavações de Foucault da *episteme* moderna, a análise crítica da representação que proponho se afasta da definição de análise de Kant porque considera não apenas os princípios e as condições, mas também as consequências do conhecimento, seus efeitos políticos (produtivos). (Ferreira da Silva, 2007)

Assim, dando prosseguimento às "escavações" onto-epistemológicas do doutorado com o exercício performativo de desmontagem e de recomposição dialética do que "já-foi", em "O evento racial ou aquilo que acontece sem o tempo", Denise propõe uma análise crítica do que designa por "evento racial" a partir de dois episódios ocorridos em um intervalo de aproximadamente duzentos anos: a tentativa de rebelião no navio negreiro Unity em 1770 e o motim protagonizado pelos moradores de Toxteth após a prisão de um homem negro pela polícia em 1981. Além de afrodescendentes pobres serem os mais afetados – e os principais insurgentes – nas duas situações, ambos os acontecimentos tiveram lugar em Liverpool, na Inglaterra. Segundo ela, nem os pós-estruturalistas (Foucault, Butler, Badiou), nem os teóricos críticos da raça (Eze, Gilroy, Fanon) conseguiram rigorosamente explicar tais eventos sem recorrer às próprias vigas mestras que sustentam as estruturas (capitalistas e racistas) que buscam criticar. Diante do quadro, qual o melhor método para compreendê-los e interpretá-los sem incorrer em contradição performativa? Ao fazer esta pergunta, Ferreira da Silva convoca, nominalmente, Walter Benjamin, cuja citação aparece já na epígrafe do texto publicado na antologia da exposição *Histórias afro-atlânticas* em 2018:

> Não é que o passado lança suas luzes sobre o presente ou que o presente lança sua luz sobre o passado; mas a imagem é aquilo em que o ocorrido encontra o agora num lampejo, formando uma constelação. Em outras palavras, a imagem é a dialética na imobilidade. Pois, enquanto a relação do presente com o ocorrido é puramente temporal e contínua, a relação do ocorrido com o agora é

dialética – não é uma progressão, e sim uma imagem, que salta. – Somente as imagens dialéticas são imagens autênticas (isto é, não arcaicas), e o lugar onde as encontramos é a linguagem. (Benjamin, 2006, p. 504)

Imagens dialéticas

Como sabemos, a categoria das "imagens dialéticas" desponta como uma das contribuições mais interessantes do trabalho das *Passagens* – ainda que seus *insights* geniais nunca tenham sido finalizados a contento.[1] Em todo caso, vestígios das "imagens dialéticas" podem ser rastreados em praticamente todas as fases do descontínuo e multiestratificado processo de redação do *Passagen-Werk* (1927-1940) – *work in progress* que se encorpa e se espraia a partir dos seguintes manuscritos e textos de apresentação: "Passagem" (1927), "Passagens parisienses" (1928), "Passagens parisienses II" (1929), "Paris, a capital do século XIX" (1935), "Paris, capital do século XIX" (1939). Já no "Primeiro esboço" das *Passagens*, Benjamin (2006, p. 949) é conciso: "Dialética na imobilidade – eis a quintessência do método." E acrescenta: "E a imagem é a dialética na imobilidade" (Benjamin, 2006, p. 504). Até certo ponto influenciado pelos surrealistas, o filósofo onirofílico se empenha em apresentar a "história primeva" (*Urgeschichte*) do século XIX a partir da materialidade de suas construções oníricas – como as passagens, os grandes magazines, as exposições universais, os panoramas e dioramas, a fotografia, o reclame e a moda. De onde a constelação do sonho – ou melhor, da interpretação do sonho – é indissociável de sua primeira articulação teórica.

> Na imagem dialética, o ocorrido de uma determinada época é sempre, simultaneamente, o 'ocorrido desde sempre'. Como tal, porém, revela-se somente a uma época bem determinada – a saber, aquela na qual a humanidade, esfregando os olhos, percebe como tal justamente esta imagem onírica. É nesse instante que o historiador assume a tarefa da interpretação dos sonhos. (*ibid.*, p. 506)

1. Ver Bretas, Aléxia. "Imagens dialéticas: a trajetória de uma constelação", em *Fantasmagorias da modernidade: ensaios benjaminianos*. São Paulo: Ed. UNIFESP, 2017.

Nesse trecho em particular, Benjamin deixa evidentes, pelo menos, quatro premissas incontornáveis para a construção de sua teoria: a) a relação das imagens dialéticas com suas preocupações concernentes à história e à historiografia; b) a detecção da permanência de um passado remoto no presente imediato; c) a efemeridade do momento crítico no qual tais configurações imagéticas se tornam "legíveis"; d) o recurso ao modelo onírico para esclarecer o papel do historiador materialista no combate à narcose historicista-progressista de seu tempo.

Heterodoxas tanto do ponto de vista da psicanálise freudiana quanto do materialismo histórico, as ideias benjaminianas nunca foram aceitas *in toto* pelo Instituto de Pesquisa Social encarregado de avaliar e publicar a pesquisa. Ainda que o próprio Benjamin reconheça importantes intersecções de seu intento com o projeto marxista de transformação social, a insistência no aspecto imagético de seu método de trabalho irá se deparar com resistências intransponíveis tanto por parte de marxistas ortodoxos quanto do próprio Adorno. A despeito das críticas, Benjamin, contudo, não se mostra disposto a abrir mão da potência disruptiva da imagem como recurso crítico e (re) construtivo dos acontecimentos para além de sua inscrição "domesticada" em uma narrativa linear e homogênea pressuposta como necessária e mesmo "natural".

> Um problema central do materialismo histórico a ser finalmente considerado: será que a compreensão marxista da história tem que ser necessariamente adquirida ao preço da visibilidade [*Anschaulichkeit*] da história? Ou: de que maneira seria possível conciliar um incremento da visibilidade com a realização do método marxista? A primeira etapa desse caminho será aplicar à história o princípio da montagem. Isto é: erguer as grandes construções a partir de elementos minúsculos, recortados com clareza e precisão. E, mesmo, descobrir na análise do pequeno momento individual o cristal do acontecimento total. Portanto, romper com o naturalismo histórico vulgar. (*ibid.*, p. 503)

Como esta passagem indica, seu tão controvertido método – no limite, "surrealista" –, de adoção da técnica da montagem como dispositivo crítico da historiografia oficial, tem uma origem materialista e, a seu modo, também dialética. Em outras palavras, o esforço benjaminiano de agrupar eventos distintos e distantes – no espaço e no tempo – em uma mesma constelação histórica cumpre o propósito de reconhecer, no âmago mesmo do mais ínfimo instante, a cristalização da própria época na qual se encontra inserido – tal qual um fractal de Mandelbrot ao revelar, em cada um de seus mínimos fragmentos, a mesmíssima configuração plástica do conjunto. Disso resulta que, para "romper com o naturalismo histórico vulgar", seja preciso, em primeiro lugar, questionar a própria *episteme* que sustenta e estabiliza certas concepções de "natureza" e de "história" forjadas na aurora da modernidade colonial, aprimoradas pelo Iluminismo europeu e estendidas aos territórios ultramarinos desde então.

O evento racial

Não por acaso, é a essa tarefa tão exigente que Denise Ferreira da Silva tem se dedicado em trabalhos recentes como "O evento racial ou aquilo que acontece sem o tempo" e *A Dívida Impagável* – ambos portadores de menções importantes a Walter Benjamin, sobretudo, no que diz respeito à composição de um método de pesquisa que não compactue com a violência racial subjacente à marcha contínua dos vencedores. Coerente com seu projeto infinito, Ferreira da Silva busca interpretar as insurreições de 1770 e de 1981 – tidas como separadas e sequenciais – como repetições do que se refere como evento racial: "Minha proposição é que elas [as revoltas] expõem como a violência racial é uma condição *sine qua non* para o capital global" (Ferreira da Silva *in* Pedrosa; Carneiro; Mesquita, 2018, p. 407). Como a própria autora admite, sua exposição traduz a tentativa de responder a certos filósofos europeus contemporâneos, cujo projeto político de resgate do "comum" (*commons*) teria reduzido a questão das diferenças raciais e culturais a mais uma "ferramenta ideológica neoliberal" a ser superada com o fim do capitalismo. No caso de Alain Badiou, por exemplo, seus comentários sobre a brutalidade da polícia estadunidense contra pessoas negras, bem como sobre a ascensão da islamofobia na França enquadram e explicam os dois fenômenos como indigestos "rescaldos do passado colonial" (Ferreira da Silva *in* Pedrosa; Carneiro; Mesquita, 2018, p. 408). No entanto, para Denise, o filósofo franco-marroquino "resolve" o problema muito facilmente, quando, na verdade, teria apenas deslocado o racismo para "lá longe" ou para os "tempos de outrora", sem sequer considerar as ressonâncias de sua persistência aqui e agora. Por isso, segundo ela, o universalismo comunista de Badiou se prova, em última instância, incapaz de lidar com problemas mundiais, na medida em que ignora o papel estratégico, duradouro e atuante assumido pela violência racial na formação cultural, política e econômica do norte global, inclusive, no presente. Além disso, contribui para normalizar um certo tipo de "pensamento temporal" que tende a ler os elementos de toda e qualquer situação "histórica" como separados no tempo e dispostos em sequência.

Crítica contundente de modalidades de materialismo histórico alheias aos atravessamentos de raça, gênero e colonialidade, Ferreira da Silva segue uma outra via – tão poética quanto epistemológico-crítica – ainda em construção. Referindo-se à intervenção performada no MASP em 2016, a autora desenha o que chama de pensamento ou "imaginação composicional" a partir de um experimento ou "prática de leitura materialista" que vem ao encontro das incertezas e probabilidades da mecânica quântica, e de encontro à supostamente linear, progressiva e irreversível flecha do tempo – curiosamente, acatada por historicistas e progressistas, sem distinção.

> Nesta prática, emprego uma abordagem materialista que oscila entre o registro histórico e o registro global. Ao deslocar o pensamento temporal, que impõe e necessita da presunção de separabilidade, passo a ler os 'tempos de outrora' e o 'lá longe' como constitutivos daquilo que está acontecendo aqui e agora e daquilo que está para acontecer. Esse experimento combinado a uma prática (forma) de leitura materialista, que chamo de pensamento composicional ou imaginação composicional, leva em conta as afirmações da crítica estadunidense Hortense Spillers e do ator britânico George Frederick Cooke (1756-1812) de que as marcas de tortura no corpo do escravizado se transferem para as gerações seguintes. (Ferreira da Silva *in* Pedrosa; Carneiro; Mesquita, 2018, p. 408)

Ao atentar para as marcas do sofrimento, bem como para as sobrevivências da violência racial corporificadas no presente, Ferreira da Silva reconhece a importância de uma certa herança benjaminiana em seu próprio processo de montagem de um método de trabalho não apenas descritivo, mas assumidamente criativo e performativo, a "imaginação composicional", tornado possível pela mobilização das imagens dialéticas como expediente crítico. Seu objetivo: desmantelar as narrativas hegemônicas do "pensamento temporal" que sustentam a inexorabilidade do progresso como um dado tão científico e "natural" como a própria passagem do tempo.

> Essa ideia de imaginação é inspirada pela imagem de Walter Benjamin como artefato crítico que interrompe o pensamento temporal e sua ideia de progresso histórico. Tanto o foco na semelhança quanto a atenção às correspondências também se valem das considerações de Benjamin sobre a linguagem e a imagem. (Ferreira da Silva *in* Pedrosa; Carneiro; Mesquita, 2018, p. 411)

Já nesta passagem, a autora, mais uma vez, se reporta a Walter Benjamin em sua iniciativa de interromper a continuidade de uma marcha civilizatória no interior de um tempo linear e vazio, aproximando-se, assim, da concepção benjaminiana das "constelações" como alternativa à representação moderna e já hegemônica da história "ocidental" como disposição serial de acontecimentos "memoráveis" ordenados do passado em direção ao futuro – sem, portanto, qualquer possibilidade de permanência, retorno, repetição, pausa, desvio, salto ou interrupção.

> Com empréstimos de Walter Benjamin (1892-1940), descrevo sempre o momento da ocorrência (distinto do local da ocorrência) já como uma composição, e necessariamente (porque composta das mesmas partículas) semelhante a outras possíveis composições ('o que aconteceu e o que ainda está para acontecer'). Quando se lida com o semelhante, inevitavelmente se procura a simetria, isto é, as correspondências. Ao esperar simetria – ou procurar por semelhanças –, é possível imaginar (recompor) o contexto sob observação como uma figura fractal. Isto é, em vez de procurar conexões causais (lineares), o pensamento composicional busca identificar um padrão que se repete em diferentes escalas. (Ferreira da Silva *in* Pedrosa; Carneiro; Mesquita, 2018, p. 409)

Menos interessada, portanto, em causas e consequências do que nas ocorrências e repetições de um mesmo padrão em diferentes contextos e escalas, Denise retoma os dois eventos que motivaram sua intervenção no âmbito da exposição *Histórias afro-atlânticas* realizada no MASP e no Instituto Tomie Ohtake em 2018. Para dar início à composição de sua "figura fractal", a autora escolhe as peças a serem dissociadas e, posteriormente, (re)arranjadas em uma mesma configuração de sentido para além da órbita do sujeito "transparente" pressuposto pela articulação dos três pilares onto-epistemológicos que sustentam o pensamento moderno, pelo menos, desde o século XVII: a separabilidade, a determinabilidade e a sequencialidade (Ferreira da Silva, 2007). Com esse intuito, ela investiga e interpreta os arquivos dos dois episódios de violência racial descritos anteriormente: uma entrevista da BBC News, realizada em 2011 com o policial encarregado de coibir as insurreições de 1981, e os documentos que registram a versão do Capitão Norris sobre a tentativa de rebelião no navio Unity em 1770. No primeiro caso, o policial chama atenção para o "caos completo" que se instalou no bairro com os rumores de ataques brutais e ameaças às próprias vidas dos agentes de segurança, o que, segundo ele, teria deflagrado uma "situação assustadora antes mesmo de entrarem em ação". Já no segundo caso, o capitão do navio justifica sua reação diante da intenção dos escravizados de "matar os brancos ou morrerem afogados", dizendo que "a obstinação dos escravos" o teria levado à "necessidade de balear o líder do grupo" (*ibid.*, p. 409).

Em sua interpretação dos "fatos", Ferreira da Silva recolhe os elementos semelhantes e propõe uma leitura de suas correspondências. 1) Liverpool é onde tiveram lugar os dois conflitos ocorridos como reação a circunstâncias de "caos" e "violência total"; 2) ambos os depoimentos citados culminam em uma aparente contradição: homens brancos são ameaçados de morte, mas quem perde a vida são pessoas negras; 3) finalmente, tais sublevações se dão como resposta à brutalidade praticada por agentes da lei envolvidos jurídica ou economicamente – ou de ambos os modos – em sua situação de opressão. Ademais, ao longo de suas pesquisas junto ao International Museum of Slavery, Denise descobre que o capitão Norris possuía, além de uma participação econômica no comércio transatlântico, o mesmo controle jurídico – o direito de matar – sobre sua "carga" que o policial de Liverpool tinha sobre o corpo dos jovens negros de Toxteth. Desse modo, tanto o policial quanto o capitão encontravam-se, em última instância, no exercício de uma função absolutamente vital para o capital: eram guardiões de uma certa "ética" capitalista, encarregada de proteger a propriedade privada por meio de arquiteturas jurídico-econômicas que sustentaram o capital mercantil e o capital industrial nos "tempos de outrora", e amparam o capital financeiro "agora mesmo" e "aqui mesmo".

> Na minha leitura, esses episódios espaço-temporalmente isolados estão interligados. Eles se tornam reiterações do evento racial, cada um deles exemplificando como a violência racial protege a propriedade, a relação jurídico-econômica que une (pelo quadril compartilhado) Estado e Capital. (Ferreira da Silva *in* Pedrosa; Carneiro; Mesquita, 2018, p. 411)

Dívida impagável

Outro exemplo bastante contundente de como a violência racial atua, histórica e globalmente, para proteger a propriedade privada por meio do binômio Estado-Capital é apresentado em *A dívida impagável* – obra na qual Denise Ferreira da Silva se vale do afrofuturismo da aclamada escritora de ficção científica Octavia Butler para levar adiante seu exercício de imaginação ético-política chamado de "poética negra feminista". O propósito é, grosso modo, o mesmo de sua intervenção "O evento racial ou aquilo que acontece sem o tempo": filosofar sem separabilidade por meio de um certo "pensamento fractal". Nesta compilação de ensaios originalmente publicados ente 2013 e 2018, a autora, mais uma vez, se reporta à dialética na imobilidade de Walter Benjamin como recurso de inestimável valor em sua (des)montagem da história dos opressores, construída sobre a expropriação das terras e do trabalho das populações originárias e negras escravizadas pelo capital global em sua forma colonial. Para além de uma análise teórica com vistas à exposição dos fundamentos, bem como de suas condições internas de possibilidade – como em Kant, por exemplo –, ela desenha os contornos de uma metodologia que compôs a partir da leitura do conceito benjaminiano de imagem dialética, e que recebe o título de dívida impagável – "uma obrigação que se carrega mas que não deve ser paga" (Butler *apud* Ferreira da Silva, 2019, p. 154).

Em *Kindred* – livro que inspira Ferreira da Silva –, a imagem dialética de uma dívida impagável é corporificada pela protagonista Dana. Na estória de Octavia Butler, ela é transportada da Califórnia dos anos 1970 à Maryland do século XIX, sempre que a vida de Rufus – seu tataravô branco proprietário de escravos – corre perigo. Em cada um de seus vertiginosos deslocamentos ao passado, a escritora negra é perseguida, espancada e, por muito pouco, quase estuprada e morta. Em sua última "viagem" pelo espaço-tempo, a jovem perde um braço. Ora, qual é o sentido arriscar a própria vida para saldar uma dívida que, a rigor, não pode ser quitada?

> Eu tinha voltado para casa – minha casa, no meu próprio tempo. Porém, eu ainda estava presa, de alguma maneira; unida à parede como se meu braço estivesse saindo – ou entrando nela. Do cotovelo até as extremidades dos dedos, meu braço esquerdo tornou-se parte da parede. Olhei para o local onde a carne se juntava ao gesso sem entender. Era o ponto exato em que os dedos de Rufus haviam se agarrado. Puxei meu braço em minha direção, puxei com força. E,

> de repente, veio uma avalanche de dor, uma insuportável agonia vermelha! E eu gritei e gritei. (Butler *apud* Ferreira da Silva, 2019, p. 182)

Ao ser indagada sobre suas intenções ao escrever *Kindred*, Octavia Butler diz que pretendia fazer uma pessoa negra contemporânea sentir na própria pele a brutalidade da escravidão, não apenas como vivência individual, mas também como experiência de fazer parte do "sistema como um todo". Se Butler conseguiu alcançar seu objetivo, isso não está inteiramente claro. Contudo, como Denise afirma, "porque carregam sua dívida impagável, as pessoas negras de hoje – como as que viveram e morreram na Maryland do *antebellum* – entendem o preço (parte do próprio corpo) da liberdade" (Ferreira da Silva, 2019, p. 184). Por isso, sua dor é semelhante à dos "vencidos" ou da "corveia anônima" das teses benjaminianas *Sobre o conceito de História.*

Salvar o passado (que não passou)

Assim, a título de conclusão, podemos identificar significativas correspondências entre os esforços de Benjamin e os de Denise Ferreira da Silva em não compactuar com a barbárie e a violência necessárias para a marcha triunfal de uma "História" – passada, presente e futura – assentada sobre a hegemonia de uma razão "universal" alinhada aos interesses do capital global. Além disso, ambos os autores se valem da potência disruptiva das constelações imagéticas para incorporar, inclusive, os "excessos" e os "restos" normalmente desprezados pela visada excludente de um sujeito transparente – subliminarmente identificado como branco, masculino, do norte global. Ademais, tão importante quanto as críticas compartilhadas ao historicismo e aos apologistas do progresso, está a ênfase nas possibilidades inerentes a uma leitura materialista e dialética do "ocorrido" no presente, em condições de romper com o *continuum* espaço-temporal dos vencedores. No primeiro apêndice das teses *Sobre o conceito de história*, Benjamin escreve:

> O historicismo se contenta em estabelecer um nexo causal entre vários momentos da história. Mas nenhum fato, meramente por ser causa, é só por isso um fato histórico. Ele se transforma em fato histórico postumamente, graças a acontecimentos que podem estar dele separados por milênios. O historiador consciente disso renuncia a desfiar entre os dedos os acontecimentos,

como as contas de um rosário. Ele capta a configuração, em que sua própria época entrou em contato com uma época anterior, perfeitamente determinada. Com isso, ele funda um conceito do presente como um 'agora' no qual se infiltraram estilhaços do messiânico. (Benjamin, 1985, p. 232)

Assim, a disposição de captar o "instante da *cognoscibilidade*" ou o "tempo--de-agora" (*Jetztzeit*) no qual as configurações imagéticas se tornam legíveis – e, portanto, dialéticas – revela-se estratégica para o salto de tigre para fora da História mundial. Nesse caso, a pergunta que resta é a seguinte: como redimir o ocorrido se, na linha do tempo, ele já ficou para trás? Contra o senso comum e a razão iluminista, a flecha do tempo pode ser escovada a contrapelo? Lendo Benjamin com Octavia Butler e Ferreira da Silva, somos convidadas a arriscar uma resposta desviante – que é também uma interpelação estética, ética e política: sim, o passado deve ser salvo no presente, pois ele (ainda) não passou.

Referências

BENJAMIN, Walter. *Passagens*. Trad.: Cleonice Paes Barreto Mourão e Irene Aron. Belo Horizonte; São Paulo: Editora UFMG e Imprensa Oficial do Estado de SP, 2006.

_______. *Sobre o conceito de História*. Organização e tradução: Adalberto Müller e Márcio Seligmann-Silva. São Paulo: Alameda, 2020.

_______. *Obras escolhidas*: Magia e técnica, arte e política. Vol. 1. Trad.: Sérgio Paulo Rouanet. São Paulo: Brasiliense, 1985.

BRETAS, Aléxia. *Fantasmagorias da modernidade*: ensaios benjaminianos. São Paulo: Ed. Unifesp, 2017.

BUTLER, Octavia E. *Kindred*: Laços de sangue. Trad.: Carolina Caires Coelho. São Paulo: Morro Branco, 2019.

FERREIRA da SILVA, Denise. *A Dívida Impagável*. São Paulo: Oficina de Imaginação Política e Living Commons, 2019.

_______. *Toward a Global Idea of Race*. Minneapolis: University of Minnesota Press, 2007.

_______. "O evento racial ou aquilo que acontece sem o tempo". In: PEDROSA, Adriano; CARNEIRO, Amanda; MESQUITA, André (orgs). *Histórias Afro-atlânticas, vol. 2 Antologia*. São Paulo: MASP, 2018, pp. 407-411.

HADDOCK-LOBO, Rafael. *Fantasmas da colônia*. Rio de Janeiro: Ape'Ku, 2020.

Por que teses sobre o conceito de *história*?

Augusto de Carvalho

Há pouco mais de oitenta anos, Walter Benjamin finalizou um conjunto de aforismos intitulado *Sobre o conceito de História* (GB VI, 441).[1] Foi o seu último trabalho, disperso em diferentes versões – nenhuma delas definitiva. Ainda hoje, não há historiador ou pensador da história que passe incólume pelas teses ali apresentadas, que, por sua vez, formalizam uma espécie de testamento intelectual. A linguagem cifrada e os recursos ao aparato teológico levaram gerações de estudiosos a descobrirem nesse texto um enigmático manual sobre a ordem e a função dos acontecimentos históricos. Não é incomum encontrar epígrafes contendo alguma imagem, alegoria, metáfora ou profecia benjaminiana. Afinal, além da odisseia particular de sua composição – que testifica as condições anti-intelectuais às quais Benjamin estava sujeito –, a forma estética do texto é sedutora, e o mistério da fraseologia hermética leva o leitor em geral a uma contemplação poética, que, todavia, muitas vezes faz por ignorar o seu motivo e valioso conteúdo.

Embora a fama da qual goza Benjamin seja um resultado direto da publicação póstuma e consequente recepção do texto *Sobre o conceito de história*, o que ressalta a importância do conjunto de teses para os estudos benjaminianos, dado que elas provocaram e ainda provocam um amplo debate sobre variados problemas em diferentes perspectivas, ela não é auto-evidente. Por que a história é o objeto central de Benjamin neste último texto? Por que a história, e não outro tema, como a filosofia, a teologia, a arte, a política, ou mesmo a revolução então em voga?

1. As referências aos trabalhos completos (GS), às cartas reunidas (GB) e à edição crítica dos trabalhos e espólio (WuN) de Walter Benjamin serão sempre citadas por meio das abreviações convencionais, seguidas pelos números do volume, do tomo e da página. Às referências ao trabalho das *Passagens* serão adicionadas entre colchetes o número do fragmento. Finalmente, noto que este texto é uma versão significativamente modificada de "Sobre o conceito de história, de Walter Benjamin: 80 anos", publicado no *Estado da Arte*, revista de cultura on-line do jornal *O Estado de São Paulo*, em 8 de fevereiro de 2021.

Apesar da formação filosófica tradicional, a ideia de história era bastante familiar a Benjamin, que trabalhou em grande parte de sua vida como historiador. Destaca-se sua tese para habilitação na Universidade de Frankfurt, sobre a *Origem do drama trágico alemão,* e a inconclusa monumental obra das *Passagens,* iniciada em 1927, projeto com o qual Benjamin se ocupou até a fuga de Paris e a tentativa malsucedida de emigração para os EUA em 1940. A ideia de história, portanto, não era um objeto pouco habitual para o filósofo; ao contrário, era ao menos, há duas décadas, um de seus temas principais de estudo. De um ponto de vista teórico e a propósito de um problema premente da época, qual seja a crise do historicismo, é digno de nota que Benjamin, em 1923, tenha participado de um seminário sobre a obra de Ernst Troeltsch, *O historicismo e seu problema,* organizado pelo professor Gottfried Salomon, em Frankfurt. Além disso, em 1913, já havia sido aluno de Heinrich Rickert – e, a título de curiosidade, colega de classe de Martin Heidegger – em um curso sobre a ideia de tempo de Henri Bergson, em que a natureza histórica da realidade era um problema recorrente. A história como objeto teórico, enfim, nunca foi um campo ignoto para Benjamin, fato atestado por sua biografia, obra e espólio. No entanto, apesar do interesse e da dedicação ao problema da história, como também de sua manifesta vontade de construir uma teoria da história particular para o trabalho das *Passagens* – a possível motivação técnica das teses (cf. GB III, 503) –, não há uma resposta simples para a questão inicialmente formulada: porque o conjunto de teses de 1940 foi elaborado precisamente naquele momento e da forma como foi, sobretudo em relação à escolha do tema central, a história, e à maneira como Benjamin tematiza seu problema, isto é, por meio de alegorias teológicas e metáforas filosóficas?

É amplamente aceita pela fortuna crítica a hipótese de que o pacto Hitler-Stalin de 1939 e o início da guerra são os grandes acontecimentos políticos que provocam Benjamin a escrever as teses – ou catalisam suas ideias (cf. GB VI, 435; GS I.3, 1228) –, as quais criticam de maneira frontal a ideologia nacional-socialista coeva de um ponto de vista sociológico e filosófico, a partir de um diagnóstico profético sobre os acontecimentos que seguem sua morte. Contudo, e a despeito do expressivo caráter político e contextual do conjunto de teses, o texto *Sobre o conceito de história* é igualmente uma reflexão teórica sobre a ideia de história, uma reunião de pensamentos que Benjamin cultivou por cerca de vinte anos (GB VI, 435).

Ao mesmo tempo em que apresentam proposições generalistas, as teses dizem respeito a certa fenomenologia dos acontecimentos históricos e seus pressupostos teóricos; fato que se evidencia pela sua capilaridade e ampla recepção para além do contexto germânico e europeu daquele momento crítico. Nesses termos, há diferentes maneiras de abordar o texto, bem como diferentes níveis de elaboração podem ser derivados de cada proposição. Pode-se afirmar, assim, que, fundamentalmente, Benjamin procura demonstrar, por meio de suas teses, a centralidade do fenômeno histórico em diversos aspectos, dentre os quais o já mencionado e ostensivo caráter político e sociológico, mas também o existencial, o epistemológico, o ontológico e o metafísico.

Rejeição do automatismo existencial e do progressismo ético-político

Da perspectiva política, ética e social, ângulo natural e mais frequente das leituras do texto *Sobre o conceito de história,* a conjuntura coeva e a experiência pessoal de Walter Benjamin são indispensáveis para a construção de algumas das teses. Em 1933, após o partido nacional-socialista conseguir a maioria dos assentos do *Reichstag* e da consequente assinatura do "Decreto do presidente do reino para a proteção do povo e do Estado" em 28 de fevereiro do mesmo ano, assim como da promulgação em de 24 de março da "Lei para sanar a aflição do povo e do reino", quando Paul von Hindenburg investe o chanceler recém-empossado, Adolf Hitler, de plenos poderes, Benjamin se exila na França, em Paris. O antigo filho da alta burguesia berlinense, daí em diante, passará a viver em pequenos quartos sublocados, e terá cerca de dezoito endereços diferentes até 1940, perdendo seus editores, leitores e boa parte de seus bens materiais – imóvel, livros, recursos financeiros. Miserável, frequentemente solitário, com a saúde cada vez mais debilitada, num contexto reflexivo sobre as inúmeras promessas de felicidade fracassadas da civilização e da cultura, Benjamin solidifica gradualmente sua compreensão sobre a condição existencial à qual a modernidade resiste e persiste na forma específica – apesar de dissimilada – da barbárie, cuja origem ele identifica na *ideologia do progresso* como motor da ideia moderna de história.

De acordo com as teses, o progresso técnico, um fato social, confunde-se com o progresso ético na Europa de então, o que leva à consolidação da ideia de progresso como a norma existencial da modernidade, sua ideologia instintiva, conectada de maneira temerária com o conceito de história. Jean-Jacques Rousseau, no *Discurso sobre a origem e os fundamentos da desigualdade entre os homens* (1755), declara a *perfectibilidade* do espírito humano como um dado natural, cuja história é a testemunha maior segundo a sua progressão – sempre partindo do "arcaico" rumo ao "civilizado". G. W. F. Hegel, nas *Preleções sobre a filosofia da História Universal* (1882-1823), fala em *impulso de perfectibilidade* inerente ao movimento progressivo da história, a identidade espiritual e ética da modernidade. Grosso modo, o progresso como manifestação espontânea da perfectibilidade ética humana se torna a raiz de variadas ideias sociais e proposições políticas – contaminando até mesmo a ciência –, tais como *evolução* e, sobretudo, *revolução*, por definição, a aceleração de determinado "processo histórico" compreendido como necessariamente inevitável – por isso passível de "aceleração" –, isto é, metafisicamente garantido pela mencionada noção *a priori* de perfectibilidade humana. Nesses termos, Maximilien de Robespierre, em 10 de maio 1793, em um dos períodos mais turbulentos da chamada Revolução Francesa, anuncia na Assembleia Nacional da novíssima República, que "o *progresso da razão humana* preparou uma grande evolução, e sobre vós pesa o dever singular de acelerá-la!". O vocabulário escolhido por Robespierre não é aleatório, pois, já em fins do século XVIII, o aparato teórico moderno estava maduro; o progresso tornava-se um fundamento existencial inquebrantável.

A "interminável perfectibilidade da humanidade" (GS I.2, 700), todavia, produz o contrário do prometido, e o progresso técnico da ciência – este sim, efetivo e concreto –, desloca sua função em direção ao serviço do progresso social, político e ético, isto é, ideologicamente orientado. Benjamin se queixava frequentemente de que se afirmasse um absurdo o fascismo *ainda* existir nos anos 1930, pois somente um raciocínio progressista acredita que há um fim ou termo temporal necessário para determinada ideia, um contexto que controle a autoridade contingente do tempo. No âmbito ético da humanidade não haveria perfectibilidade ou prosperidade garantida, dado que a ideologia do progresso moderna se escondeu por baixo do manto da história para operar sua realização mais bem acabada, a revelação de sua outra natureza: a barbárie.

Para Benjamin, em relação ao mundo coetâneo, tanto a tecnocracia nacional-socialista quanto os muitos filhos do marxismo, da perspectiva teórica, são, em boa medida, frutos de uma mesma ideia moderna: a ideologia do progresso. A social-democracia de então, por meio de uma antiga moral trabalhista alemã, "revela os mesmos traços tecnocráticos do fascismo" (GS I.2, 699), que, de maneira ativa, instaurou um regime cujas normas eram previstas pela suposta aceleração do aperfeiçoamento orgânico do espírito humano (GS I.2, 699). A social democracia alemã e os comunistas de então, de modo passivo e conformista (GS I.2, 698), esperavam que a superação da ordem nacional-socialista fosse apenas uma questão de tempo, algo que *automaticamente* aconteceria devido à fantasiosa natureza evolutiva do fenômeno da história – de acordo com o "materialismo histórico"–, como história normal do progresso (GS I.2, 697) em direção à sociedade sem classes, conforme a alegoria do autômato enxadrista na primeira das teses (GS I.2, 693): "uma concepção que somente leva em consideração os progressos da dominação natural, mas não os retrocessos sociais" (GS I.2, 699). O progresso humano e social se fundamentou como "reivindicação dogmática" (GS I.2, 700) e não se relaciona em nenhum aspecto com a realidade histórica, para Benjamin. "[A] realidade social não amadureceu o suficiente para tornar a técnica num órgão próprio (...) a técnica não foi suficientemente forte para dominar as forças concretas do social" (GS III, 238), que, ao contrário, sujeitaram a técnica aos seus caprichos. A civilização, que prometia a emancipação dos limites mais primitivos da condição humana, por fim, reiterou os mesmos limites de maneira grotesca, transformou em ruínas os mesmos edifícios materiais e espirituais que havia outrora construído.

Ética e politicamente, portanto, não há razão para se assumir a existência de qualquer *progresso* automático ou orgânico, pois não há impulso de perfectibilidade humana. O progresso, então, como ideologia, existiria como um dos aparatos dogmáticos da modernidade que se esconderia por trás da figura imparcial e objetiva da ciência histórica, operando sua força de maneira velada, escondida, e, por isso mesmo, implacável. De certa maneira, a ideologia do progresso estruturou uma *via especial* não apenas para a Alemanha, mas para toda ideia moderna de história – uma das hipóteses mais célebres das teses.

Crítica epistemológica à historiografia moderna como ciência conservadora

A força da ideologia do progresso, de acordo com Benjamin, estabeleceu-se por intermédio da elaboração da ideia de história universal e de sua legitimação *historiográfica* (GS I.2 702). A história do ponto de vista moderno seria naturalmente progressista, a clara manifestação da evolução ética, material e espiritual, do progresso humano, evidenciado por meio da expansão efetiva da cultura e da civilização através da dominação; o registro da evolução do estado de natureza primitivo rumo à modernidade e todo seu aparato espiritual e tecnológico avançado. Junto a isso, a historiografia moderna e seu procedimento "aditivo" (GS I.2, 702), isto é, sua forma compendiosa de elaborar o conhecimento sobre a experiência do passado humano, irreflexiva e mecânica, seria o princípio epistemológico que torna a história, segundo Benjamin, uma ciência conservadora por definição, um conhecimento passivo diante das demandas e questões oriundas do passado descoberto, uma vez que a historiografia se contentaria apenas em descrevê-lo *empaticamente* (GS I.2, 696), quer dizer, a partir de certa confiança ingênua naquilo que se apresenta como a causa anterior ao fato, evento ou fenômeno em questão. Trata-se do que Benjamin pessoalmente resumiu sob o epítome *historicismo*.

A progressão histórica, a ausência de uma epistemologia (re)ativa frente os fatos passados e, sobretudo, a empatia em relação à cultura e à civilização moderna como a finalidade da cadeia de acontecimentos universais, orientariam o historiador *historicista* a tornar-se "instrumento da classe dominante" (GS I.2, 695) – ou dos "vencedores" e "poderosos" (GS I.2, 696) de turno –, pois, sendo o agora presente e o progresso futuro a finalidade da história, a historiografia trataria apenas de explicar as causas desse mesmo processo "natural". Assim, a historiografia funcionaria como uma imagem organizada da *tradição* ou "transmissão cultural" (GS I.2, 696), daquilo que do passado foi transmitido como origem orgânica do estado atual e necessariamente mais avançado, moderno. O mundo histórico, portanto, seria construído basicamente pela *tradição*, pelo material espiritual transmitido em forma de cultura. A historiografia seria a ciência que produziria essa conservação do material transmitido. "Que 'as coisas continuem assim' – *eis a catástrofe*" (GS V.1, 592 [N 9a, 1]), uma vez que a norma é identificada com a tradição (GS V.1, 591 [N 9, 4]). Nesses termos, Benjamin afirma que não há um documento de cultura ou da civilização que não seja simultaneamente um documento sobre a barbárie operada pela ideologia do progresso: a normatização da tradição e o esquecimento de tudo aquilo que está à margem desse progresso. Por isso, seria preciso "escovar a contrapelo" a história, ou seja, descaracterizar a cadeia contínua e orgânica entre passado e presente para organizar a experiência histórica de outro modo, que não seja por meio da mera conservação do passado e, consequentemente, do estado político presente, mas "interrompendo" (GS I.2, 702-703) a transmissão das vitórias da classe dominante e sua "natural" conservação. Diferentemente da noção clássica de *revolução*, segundo a qual se aceleraria um processo histórico já vigente e necessário, na "revolução" (GS I.3, 1231) benjaminiana o suposto progresso histórico seria "interrompido", de modo a se produzir um momento autêntico em que a ordem política é efetivamente desafiada. Se Karl Marx sugeriu que as revoluções seriam as "locomotivas da história", para Benjamin elas seriam, na verdade, o "freio de emergência" (GS I.3, 1232).

Benjamin estaria propondo uma historiografia pensada, crítica, não apenas em relação a seus objetos, mas, sobretudo, à forma de visar a experiência do tempo. Mais do que ao passado, que se transmite na superfície da consciência do progresso, há de se fazer justiça ao passado que se esconde inconscientemente, identificado como "passado oprimido" ou "recalcado" (GS I.2, 703) pela transmissão cultural própria à referida tendência conservadora do progressismo histórico, que somente se torna acessível por meio do confronto com a tradição dos vencedores em favor do encontro do tempo passado perdido, escamoteado no processo ou progresso civilizacional. Segundo Benjamin, tal reconhecimento objetiva dar nome aos "sem nome" (GS 1.3, 1241), realizando, assim, uma outra historiografia que descubra, enfim, o conteúdo ainda não consciente da história ao resgatar do olvido os passados esquecidos pela *tradição*, matéria da historiografia oficial. Toda leitura da obra de Benjamin no campo marxista – dos frankfurtianos às perspectivas pós-coloniais e decoloniais – é profundamente inspirada por esse diagnóstico, por isso, um dos mais influentes entre as proposições das teses. Sob essa crítica *sui generis* à ideia de história como equipamento ideológico da modernidade, Michael Löwy construiu uma obra consistente.

Não obstante a sofisticação e originalidade da avaliação que faz Benjamin da ideia de história moderna, a qual, aliás, torna-se relativamente hegemônica no pós-guerra, é preciso admitir que o conceito de *historicismo* empregado por ele nas teses é impreciso. Gérard Raulet e Heinz Dieter

Kittsteiner sugerem, na verdade, que o uso do termo *Historismus* feito por Benjamin pode até mesmo ser interpretado como um grave equívoco; a "ideia de história moderna" poderia ser mais adequada ao intuito genérico da análise benjaminiana – tal qual o uso sugerido neste ensaio. Afinal, a despeito da polissemia deste termo, o *historicismo* fundamentalmente constata o caráter histórico, contingencial e temporal de todo e qualquer fenômeno, a historicidade ou o aspecto único e individual de cada momento ou evento, tal como Benjamin, aliás, advoga (GS I.2, 702). A ideia de que o historicismo não possui "armadura teórica" (GS I.2, 702) – pois que o *Historismus* diz respeito a um método simplório de adição de eventos a certa cadeia de acontecimentos, ou se refere à confusão entre progresso técnico e perfectibilidade ética (GS I.2, 700) – talvez tenha sido ocasionada por uma única possível interpretação dentre os muitos entendimentos possíveis de *historicismo* cabível a seu argumento, presente, por sua vez, na obra *A crise do historicismo* (1932), de Karl Heussi, para quem *Historismus* não é nada além de um tipo de historiografia radicalmente descritiva.

Subversão espaço-temporal na IX tese – por uma ontologia histórica

Se, em 1940, Benjamin escolhe a história como o tema central de seu conjunto de teses, o diagnóstico sobre as contradições da modernidade, suas promessas de felicidade não cumpridas, a relação imprecisa e dogmática entre progresso técnico, progresso ético-humano e progresso histórico--civilizacional, bem como sobre a revolução epistemológica historicista e o consequente estabelecimento da ciência histórica como visão de mundo estão na base de seu derradeiro texto. Entretanto, apesar dos aspectos ético--políticos e epistemológicos prementes das teses, aliás exaustivamente estudados, há um estímulo às teses relativamente pouco explorado pela fortuna crítica, qual seja, um exame ontológico sobre os fundamentos da existência histórica, que, basicamente, reconhece o papel essencial do fenômeno passado para a constituição da existência humana em geral.

Uma das características mais notáveis das teses é a reavaliação da ideia de tempo, mais precisamente do tempo passado. A IX tese, muito conhecida pela alegoria do *Anjo da História*, elaborada a partir do famoso quadro de Paul Klee, *Angelus Novus*, resume de maneira eficiente e metafórica certa subversão espaço-temporal proposta por Benjamin e que ampara uma não tão evidente ontologia. A alegoria do Anjo contém uma metáfora temporal segundo a qual o tempo passado, comumente associado ao espaço de trás, localiza-se inversamente à frente da história; ao passo que o futuro, normalmente relacionado ao espaço à frente, localiza-se atrás da história. Trata-se de uma clara inversão das qualidades espaciais dos modos temporais em detrimento da tradição ontológica da ideia de tempo, a qual conecta o passado ao anterior e o futuro ao posterior – concepções que, grosso modo, estabelecem-se na *Física* e na *Metafísica* de Aristóteles. A história, alegoricamente representada por um Anjo na IX tese, tem o passado diante dela; o Anjo tem o passado, "um monte de ruínas à sua frente". Ao mesmo tempo, o futuro, que Benjamin associa à "tempestade" de nome *progresso*, o "paraíso", a que "ele [o Anjo] volta as costas", está atrás (cf. GS I.2, 697-698; WuN 19, 64).

A imagem espacialmente subversiva em relação à temporalidade tradicional que Benjamin apresenta metaforizada no *Anjo da História*, espécie de *Malach-ha-Mawis* – anjo da morte –, corresponde diretamente às concepções hebraicas de espaço e tempo. Para a língua hebraica antiga, o nome masculino קֶדֶם [*qedem*], além de significar a abstração temporal passado, tempo anterior, tempo originário, denota o lugar espacial à frente. *Qedem* possui um sentido primário espacial em vários registros da antiguidade meso-oriental, pois, para o mundo semita antigo, o oriente ou leste – direção do nascer do sol, aquele que *orienta* os homens em suas jornadas –, igualmente *qedem*, equivale à acepção espacial à frente, da mesma maneira que ocidente ou oeste equivalem a atrás; além de sul ser a direita e o norte a esquerda. Amós Oz e sua filha, Fania Oz-Salzberger, em *Os Judeus e as Palavras* (2012), ressaltam que graças ao Rabi Adin Steinsaltz, eminente tradutor e estudioso do *Talmud*, sabemos que, ainda hoje, o orador judeu está sempre com as costas voltadas ao futuro, e com o tempo passado diante de si, de modo idêntico ao Anjo de Benjamin. Inverte-se o tempo para o compreender, visa-se o fenômeno temporal literalmente a contrapelo.

Apesar de contraintuitivo – e é significativo que a maior parte dos comentadores da IX tese não tenham percebido essa inversão espacial do tempo realizada pelo *Anjo da História* –, relacionar o tempo passado com o espaço à frente é uma conclusão mais ou menos lógica, pois os vestígios do passado são visíveis e disponíveis ao conhecimento, logo, estando à nossa frente; diferentemente do futuro, que, por suas qualidades incertas e seu conteúdo ainda por se revelar, por não oferecer vestígios concretos, mas somente probabilidades, estaria encoberto, inacessível à percepção, fora do campo de visão, logo, espacialmente atrás. Benjamin explora essa subversão espaço-temporal em boa parte do texto sobre o conceito de história, sobretudo nas teses II, na IV, na aqui examinada IX, na XII, na XVII, e no chamado apêndice B, cuja leitura é indispensável para entender o quanto a tradição teológica judaica está amplamente presente em seus aforismos – não somente nas referências ao messias, menção mais evidente, como demonstraram Gershom Scholem, Jacob Taubes e Stéphane Mosès. Nas teses, o passado é tanto o nome daquilo que podemos conhecer como o tempo, é o tempo epistemologicamente disponível, cognoscível porque está concretamente "diante" de nós, como também por isso é o tempo que nos *orienta,* tal qual ensina a cultura teológica hebraica. Seja do ponto de vista cosmológico – físico ou metafísico – ou psicológico, seja da posição externa ou interna à consciência, a contingência ou a interminável *passagem* do tempo é o fato e o fenômeno de ordem temporal em evidência nas teses, sendo a existência do passado o seu inequívoco resultado lógico. Em outras palavras, como consequência direta da *passagem,* o passado se apresenta nas teses como a razão da existência, o que revelaria, então, a sua essência metafísica, dado que, a rigor, a contingência estaria fundada em uma ontologia do tempo, mais propriamente do tempo passado como o corolário da *passagem.* Assim, Benjamin justifica, mais uma vez, a escolha do tema de seu último texto, uma vez que o tempo passado estruturaria a realidade de maneira substantiva.

Não há nenhum indício, enfim, de que Benjamin tenha realizado intencionalmente essa associação não declarada entre seu Anjo e certa antropologia da ideia de tempo judaica. Contudo, a comparação com a tradição hebraica sobre o tempo sustenta o referido gesto metafísico de Benjamin, na medida em que, nas teses, o passado é reposicionado, tornando-se um fenômeno principal. Tudo isso haveria de demonstrar o caráter histórico fundamental da existência, bem como expor a fragilidade dos conceitos tradicionais de passado, presente e futuro, ou mesmo da ideia de tempo tradicional.

Fundamentos metafísicos do fenômeno da história ou sobre o conceito de passado

De acordo com o conjunto de teses de Benjamin, a história é precisamente o fenômeno que evidencia ou manifesta a temporalidade como um fundamento ontológico da existência. Se há história, significa, antes de mais nada, que há temporalidade, tal qual a conhecida fórmula de Martin Heidegger; se há temporalidade, ou se há *passagem* do tempo, significa, antes de mais nada, que há passado. Reconhecer o papel central do tempo passado para a configuração da experiência humana não se caracteriza, conquanto, necessariamente como um gesto político reacionário ou conservador, conforme argumenta Michel Maffesoli. Do ponto de vista metafísico, esse reconhecimento da função essencial do passado para a devida constituição das experiências individuais e coletivas apenas enfatiza de modo ontológico um princípio medular do pensamento histórico que diz respeito à sua realidade, que não há existência *ex nihilo*: nada provém do nada. *Sobre o conceito de história* poderia ser, enfim, igualmente intitulado *Sobre o conceito de passado.*

Apesar da história da ideia de tempo organizar três modalidades temporais essenciais – o passado, o presente e o futuro –, não deve restar dúvidas quanto à característica especial do *modus* temporal passado como o tempo elementar e a questão principal para qualquer exame sobre a temporalidade da perspectiva benjaminiana. Se tempo é basicamente um dos nomes dados ao princípio do fenômeno da transitoriedade dos estados gerais da realidade, quer dizer, a *passagem*, pode-se afirmar que há tempo ou que "o tempo *passa*" somente e na medida em que *há passado*. No conjunto de teses, com efeito, Benjamin resume a premissa em questão precisamente ao "reconhecer que a *imagem da felicidade* [desejos, futuros] que nós possuímos está completamente marcada pelo tempo que agora se refere ao fluxo de nossa própria existência" (GS I.2, 693). Para ele, "com a representação do passado, que a História toma para si, ocorre o mesmo" (GS I.2, 693). Se a historiografia, de um ponto de vista epistemológico – pelo ângulo da antropologia –, lida continuamente com um jogo entre horizontes de expectativas futuras em relação à experiência presente, próprio à temporalidade humana, tal como a conhecida fórmula meta-histórica de Reinhart Koselleck evidencia, da perspectiva ontológica e metafísica, entretanto, e em conformidade com as teses de Benjamin, tanto a experiência do tempo quanto a expectativa sobre o tempo seriam formas ou modos de ser de algum material sempre passado – ideal ou concreto. As teses admitem, assim, a dimensão metafísica do passado para qualquer ideia sobre a realidade histórica e da existência do tempo como seu análogo – ideia crucial que parece ter levado Benjamin à ideia moderna de história como fundamento da crise existencial analisada em seus últimos aforismos.

Essa conclusão de Benjamin a respeito da natureza do tempo passado já se encontra esboçada em um texto de 1913-14 chamado *Metafísica da juventude*, no qual se pode ler que "o futuro do meu-tempo são as coisas passadas; o que passa se torna futuro" (GS II.1, 102). O passado, por conseguinte, ao contrário do que costumeiramente afirma a ideia de tempo tradicional, não significaria o tempo do realizado, o representante daquilo que foi consumado e "já não é mais", o fenômeno anterior à existência e à realidade que, a rigor, não existe, pois "existiu", sendo por isso considerado perfeito, acabado. Nada disso significaria algo propriamente passado, e tais características se originariam de uma compreensão equivocada sobre o caráter metafísico do tempo. De acordo com Benjamin, o tempo passado se refere imediatamente ao fenômeno da existência e à realidade. O que se chama comumente de presente ou futuro nada mais seriam que modos de ser de um mesmo tempo, não do tempo absoluto (conforme Hegel) ou transcendental (segundo Kant), mas da já mencionada e imediata *passagem*, a "eterna e total transitoriedade" (GS II.1, 204) dos estados gerais da realidade, que se conecta fenomenológica e imediatamente ao conceito de passado. No passado, não no futuro ou no presente, residiriam as características elementares da temporalidade, de suas potências transitivas mais básicas: a profundidade da existência; o inacabamento dos sentidos; a abertura própria à liberdade e a *imperfectibilidade* humana. A *esperança*, temática persistente na obra de Benjamin, diferentemente do que sua concepção mais comum poderia pressupor, encontra-se, de acordo com as teses, em relação imediata com o passado, não com o futuro – como demonstrou Péter Szondi. Então, da mesma maneira que a alegoria do *Anjo da História* determina, da perspectiva metafísica própria a essa imagem, o passado, sempre "à frente" (GS I.2, 697) da existência, ocupa também o lugar de tempo tradicionalmente reservado ao conceito de futuro, pois, concretamente, não haveria futuro real, ou melhor, não haveria futuro necessariamente causado pela continuidade temporal, de um ponto de vista existencial. Não haveria futuro de uma perspectiva metafísica, mas somente epistemológica, como conhecimento invariavelmente prévio acerca de alguma probabilidade de repetição já anteriormente experimentada ou, de um ponto de vista realista, haveria somente passados "diante" do tempo ou da história. Dessa constatação, Benjamin retira todo seu argumento sobre a natureza dos fenômenos de ordem temporal; sua base material é a transitoriedade, a *passagem*, característica elementar do passado. Trabalhos como o de Jeanne Marie Gagnebin dedicam-se a entender as implicações políticas, mas também teóricas dessa reviravolta causada pela obra benjaminiana para as filosofias do tempo, da memória e da história.

A propósito da ilusão sobre a existência metafísica do fenômeno futuro, origina-se, segundo Benjamin, a ideologia do progresso, como meta, finalidade e raiz do *télos* progressista: a "tempestade" que arrasta a história para bem longe de sua tarefa, que é acordar os mortos, ouvi-los, dar nome aos sem-nome, frear o cortejo dos vencedores, interromper o fluxo contínuo da história, e reconstruir o passado a partir de suas ruínas, para que a historiografia não seja apenas a comemoração dos feitos dos vencedores de ocasião, mas a rememoração dos que pereceram sem a dignidade da lembrança, da memória. Somente dessa forma, ao se questionar a realidade do futuro para a ideia de história, se alcançaria o esclarecimento sobre as forças sociais, políticas e existências gerais que imperam sobre o "tempo-do-agora" (GS I.2, 703) – ou o *tempo-agora,* conforme a solução de Adalberto Müller e Márcio Seligmann-Silva. Benjamin, aliás, nomeia tais forças escondidas e recalcadas do tempo passado de "messiânicas" (GS I.2, 694), as quais, diferentemente do que a nomenclatura teológica cristã pode sugerir, não significam o "fim de um desenvolvimento" (GS I.3, 1243) futuro, mas um momento no qual sentidos passados se tornam cognoscíveis, compreensíveis, quando revelam que há algo ainda a se realizar. A ideia, com efeito, é coerente com o messianismo judaico, segundo o qual o messias nunca *virá* futuramente, mas está oportunamente sempre vindo היום [*hayom*], hoje. Vale ressaltar que o uso benjaminiano da terminologia teológica não objetiva nada além do que a explicação de um fenômeno concreto, qual seja o caráter suspenso e incompleto da existência, algo derivado da natureza imperfeita e inacabada da razão temporal da existência: o passado. O recurso à teologia se explicaria pela interpretação benjaminiana da modernidade capitalista como uma religião – amplamente presente em sua obra, e sumariamente apresentada em um fragmento chamado *Capitalismo como religião,* de 1921 –, como também se justifica pela análise de alguns fenômenos particularmente inconsistentes de um ponto de vista lógico – como o tempo –, cujas características seriam somente acessadas por uma teologia, antes da filosofia. As forças "messiânicas" das teses se referem, portanto, à qualidade não-realizada e *im*perfeita do tempo passado – diametralmente oposta à ilusória perfectibilidade –, aos projetos e desejos suspensos, ideias a se concretizar (novamente, aspectos tradicionalmente ligados ao conceito de futuro, mas que Benjamin identifica propriamente no tempo passado). Desse modo, a reflexão de Benjamin não se situa apenas no âmbito epistemológico da historiografia, da escrita da história, muito menos se detém numa perspicaz análise de conjuntura política, mas avança no campo metafísico sobre os princípios da ideia de história, da formulação abstrata sobre o que se pode nomear como a historicidade da existência ou da realidade.

Não haveria como escapar das forças espirituais e telúricas do passado, conforme Benjamin, por isso a história, ideia e ciência que investiga as razões da existência – os passados –, tornou-se seu tema final. Por isso, a necessidade de uma reavaliação do conceito de história. Assim como demonstrado em sua análise epistemológica e, sobretudo, metafísica sobre a realidade do tempo, no exame ontológico da existência do passado se encontrariam as ferramentas teóricas para a devida compreensão da natureza estrutural do mundo histórico. Dessa investigação, enfim, deriva a proposta benjaminiana da crítica histórica ou da abordagem crítica da historiografia, quer dizer, o projeto de uma história que confronte a tradição e todo material transmitido culturalmente à maneira nietzschiana. Entretanto, de forma análoga ao que diz Friedrich Nietzsche em sua segunda consideração inatual, *Sobre a utilidade e a desvantagem da história para a vida* (1874), a abordagem benjaminiana alerta para o perigo mais evidente e implacável de todos os riscos próprios ao pensamento crítico: a *negação do passado* e de seu caráter fundamental. A negação da autoridade do tempo, afirma Nietzsche, não anula o poder que o passado possui sobre a existência, ao contrário, oculta cada vez mais sua presença perene e inevitável, dificultando sua devida elaboração, que é a tarefa do historiador. Acerca disso, Benjamin, já em 1932, diz tratar-se do"que talvez seja a coisa mais importante em nós: a *memória histórica*":

> 'Nosso povo tem uma memória frouxa' [...],'o que se possui, sempre se perde outra vez'. Isso é mais que um simples equívoco. Quem se esquece de séculos de experiência, nunca adquire uma verdadeira autoconsciência histórica fundada na consciência presente das experiências históricas, seus reflexos, seu controle sem fim. Não convém, em um mundo que a cada dia fica mais velho, brincar como a eterna criança que, a cada manhã legada pelo senhor Deus, deseja iniciar tudo de novo. (GS IV.2, 819)

Referências

BENJAMIN, Walter; TIEDEMANN, Rolf; SCHWEPPENHÄUSER, Hermann. Gesammelte Schriften. Frankfurt am Main: Suhrkamp, 1991. [GS]

BENJAMIN, Walter; GÖDDE, Christoph; LONITZ, Henri. Gesammelte Briefe. Frankfurt am Main: Suhrkamp, 1995-2000. [GB]

BENJAMIN, Walter; RAULET, Gérard. Werke und Nachlaß. Kritische Gesamtausgabe—Band 19: Über den Begriff der Geschichte. Frankfurt am Main: Suhrkamp, 2010. [WuN]

Sobre o conceito de *Wahrnehmung* em Walter Benjamin

Carla Damião

Ao querido Ernani Chaves

O objetivo maior deste artigo é o de investigar o sentido de *aisthesis* como percepção sensorial (*Wahrnehmung*), tal como aparece no conhecido ensaio intitulado "A obra de arte na era de sua reprodutibilidade técnica" de Walter Benjamin. Essa investigação supõe o uso da palavra *Wahrnehmung* em relação a termos semelhantes utilizados nas teorias estéticas de origem alemã, tais como o de *Sinnlichkeit* e de *Empfindlichkeit*. Esses três termos em alemão, respectivamente traduzidos por percepção, sensibilidade (ou sensualidade) e sensibilidade (ou sentimento), tornam-se, eventualmente, compostos, como *Sinneswahrnehmung* (percepção sensorial). Partiremos de alguns fragmentos de juventude de Benjamin, nos quais o conceito é referido em conjunção com o de signo e de símbolo. Tais escritos foram organizados pelos editores Tiedemann e Schweppenhäuser sob títulos e divisões que associam a *Wahrnehmung* à epistemologia, à psicologia e à antropologia. Essas divisões guiarão o agrupamento de fragmentos na identificação e na análise do assunto. A intenção é indicar a complexidade do conceito como modos de diferentes tipos de percepção, seja nos fragmentos ou nas anotações esparsas de juventude, seja em seus escritos sobre a infância (de sua própria infância) ou sobre os modos de recepção da obra de arte reprodutível.

*Wahr*nehmung, assim grafada, com o *Wahr* em itálico, é associada ao útil (bom)verdadeiro[1] em um fragmento póstumo, que leva o título "Percepção é leitura" (*Wahrnehmung ist Lesen*), provavelmente escrito em 1917.[2] Na própria palavra, portanto, encontra-se o adjetivo "verdadeiro" (*wahr*) que compõe o substantivo "verdade" (*Wahrheit*). No fragmento que

1. No original, lemos: "In der *Wahr*nehmung ist das Nützliche (Gute) wahr". Benjamin, Walter. *Gesammelte Schriften* (*G.S.* ora em diante) VI, 1991, p. 32. Todos os fragmentos citados foram traduzidos pela autora do presente artigo.

2. Segundo Gershom Scholem (1989), Benjamin preocupava-se com o tema da percepção e da leitura nesse período (1916/1917): "ele [Benjamin] se preocupava com as ideias sobre a

se insere na divisão intitulada "Sobre a filosofia da linguagem e a crítica do conhecimento" (*Zur Sprachphilosophie und Erkenntniskritik*), é possível observar, igualmente, aspectos psicológicos e antropológicos, pois, além de associar a percepção ao "útil (bom) verdadeiro", Benjamin afirma ser a loucura (*Wahnsinn*) uma forma de percepção estranha à comunidade. A qualificação de loucura encaminha a crítica feita aos "reformadores da ciência" em vista de uma "inabilidade da maioria de distinguir conhecimento e percepção" (*G.S.* VI, p. 32). Em fragmentos posteriores, que relacionam percepção e psicologia, essa questão aparece mais desenvolvida, tanto com relação à insanidade quanto à infância. "A percepção", lemos na frase seguinte, "refere-se aos símbolos" (*ibid.*). Na última frase, o leitor intui a relação entre loucura, percepção e símbolo quando ele diz: "Tratamento da loucura em tempos pregressos."[3] Interessante notar essa associação entre percepção e insanidade, bem como com a infância, por exemplo, nessa passagem dos fragmentos "Sobre moral e antropologia" intitulada "Sobre o problema da percepção" (*idem.*, p. 66):

> Em Berlim, costuma-se dizer em linguagem familiar de alguém considerado louco: ele pertence a Dalldorf, em Viena: ... a Steinhof, em Paris se fala no mesmo sentido de Charenton. Em toda parte, portanto, permanece viva a visão de que a expulsão da comunidade, a completa desintegração entre a comunidade e o indivíduo está essencialmente relacionada à doença mental. Talvez por isso também as instituições para doentes não estejam, como outros hospitais, dentro das cidades. As crianças dominicais[4] (*Sonntagskinder*) dos contos de fadas veem jardins mágicos onde as outras pessoas nada notam, encontram tesouros onde outros passam descuidadamente. Isso não pode ser entendido como significando que os jardins ou

....

percepção como uma leitura nas configurações da superfície com a qual o homem pré-histórico acolhia o mundo ao seu redor, especialmente o céu."

3. O fragmento completo no original é: "In der *Wahr*nehmung ist das Nützliche (Gute) wahr. Pragmatismus. Wahnsinn ist eine der Gemeinschaft fremde Wahrnehmung./Die Besicht[ig] ung des Wahnsinns gegen die großen wissenschaftlichen Reformatoren. Unfähigkeit der Menge zwischen Erkenntnis und Wahrnehmung zu unterscheiden. Wahrnehmung bezieht sich auf Symbole/Frühere Behandlung des Wahnsinns" (*G.S.* VI, p. 32).

4. *Sonntagskind* ou, originariamente, *Samstagskind*, seriam crianças com poderes mágicos por terem nascido no dia sagrado dos judeus. Elas foram assim chamadas até o século XIII, quando o Concílio de Trento mudou o dia sagrado (Sábado/*Samstag*) para domingo (*Sonntag*). A crença era ambígua porque essas crianças poderiam ser tanto inteligentes como espiritualmente visionárias, transitando entre a vida e a morte, com um destino incerto e, muitas vezes, fatal.

tesouros mágicos se tornam invisíveis para outras pessoas, mas visíveis para as crianças dominicais, ou que repentinamente a percepção de outros seres se desvanece diante de tais coisas, enquanto a das crianças dominicais aumenta. Em vez disso, a única opinião possível sobre essas passagens é que as crianças dominicais teriam uma percepção diferente e mais feliz do que as pessoas comuns, sem que nenhuma delas fosse falsa, portanto, nenhuma delas fosse verdadeira.

Na continuidade dos fragmentos sobre "Filosofia da linguagem e crítica do conhecimento", que possuem títulos compostos com *Wahrnehmung*, é possível perceber acréscimos como conta-gotas, possíveis de serem intuídos na composição de seu pensamento posterior, quando se reconhece o tema da linguagem, a discussão sobre o símbolo, a apresentação ou a aparição de algo na superfície (*Fläche*). O tema da superfície, como notou Scholem, que pode circunscrever-se às "configurações da superfície com a qual o homem pré-histórico acolhia o mundo ao seu redor, especialmente o céu",[5] quando um tipo de percepção caracterizava-se como "capacidade mimética". Para Scholem, aliás, esses fragmentos possuem uma íntima conexão com os escritos posteriores sobre mímesis e linguagem nos escritos de 1933: "Sobre a capacidade mimética" (*Über das mimetische Vermögen*) e a "Doutrina das semelhanças" (*Lehre vom Ähnlichen*). O começo da leitura e da escrita possui sua origem na leitura "das constelações como configurações na superfície celeste" (Scholem, 1989). A letra se apresenta também como superfície, como "materialidade" disposta ao exercício da percepção. Se a percepção pode ser associada à capacidade mimética e à linguagem, a relação entre percepção e o conceito de experiência mostra o quanto a percepção pode ser entendida como um conceito estrutural em seu pensamento, embora mais se tenha dito sobre experiência, linguagem e mímesis.[6] As referências teóricas nos fragmentos referidos são, principalmente, Kant e Goethe. Ao primeiro, muitas críticas e certa filiação; ao segundo, mais filiação do que

....

5. Cf. nota 2.

6. De fato, não é comum encontrarmos publicações ou verbetes sobre o conceito em Benjamin. Não há nenhum verbete em *Benjamins Begriffe*, organizado por Michael Opitz e Erdmut Wizisla. Foi possível encontrar dois estudos publicados de Franziska Loth (*Mediale Wahrnehmung bei Walter Benjamin*. Studienarbeit. München: Grin Verlag, 2008) e de Katja Schulz (*Wahrnehmung und Erinnerung in Walter Benjamins 'Berliner Kindheit um 1900' und "Der Lehre vom* Ähnlichen. Studienarbeit. München: Grin Verlag, 2009). A primeira fonte é relacionada ao ensaio sobre a obra de arte e a segunda ao tema da capacidade mimética e da percepção da criança.

críticas. Essas referências mostram a inserção do conceito no contexto das preocupações epistemológicas que incluem o conceito de experiência igualmente em contexto amplo: da crítica inicial ao conceito de experiência em Kant ao prefácio epistemológico-crítico do livro sobre *Trauerspiel* alemão.

O propósito é, portanto, o de voltar nossa atenção ao conceito de *Wahrnehmung*. Conceito que, certamente, não se encontra emancipado de associações com o que se considerou a seu respeito na filosofia, na psicologia, nas artes em geral e em diferentes tradições culturais. Etimologicamente falando, entretanto, o peso dado ao "verdadeiro" na língua alemã não se repete em outras línguas; é o caso em nossa língua, no francês e no inglês, que utilizam a origem latina da palavra: *perceptĭo; perceptiōnis* (plural). Percepção, em geral, refere-se ao tipo de conhecimento perpassado pelo corpo, pelo sensorial, caracterizando-se como uma espécie de intuição, que não se transforma necessariamente em conhecimento no sentido lógico ou universal.[7] É tratada em sentido físico, biológico e psicológico, embora se fale em "consciência" de uma sensação ou uma espécie de "reconhecimento" ativo das sensações, por exemplo, quando tocamos algo; ou, na via contrária, como um reconhecimento passivo: saber-se tocado. A percepção pode, ainda em sentido psicológico, associar-se à crença em relação ao que somos ou às impressões que causamos aos outros.

É na confluência desses aspectos, em um vínculo estreito entre percepção e recepção, como uma relação quase fisiológica, mas também psicológica e social, que Benjamin, no ensaio sobre a obra de arte, associa a percepção à estética no espaço de recepção do cinema e ao processo de transformação inconsciente do "aparelho perceptivo" humano que ocorre nesse espaço. O cinema, ele afirma, "corresponde a modificações profundas do aparelho perceptivo",[8] ao alterar a forma de ver e sentir, capaz de acrescentar ao inconsciente pulsional freudiano uma outra dimensão, a ótica, permeada pelo aparelho técnico do cinema.

No primeiro fragmento citado nesse artigo, há uma indicação sobre o uso (bom) verdadeiro da percepção. A relação entre utilidade e sentido tátil é uma das formas de recepção que Benjamin associa à arquitetura, à qual

....

7. Não é possível, na extensão dessas considerações do presente artigo, trazer toda a discussão do século XVII sobre inatismo e percepção em Descartes e a discussão que foi empreendida com a Antiguidade e a teoria da percepção escolástica e o que esta comportava de empirismo. Importante notar, entretanto, a diferença etimológica que ora ressaltamos.

8. Segundo a tradução de Sérgio Paulo Rouanet, com revisão técnica de Márcio Seligmann-Silva, p. 207.

associa também o sentido da visão. Essa relação é permeada pelo aprendizado pelo hábito, lento e irreflexivo, de nosso cotidiano e meio social. Ele expande a relação entre uso, hábito e recepção ao falar do cinema, caracterizando-a analogamente ao que ocorre na grande escola do cinema. Nesse sentido, percepção – ora associada à *aisthesis* –, podemos pensar, nada mais é do que um modo complexo, psicológico, socialmente inconsciente, de aprendizagem da técnica. Uma percepção que, em perspectiva natural, já existia no convívio cotidiano com a arquitetura, mas que ganha, no cinema, uma dimensão simbólica desdobrada ao ser permeada pela técnica do meio cinematográfico, pelo inconsciente ótico e pela dupla recepção sensorial e psicológica do meio: tátil e ótica.

Chamarmos de percepção sensorial, sem ainda distinguir modos de recepção, pode ser o mais adequado ao que Benjamin chama de estética ou de doutrina (*Lehre*) da estética, segundo os gregos. Uma doutrina que remete ao processo de aprendizagem e, portanto, à relacionalidade que o constitui. Por isso, o tema da percepção sensorial tanto se encontra na grande escola do cinema, em sua dimensão social massiva (de trabalhadores, sobretudo) e adulta, quanto na dimensão do aprendizado da criança, além da relação mimética que este estabelece com a leitura. Entende-se, portanto, porque o tema da percepção surge relacionado às teorias da mídia e aos escritos sobre a infância, bem como ao seu escrito supostamente autobiográfico: *Infância berlinense por volta de 1900*. Esse escrito, mais do que uma autobiografia, poderia ser entendido como um largo exercício de reconhecimento ativo e passivo do tipo de aprendizado que ocorre por meio da percepção sensorial. Toda educação, nesse sentido, é uma educação – extramuros escolares – estética. Mas o que fazemos com o uso (bom) verdadeiro que a palavra *Wahrnehmung* comporta? E porque Benjamin a prefere ao vocabulário da estética do sentimento?

I. Os fragmentos sobre a *Wahrnehmung*: críticas ao conhecimento

Talvez a segunda questão acima formulada permaneça sem resposta, mas, nos fragmentos sobre percepção, é possível identificar, por meio da crítica ao conhecimento, a relevância da percepção. No fragmento intitulado "Notas sobre a percepção" (*G.S.* VI, p. 32), Benjamin define o signo (*Zeichen*), a percepção e o símbolo como as três configurações do que chama de superfície absoluta. A respeito dessa configuração, Scholem (1989, p. 80) faz o seguinte comentário:

> Já naquela época [no verão de 1918] [Benjamin] lidava com pensamentos sobre a percepção como uma leitura nas configurações da superfície, quando o homem primitivo assumia o mundo em torno de si mesmo e especialmente o céu. Aqui, o núcleo se baseia nas considerações que ele fez muitos anos depois, em seu texto 'Doutrina das semelhanças'. O surgimento das constelações como configurações no céu, afirmou, é o começo da leitura, a escrita que coincide com a formação da idade mítica.

O signo e o símbolo aparecem (*erscheinen*) como percepção, com a diferença de que o "signo pode ser lido e escrito, a percepção só pode ser lida, o símbolo não pode ser lido nem escrito" (*G.S.* VI, p. 32). O signo está relacionado tanto à percepção quanto à linguagem; a percepção é linguagem; apenas o símbolo, portanto, não aparece determinado como linguístico. A percepção é, ainda, uma configuração diferente das outras duas, pois não aparece como uma das configurações da superfície absoluta, mas aparece nesta já configurada. A ela deve ser atribuído um "número infinito de interpretações possíveis"; interpretações, não significados. A interpretação da percepção refere-se ao presente, e o signo ao passado. Mas há uma relação possível no movimento da percepção ao trazer o signo à superfície para que possa ser interpretado. As possibilidades de interpretação são infinitas e, por esse motivo, a percepção não pode ser configurada como algo significativo, pois a ela se associa a interpretação. Ela é, nesse sentido, uma "chave que não pode ser usada", uma "chave pura". Há, nessa condução, uma espécie de mistério e ambiguidade que marca a relação entre percepção, significado e símbolo. Ao símbolo preserva-se uma liberdade maior, à percepção uma associação com a interpretação infinita no presente, e, ao signo, além da relação com o passado, a possibilidade linguística de determinação do significado.

No fragmento mais extenso, intitulado "Sobre a percepção", ainda na parte relacionada à filosofia da linguagem e à crítica do conhecimento, começamos a nos situar mais próximos às fontes dessa discussão. O fragmento data da mesma época da escrita de "Sobre o programa da filosofia por vir"[9] e contém críticas que poderiam ser resumidas por meio de algumas citações que as sintetizam, como, por exemplo, no primeiro subitem intitulado "Experiência e conhecimento" (*Erfahrung und Erkenntnis*) (*G.S.* VI, p. 33):[10]

> É possível manter as determinações mais elevadas que Kant deu sobre o conhecimento e, ainda assim, contradizer sua visão epistemológica da estrutura do conhecimento natural e da experiência. Essas determinações mais elevadas de conhecimento são baseadas no sistema de categorias. Como é bem sabido, no entanto, Kant não foi o único a estabelecer essa determinação, mas sim que a validade das categorias para a experiência da natureza dependia de sua determinação de contextos determinados pelo espaço e pelo tempo.

Ainda sem possuir um interesse marcadamente histórico materialista e antropológico, que marcou definitivamente sua teoria da narração na década de 1930, Benjamin indica o empobrecimento do conceito de experiência relacionado ao de conhecimento no sistema kantiano em relação à filosofia pré-kantiana, quando afirma:

> O conceito de experiência que Kant relaciona ao conceito de conhecimento, aliás nunca na forma de continuidade, não tem, de longe, a plenitude do conceito de experiência dos primeiros filósofos. O conceito imediato e natural de experiência deve ser distinguido do conceito de experiência do contexto do conhecimento. Em outras palavras, essa confusão consistia em confundir os termos: conhecimento da experiência e experiência. Para o conceito de conhecimento, a experiência não é nada novo fora dele, mas apenas ela mesma de uma forma diferente: a experiência como um objeto de conhecimento é a diversidade unificada e contínua do conhecimento. Por mais paradoxal que pareça, a experiência em si não aparece no conhecimento da experiência, precisamente porque esse conhecimento da experiência é, portanto, um contexto cognitivo. A experiência, no entanto, é o símbolo desse contexto cognitivo e, portanto, está em uma ordem completamente diferente desta. (*G.S.* VI, p. 34)

....

9. W. Benjamin. *Sobre o programa da filosofia do porvir*, tradução de Helano Ribeiro. Rio de Janeiro: Viveiros de Castro Editora, 2019.

10. W. Benjamin, *G.S.* VI, p. 33.

Nessa altura, ele faz uma ressalva quanto à limitação do símbolo em termos kantianos:

> Talvez o termo símbolo seja muito infeliz, pois apenas pretende expressar a diferença nas ordens, que talvez também possa ser explicada em uma imagem: quando um pintor se senta diante de uma paisagem e a pinta, como dizemos, essa paisagem não aparece em sua imagem; no máximo, alguém poderia designá-lo como o símbolo de seu contexto artístico. (*ibid.*)

Para ele, a confusão mora no seguinte aspecto: há uma confusão de termos que separa a experiência do conhecimento da experiência: "o conceito imediato e natural de experiência deve ser distinguido do conceito de experiência do contexto de conhecimento" (*G.S.* VI, p. 34). A experiência em si não se revela no contexto cognitivo. Ela é o "símbolo dessa conexão cognitiva"; não coincide, portanto, com o conhecimento que se pretende dela obter. Acompanhando a maneira ao mesmo tempo simplificada e contundente da escrita desse longo fragmento, podemos entender que a limitação da experiência ocorreu quando esta tornou-se "ímpia" e sua existência tornou-se conceitual de tal forma que se transformou apenas numa dedução do conhecimento. A experiência nunca foi dedutível, afirma Benjamin na sequência:

> Kant reconheceu a diferença entre 'experiência' e o conhecimento da experiência tão pouco quanto seus predecessores. Essa experiência vazia e sem sangue não deveria mais ser dedutível, não havia mais nenhum interesse nela, assim como, apesar de todo interesse, mesmo a experiência mais literal nunca foi dedutível, e porque Kant não queria deduzir aquele vazio da experiência, explicou a não-dedutibilidade da experiência no conhecimento. Então está claro que tudo depende da questão de como o termo 'experiência' do termo 'conhecimento da experiência' se relaciona com a mera concepção de 'experiência'. Não é falsa, isto é, a 'experiência' que experimentamos na experiência é a mesma, idêntica, que reconhecemos no conhecimento da experiência. Sob esse pressuposto, devemos perguntar: qual é a identidade da experiência em ambos os casos, e qual é a diferença de comportamento para ela em ambos os casos, uma vez que é experimentada na experiência, mas deduzida no conhecimento. Filosofia é experiência absoluta deduzida no contexto simbólico sistemático como linguagem. (*G.S.* VI, p. 37)

Neste ponto, reencontramos o esforço sistemático do jovem Benjamin ao partir da crítica ao sistema kantiano para aferir à linguagem uma ampliação de sentido filosófico. A percepção, como vimos no primeiro fragmento, é um dos tipos de linguagem: é leitura. Ela é educadora não apenas dos sentidos e do gosto, no sentido estrito e também epistemológico da estética moderna pré-kantiana, mas seus ensinamentos estão relacionados a esse sentido de experiência que, neste momento, Benjamin chama de "absoluta". Como lemos na conclusão do fragmento: "os ensinamentos sobre a percepção e sobre todos os fenômenos imediatos da experiência absoluta pertencem às ciências filosóficas no sentido mais amplo" (*G.S.* VI, p. 37). E nesta definição: "Filosofia é experiência absoluta deduzida em nexo sistemático-simbólico como linguagem" (*ibid.*).

É nesse ponto que Goethe auxilia com o conceito de protofenômeno (*Urphänomen*) em uma nota intitulada "À perda de conclusão da nota sobre o simbólico no conhecimento". Esse conceito é definido como conceito simbólico-sistemático (*ein systematisch-symbolischer Begriff*), também referido como símbolo ideal, ao derivar da ideia. Encontramos, certamente, ecos da discussão desenvolvida no Prefácio epistemológico-crítico de *Origem do drama barroco alemão*. O que nos interessa notar é a maneira como a percepção é alinhavada a esse conceito e ao pensamento de Goethe, quem "não entendia os símbolos nos quais a natureza é reconhecível em analogias poéticas, mas em percepções visionárias" (*G.S.* VI, p. 38). Na corrente explicativa desse fragmento, segue-se que o símbolo é ideal por derivar da ideia como uma tarefa. O ideal apresenta a relação com a arte e a percepção. A percepção transita entre a arte e as ciências naturais, em particular nas ciências biológicas que não abstraem a vida.

> Quando se trata de vida, é uma questão de visibilidade (*Anschaubarkeit*), de percepção. Há um momento de percepção irredutível na vida em oposição aos fenômenos físicos e químicos. No que diz respeito à pesquisa natural e à poesia de Goethe, a natureza foi referida como o caos dos símbolos, a qual, religiosa e apocalipticamente, não é governada e ordenada. (*G.S.* VI, p. 38)

No que tange à relação entre verdade, filosofia, arte, percepção e conhecimento, o adendo intitulado "Sobre o simbólico no conhecimento" (*G.S.* VI, p. 40) indica uma espécie de limiar entre a filosofia e o conhecimento filosófico em sua busca da verdade visada em sua totalidade, e a(s) verdade(s) do artista.

> O mundo das ideias de Goethe é representativo daquele entendimento (*Einsicht*) não filosófico, ou seja, artístico ou, em sentido musical, das verdades. Mas podemos recordar com a mesma razão Jean Paul, em outro aspecto, as máximas de Balzac sobre as pessoas; com uma intenção particularmente 'teórica', mas não menos filosófica, as percepções (*Einsichten*) de Humboldt emergem na linguagem e as de Kandinsky nas cores. (*G.S.* VI, p. 40)

Poderíamos acrescentar, à lista dos artistas mencionados, Marcel Proust, a quem Benjamin certamente adequou substanciais reflexões sobre percepção e corpo, bem como à verdade buscada por meio da memória profundamente inconsciente. Uma das imagens aparentemente mais paradoxais em sentido filosófico-binária, da separação corpo-intelecto, encontra-se na seguinte passagem:

> [...] para nos entregarmos conscientemente à mais íntima vibração dessa poesia, é preciso colocar-se em uma camada especial e mais profunda dessa rememoração involuntária, na qual os momentos de lembrança nos dão notícia de um todo, não mais individualmente como imagens, mas sem imagem e sem forma, indefinido e pesado, como o peso da rede dá ao pescador notícia de sua captura. O odor, esse é o sentido de peso daquele que lança suas redes no mar do *temps perdu*. E suas frases são todo o jogo muscular do <u>corpo inteligível</u>, contendo todo o esforço indescritível para içar essa captura. (Benjamin *in* Damião; Ramos, 2020, p. 127, grifo nosso)

Sem citar Proust nesses fragmentos sobre a percepção, é possível notar o "jogo muscular do corpo inteligível" nesse tipo de conhecimento que a percepção compõe, posto que é por meio da corporeidade que a percepção se dá. Diz Benjamin no fragmento intitulado "Percepção e corpo" (*G.S.* VI, p. 67):

> [...] por meio de nosso próprio corpo, somos colocados no mundo da percepção, ou seja, em um dos níveis mais elevados da linguagem. Mas cegos, principalmente incapazes de distinguir aqui como ali a aparência do corpo natural, de ser de acordo com a medida da figura messiânica. É muito significativo que nosso próprio corpo seja inacessível para nós em tantas áreas: não podemos ver nosso rosto, nossas costas, nossa cabeça inteira, ou seja, a parte mais distinta do corpo, não podemos nos levantar com nossas próprias mãos,

não podemos abraçar-nos, etc. Nós nos projetamos no mundo da percepção, por assim dizer, com nossos pés, não com nossas cabeças. / Daí a necessidade de que no momento da percepção pura nosso corpo se transforme; daí a elevada agonia do excêntrico em seu corpo. §Há uma história da percepção que é, em última análise, a história do mito. O corpo do observador nem sempre foi apenas a coordenada vertical com a horizontal da terra. Mesmo o andar ereto do homem, que só é alcançado gradualmente, permite que diferentes tipos anteriores de percepção sejam previstos. Mas isso também é possível e necessário para o restante. O conhecimento das distâncias medidas nem sempre terá dominado a percepção do rosto (no caso de uma criança, que sem órgãos de preensão formaria seu mundo visual imóvel em um lugar: uma hierarquia diferente de distâncias). A história da percepção vem da aceitação dos elementos da mudança da natureza e da mudança do corpo, mas somente ela dá a estes o significado espiritual e o coroamento (domínio, síntese no mito). Nele as grandes disposições da percepção vão se acumulando e mudando lentamente, determinando a maneira como corpo e natureza se relacionam: direita, esquerda – acima, abaixo – frente, trás. (Benjamin *in* Damião; Ramos, 2020, p. 67)[11]

II. *Wahrnehmung*: A fantasia e a percepção sensorial da criança

No mesmo volume VI dos *Escritos escolhidos*, encontramos escritos autobiográficos e fragmentos, esboços de textos, esquemas, sendo alguns deles agrupados sob o título "Sobre estética" (*Zur Ästhetik*). São aforismos sobre o tema "fantasia e cor"; alguns repetidos. Nesse material, há comentários sobre a pintura, a percepção infantil e o objeto dessa contemplação: os livros infantis do século XIX. Os primeiros textos sobre o tema, mencionado em carta de 1916 como "trabalho sobre a fantasia e as cores", foram "A visão da criança da cor" (*Die Farbe vom Kinde aus betrachtet*) e o diálogo "O arco-íris. Diálogo sobre a fantasia" (*Der Regenbogen. Gespräch über die Phantasie*). Discorreremos a respeito desses fragmentos, inicialmente, em três momentos, de forma a indicar que a percepção sensorial da criança pode ser entendida como um

....

11. As marcações dos editores que indicam complementações de pontuações no texto original foram retiradas a fim de tornar a leitura mais ágil.

termo médio entre os tipos de percepção e de recepção presentes no ensaio sobre a obra de arte: a contemplação (ou recolhimento) e a distração (ou dispersão).

1. A cor pura e a pura contemplação das cores[12]

A ideia de uma cor pura, ou da pura contemplação das cores, possui várias fontes. Heinz Brüggemann (*in* Lindner, 2006, p. 124) indica algumas dessas referências em Benjamin: entre seus conterrâneos, a obra de Goethe, *Doutrina das Cores* (citada por Benjamin); o romantismo alemão; Jean Paul; os pintores ligados ao expressionismo, como Kandinsky e Klee; e sua correspondência com Scholem, nas referências à discussão sobre a pintura do cubismo e de Chagall.

É possível também verificar outras tradições: uma delas de reconhecida proximidade com Benjamin, outra que o atinge indiretamente. Por exemplo, a concepção da percepção visual livre em Bergson; a crítica de Baudelaire em *Salões de 1846*, no fragmento "Sobre as cores"; Proust, Valéry e o movimento surrealista nas indicações contemporâneas da literatura francesa. As fontes francesas são pertinentes e reconhecidas; já a que permeia essa tradição, e que alcança indiretamente Benjamin, tem início no chamado empirismo clássico de Locke e Berkeley (*Tratados sobre a visão*), passa por Burke e os estetas britânicos do século XVIII e alcança, no século XIX, a teoria da "inocência da visão" de John Ruskin, autor de grande importância para Proust. A ideia de uma "inocência da visão" é apresentada como um tipo de "percepção infantil". Na famosa passagem da nota 1 da Carta "Elementos do desenho" (*The elements of drawing*), Ruskin (1907, p. 3) diz: "Todo poder técnico da pintura depende de nossa recuperação do que pode ser chamado de inocência da visão, um tipo de percepção infantil dessas meras superfícies coloridas, sem consciência do que elas significam (...)." Essa ideia repercute no texto de Benjamin, "A visão infantil da cor", quando ele, na segunda frase, diz:

> O arco-íris é uma imagem pura infantil. Nele a cor é inteiramente contorno; para a pessoa que vê com os olhos da criança, ela marca limites, não é uma camada de algo superposta à matéria, como é para o adulto. [...] Onde a cor

....

12. As considerações seguintes foram parcialmente publicadas em um artigo intitulado "As cores da fantasia", *Trama Interdisciplinar*, São Paulo, v. 5, n. 2, p. 38-45, ago. 2014.

providencia os limites, os objetos não são reduzidos a coisas, mas são constituídos por uma ordem que consiste em uma série de matizes (ou nuanças). (Benjamin, 2002, p. 67)

2. Percepção e contemplação sensorial da criança

As crianças brincam com bolhas de sabão, aquarelas, decalques, lanternas mágicas, as quais lidam com esses matizes, com mudanças de intensidade de cor e sua inevitável dissolução. Esses jogos se dirigem "à pura intuição da fantasia", diz Benjamin, repetindo os exemplos em outro texto intitulado "A visão do livro infantil", e, nestes, "as cores flutuam aladas sobre as coisas. Pois seu encanto não irradia do objeto colorido ou simplesmente da cor inanimada, mas sim da aparência colorida, do brilho colorido, da reverberação colorida" (Benjamin, 2002, p. 72). Essa percepção infantil é caracterizada como um tipo particular de contemplação: a contemplação sensorial.

No contexto da estética de Benjamin, sobretudo em seu conhecido ensaio sobre a obra de arte,[13] a contemplação é um dos extremos da conhecida oposição, na qual o outro extremo é a distração. Contemplação e distração são modos de percepção e de recepção da obra de arte, historicamente sedimentados, e que ocupam uma oposição diametral em seu ensaio sobre a reprodutibilidade técnica da obra de arte.

A contemplação (*Kontemplation*) resulta do entendimento de que o recolhimento (*Versammlung*) conforma a recepção ótica como interiorização. O objeto contemplado de forma distanciada por meio do movimento de interiorização faz o receptor submergir em profunda meditação. A esse movimento de submersão espiritual, Benjamin dá o outro nome de *Versenkung*, traduzido também como "recolhimento", mas que possui esse sentido de imersão. Distração é a palavra utilizada para a tradução em português de *Zerstreuung*, *Vergnügung* (diversão), *Unterhaltung* (entretenimento) e *Ablenkung* (distração ou desvio). O próprio Benjamin utiliza esses termos de forma correlata algumas vezes. Alguns intérpretes preferem distinguir da seguinte maneira: *Zerstreuung* possui um sentido mais próximo de disseminação ou dispersão em oposição ao movimento do recolhimento (*Versammlung*), diversão ou entretenimento para *Vergnügung* (o mesmo para *Unterhaltung*) e, para *Ablenkung*, uma tradução possível é "desvio". Na

....

13. Consideramos, aqui, a tradução de Sérgio Paulo Rouanet para a primeira versão do ensaio.

língua inglesa, por exemplo, *diversion* (diferente de *entertainment*, "entretenimento") é a tradução para *Ablenkung* em oposição ao movimento de imersão da *Versenkung*. Esse desviar, que é uma forma de desatenção, pode caracterizar, também, a maneira como as pessoas andam na grande cidade, o que torna clara a analogia que Benjamin faz entre a sala de cinema e a experiência do choque das ruas.

A oposição entre contemplação ou recolhimento e distração, e seus termos correlatos, corresponde a uma chave de entendimento para se perceber a alteração perceptiva nos contextos históricos marcados pela diferença de experiência e pela ideia de uma segunda natureza com base na técnica.

Em relação ao primeiro termo da oposição, portanto, percebe-se um tipo de recepção que requer um misto de atenção e recolhimento como reflexão e meditação profunda. A estas está associada a percepção sensorial ótica, caracterizada pelo distanciamento entre receptor e objeto. Na definição de aura, o objeto, em primeiro lugar, é a própria natureza, impossível de ser aproximada na composição que caracteriza seu momento único, seu aqui e agora, mas passível de ser interiorizada. Trata-se de uma espécie de imersão ou de interiorização do objeto possível. O contexto imaginário e lúdico da criança se torna um exemplo dessa percepção.

Outro exemplo provém do contexto elitizado e religioso da pintura. Na nota 27 da 3ª versão do ensaio sobre a obra de arte, Benjamin (*G.S.* I-2, p. 462)[14] diz: "A proto-imagem teológica dessa imersão é a consciência de se estar sozinho com Deus." "Aquele que se recolhe (*sich Sammelnde*) diante da obra de arte mergulha (*versenkt*) nela."

Essa imersão corresponde à interiorização do objeto, não à sua posse, posto que a definição da experiência que se tem do objeto é o distanciamento deste, e não a proximidade.

3. A percepção da criança como categoria estética: cor, visão, imersão e fantasia

Benjamin menciona, por diversas vezes, a lenda do pintor chinês que, ao terminar seu quadro, nele imergiu, desaparecendo na paisagem. Sua perspectiva não é a do artista, no sentido ocidental, nem a do espectador diante

14. Na terceira versão, de acordo com os editores Tiedemann e Schwepennhäuser (*G.S.* I-2, p. 502).

da obra, mas funciona como a percepção da criança que se mistura nas cores das bolhas de sabão e se deixa levar por elas. O fragmento intitulado "Cores", de *Infância berlinense por volta de 1900*, recupera o conteúdo dos aforismos citados quando descreve essa suposta experiência da infância:

> Tingia-me de acordo com a paisagem na janela [...] acontecia o mesmo com minhas aquarelas [...] coisa semelhante se dava com as bolhas de sabão. Viajava dentro delas e misturava-me ao jogo das cores de suas cúpulas até que se rompessem. Perdia-me nas cores, fosse nos céus, numa joia, num livro. (Benjamin, 1994, p. 101)

A percepção via contemplação, enfraquecida na modernidade e no contexto da arte reprodutível, encontra, portanto, seu estado mais puro na percepção infantil, possuindo igual importância no contexto religioso, ao qual se associa a ideia de paraíso. Podemos dizer que Benjamin trata a infância como o momento de maior aproximação entre corpo e espírito, ao falar da contemplação sensorial. Poderíamos dizer, nesse sentido, que apercepção sensorial associada à inocência da criança, nesse contexto, pode ser afirmada como uma categoria estética entre os dois tipos presentes no ensaio sobre a obra de arte: o pré-histórico e o histórico-moderno.

Nas resenhas que Benjamin escreveu sobre o mundo da criança e outros escritos, notamos que o livro infantil é uma invenção do Iluminismo (século XVIII) e se desenvolveu com velocidade no século XIX. Nesse período, as ilustrações começam a ser feitas em litografia, introduzindo o desenho e a cor como um forte elemento em sua composição. O corpo humano, afirma Benjamin, é incapaz de produzir/fabricar a cor, em relação à qual o corpo se comporta, portanto, de maneira receptiva, e não criativa. Nessa recepção, a visão é a faculdade que opera correspondências ativas e passivas, destacando-se entre os outros sentidos, e permite um movimento de imersão nas coisas por meio da imaginação e da fantasia. Esse movimento não é apenas de contemplação ou de concentração, mas de imersão no objeto por meio da visão. A imersão, nesse sentido, é o que caracteriza a contemplação sensorial da criança. A cor não é definida, portanto, como um "fantasma dos sentidos", mas como aquilo que constitui a recepção por meio da visão ou da contemplação da criança. Não se trata de uma contemplação distanciada do objeto, mas o contrário, diz Benjamin (2002, p. 69):

> Não são as coisas que saltam das páginas em direção à criança que as vai imaginando – a própria criança penetra nas coisas durante o contemplar, como nuvem que se impregna do esplendor colorido desse mundo pictórico. Diante de seu livro ilustrado, a criança coloca em prática a arte dos taoístas consumados: vence a parede ilusória da superfície e, esgueirando-se por entre tecidos e bastidores coloridos, adentra um palco onde vive o conto maravilhoso.

Aquele que contempla, portanto, reúne-se, funde-se à cor. Podemos verificar algumas imagens de livros do período, mas dificilmente faremos a mesma experiência do contemplar sensorial da criança porque, além de não termos os livros em mãos no período e no contexto em que surgiram, passaríamos a olhar as imagens de modo distraído. É assim que percebemos as imagens em nossos dias, seguindo o raciocínio de Benjamin.

Por meio da percepção da criança, portanto, entendemos do autor que a contemplação se encontra em sua forma mais pura e sensual. Diferentemente do adulto, não há, para a criança, a experiência da nostalgia nesse movimento de imersão que ela faz no mundo das coisas. A correspondência de seu interior com as coisas ocorre por meio da percepção visual das cores, tanto as que a criança avista nos livros infantis quanto as que ela experimenta na pintura. Cito uma passagem na qual o autor diz:

> Os livros infantis não servem para introduzir os seus leitores, de maneira imediata, no mundo dos objetos, animais e seres humanos, para introduzi-los na chamada vida. Só aos poucos o seu sentido vai se constituindo no exterior, e isso na medida em que se estabelece uma correspondência adequada com o seu interior. A interioridade dessa contemplação reside na cor, e em seu meio desenrola-se a vida sonhadora que as coisas levam no espírito das crianças. Elas aprendem no colorido. Pois na cor, como em nenhum outro lugar, a contemplação sensual e não nostálgica está em casa. (Benjamin, 2002, p. 61-62)

Considerações finais

Ao trazer à tona a *Wahrnehmung* relacionada à fantasia, podemos perceber que o sentido de contemplação como meio de recepção da obra de arte tradicional é de outra ordem; é ele que aparece no ensaio sobre a obra de arte e que se encontraria em extinção diante do mundo industrial e técnico do trabalho e da indústria do entretenimento – ou da diversão – que caracterizava, no período, o cinema. No entanto, há uma aproximação possível a se fazer, a que tem por base a ideia de que o espaço criado pelo cinema, a bem dizer, o espaço de percepção criado na sala de cinema entre o filme e o público, no qual seria possível revitalizar a forma do aprendizado da infância pelo fato de este ser igualmente lúdico.

Entraríamos, aqui, na questão do grotesco e da fantasia. Sem tempo para nos alongarmos nesse assunto, deixamos a indicação das reflexões do "jovem" Benjamin sobre a infância e a contemplação das cores relacionada à fantasia, reflexões que certamente repercutiram em seu ensaio de 1936 sobre a obra de arte, bem como em sua suposta autobiografia *Infância berlinense por volta de 1900*. Esta última obra poderia ser entendida como um belo ensaio ou experimentação da percepção sensorial da criança: os jogos, as imersões, as perspectivas no alcance do olhar do corpo físico da criança, a oscilação dos limiares como um sinal mais evidente – mas não menos proustiana – do que o exercício da memória olfativa do adulto.

Para concluir, citamos Norbert Bolz (1990) como um dos primeiros teóricos dos estudos midiáticos a destacar a importância da *aisthesis* como *Wahrnehmung*. Ao chamar a atenção para a *Wahrnehmung* no ensaio sobre a obra de arte, podemos dizer que tenha criado um novo prognóstico: o de que a estética como a teoria da percepção de Benjamin estaria se tornando uma "nova ciência-líder".[15] Ele afirmou que a maior preocupação de Benjamin foi a de considerar a medialidade esteticamente, e isso significa pensar a partir da percepção, *Wahrnehmung* (*aisthesis*), de forma a relacionar o interesse na obra de arte em seu aspecto sensorial – e por que não: ao (bom) verdadeiro? – a um desenvolvimento cultural coletivo e histórico. Certamente, não se trata de afirmar um "progresso tecnológico", mas de notar a alteração da percepção em relação aos novos meios ou superfícies que não comportam mais leituras de constelações ou de letras escritas ou impressas, mas imagens eletrônicas. Nesse sentido, podemos ler o seguinte e extenso comentário que Geert Lovink (1991, p. 1) faz da interpretação de Bolz como finalização dessa investigação sobre o sentido de *Wahrnehmung* em Benjamin:

15. Cf. artigo "Onde encontrar a diferença entre uma obra de arte e uma mercadoria?", publicado na Revista USP, n. 15,"7 perguntas a Walter Benjamin", p. 91-98, 1992.

Para Bolz, Walter Benjamin é uma interface entre a herança de Gutenberg e a mídia em ascensão. Os elos estabelecidos por Benjamin em sua ciência limítrofe têm um duplo aspecto: por um lado, ele olha para trás, considerando a Paris do século XIX como a história natural do capitalismo. Nas garras de um olhar alegórico, ele lê a cidade como se fosse um roteiro (outro tipo de superfície). Com sua técnica de fotografia metafórica, ele registra os hieróglifos de utensílios que encontra ao passar por ruas e arquivos na metrópole. Mas a aura que cerca as imagens que ele capta desapareceu: todo tipo de indicação permanece, que são então descritas. Em princípio, Benjamin reduz todas as mídias ao roteiro. No entanto, ele dá uma olhada no futuro, não reduzindo o novo *medium* do 'filme' a uma forma de arte, mas sim interpretando-o como um meio (*medium*). Com os programas de testes estéticos que ele escreve, Benjamin se insinua no aparato perceptivo de sua época. Bolz usa o termo médico 'inervação' para descrever isso. Desta forma, a distância necessária para formar uma opinião estética desaparece. Essas sequências espasmódicas de imagens chamam uma segunda natureza ao ser, na qual o orgânico e o mecânico estão entrelaçados. Bolz defende Benjamin contra a crítica ideológica de uma época posterior, que cortou novamente os laços que ligam a tecnologia e os sentidos à indústria da cultura conceitual. O autor vê o *spleen* de Adorno sobre o destino da arte moderna (para desaparecer completamente sob o fluxo cada vez maior) como uma espécie de melancolia, e opõe-se ao lamento de Benjamin pelo desaparecimento da ordem simbólica do século XIX, que dela retirou sua aura. Como um mosaico de citações e hipóteses, o *Passangenwerk* de Benjamin se torna tanto evidência da legibilidade final do mundo quanto um arauto da maneira pela qual um *Mac* carregado de bateria pode cortar e colar o mundo da mídia. (Tradução nossa)

Referências

BENJAMIN, W. *Gesammelte Schriften (G. S.)*. Frankfurt am Main: Suhrkamp, 1991.

______. *Magia e técnica, arte e política*: ensaios sobre literatura e história da cultura. 7. ed. Tradução Sérgio Paulo Rouanet. São Paulo: Brasiliense, 1994a. (Obras escolhidas, v. 1).

______. *Infância em Berlim por volta de 1900*. Tradução de José Carlos Martins Barbosa. São Paulo: Brasiliense, 1994b. (Obras escolhidas, v. 2).

______. *Reflexões sobre a criança, o brinquedo e a educação*. Tradução Marcus Vinicius Mazzari. São Paulo: Duas Cidades; Editora 34, 2002.

______. "Imagem de Proust". Tradução de Carla M. Damião. In: DAMIÃO, C.M.; RAMOS, P.H.V. *Walter Benjamin. Diário parisiense e outros escritos*. Tradução, organização e notas de Carla M. Damião e Pedro Hussak. São Paulo: Editora Hedra, 2020.

______. *Sobre o programa da filosofia do porvir*. Tradução de Helano Ribeiro. Rio de Janeiro: Viveiros de Castro Editora, 2019.

BOLZ, N. *Theorie der neuen Medien*. Munique: Raben Verlag, 1990.

______. Onde encontrar a diferença entre uma obra de arte e uma mercadoria?. *Revista USP*, n. 15, "7 perguntas a Walter Benjamin", p. 91-98, 1992.

BRÜGGEMANN, H. "Fragmente zur Ästhetik/Phantasie und Farbe". In: LINDNER, B. (Org.). *Benjamin Handbuch*. Stuttgart: Metzler, 2006.

GOETHE, J. W. von. *Doutrina das cores*. Apresentação, tradução, seleção e notas de Marco Giannotti. São Paulo: Nova Alexandria, 1993.

LINDNER, B. (Org.). *Benjamin Handbuch*. Stuttgart: Metzler, 2006.

LOVINK, G. Theorie der neuen Medien - Norbert Bolz. *Mediamatic Magazine*, vol. 5, 1 jan. 1991. Disponível em: https://www.mediamatic.net/nl/page/84105/theorie-der-neuen-medien-norbert-bolz

RUSKIN, J. *The elements of drawing*. 1907. Disponível em: <http://www.gutenberg.org/files/30325/30325-8.txt>. Acesso em: 21 out. 2014.

SCHOLEM, G. *Walter Benjamin*: A história de uma amizade. Tradução de Geraldo G. de Souza, Natan N. Zins e Jacob Guinsburg. São Paulo: Editora Perspectiva, 1989.

Esquecer Benjamin? Nota sobre um tema de Beatriz Sarlo

Daniel Pucciarelli

I

A ensaísta e crítica literária argentina Beatriz Sarlo pertence àquele grupo de autoras e autores que não apenas contribuíram decisivamente para popularizar o pensamento de Walter Benjamin na América Latina, mas também para consolidar entre nós – se o *nós* aqui for permitido[1] – uma recepção com sotaque próprio. Com efeito, Sarlo não se limitou à pesquisa mais propriamente acadêmica ou exegética sobre o pensamento benjaminiano, mas dele fez usos inventivos para seus próprios propósitos críticos. Assim, em sentidos e medidas diferentes, é claro, foi tanto "comentadora" quanto "partidária" de Benjamin – se nos valermos dos termos de sua própria tipologia acerca da recepção do autor até os anos 1990, quando escreveu os ensaios, reunidos já em 2000, do livro *Siete ensayos sobre Walter Benjamin* (Sarlo, 2000). Isto é, foi responsável tanto por interpretações de caráter mais claramente "filológico" quanto "apropriativo" de suas ideias. Contribui para esse fato, sem dúvida, o pioneirismo argentino na tradução, edição e consequente recepção das obras do pensador berlinense: salvo engano, foi na célebre coleção "Estudios alemanes", da editora *Sur*, que se publicou pela primeira vez uma seleta de textos de Walter Benjamin não apenas em toda a América Latina, mas também em língua espanhola – antes mesmo, portanto, da publicação do primeiro dos quatro tomos das *Iluminaciones* pela Taurus, de Madri, a partir de 1972. Isso se deu em 1967, quando Sarlo terminava seu licenciamento em Letras na

....

1. A influência de Sarlo é possivelmente menor no Brasil do que nos nossos vizinhos hispanofalantes, pelas razões linguísticas e históricas que conhecemos. O que não quer dizer, no entanto, que ela não tenha exercido considerável impacto também aqui, ainda que de forma mais mediata. Um fato digno de nota é que a recepção de Walter Benjamin no Brasil também foi decisivamente marcada – a crer em um depoimento recente de Ernani Chaves, a quem agradeço – pelo trabalho de importantes pesquisador*as*, como Jeanne Marie Gagnebin, Kátia Muricy e Olgária Matos.

Universidade de Buenos Aires. (A título de comparação: embora tenhamos um estudo pioneiro sobre Benjamin no Brasil – o volume *Arte e sociedade em Adorno, Marcuse e Benjamin*, publicado em 1969 por José Guilherme Merquior –, a primeira edição da "Coleção Os Pensadores" com textos de Benjamin e de alguns frankfurtianos data de 1973, posteriormente, portanto, também à primeira edição venezuelana de *Sobre el programa de la filosofía futura y otros ensayos*, de 1970; já o primeiro volume das *Obras escolhidas* de Benjamin, da Editora Brasiliense, data de 1985.)

Em virtude de tal posição privilegiada na recepção latino-americana de Benjamin, Sarlo também formulou um diagnóstico e uma (auto)crítica aguda sobre o estado dessa recepção. Seus termos acabaram por se condensar na fórmula polêmica *Olvidar a Benjamin*, mas seu teor transcende em muito o polemismo vazio. A rigor, e como o leitor de sua produção pode antever, não se trata, em primeiro lugar, de afirmar a simples inatualidade do pensamento benjaminiano, o que, por óbvio, seria de todo inadequado a uma autora que, confessadamente, é sua "partidária" para pensar o presente – inclusive (e talvez sobretudo) naquilo que nele pode haver de supostamente extemporâneo ao autor de *Origem do drama barroco alemão*. Tampouco se trata tão somente de contestar unilateralmente os rumos tomados pela recepção nas últimas décadas, particularmente sob a rubrica do que seria o "alvo" crítico privilegiado de Sarlo, isto é, os assim chamados *cultural studies* ou "estudos culturais". Antes, talvez seja mais correto afirmar que, com o seu diagnóstico, Sarlo reativa, a partir do "caso Benjamin", a antiga questão de saber o que significa ser fiel a um legado intelectual – mas, bem entendido, ser fiel a um legado intelectual a partir de seu *espírito*, e não tanto a partir de sua letra. Talvez seja oportuno não apenas interrogar criticamente a atualidade do diagnóstico de Sarlo hoje, mais de duas décadas depois – quando, para bem ou para mal, Benjamin não parece ter sido *olvidado* no sentido de Sarlo –, mas também retomar a incômoda questão de saber o que fazer com um legado intelectual em cujo centro está a *descontinuidade*.

II

Retomemos, primeiramente, os termos do diagnóstico de Beatriz Sarlo.

Como mencionado, a ensaísta argentina distingue dois grandes grupos de intérpretes do pensamento de Walter Benjamin. De um lado, os *partidários* seriam aqueles para quem "Benjamin é um filósofo da atualidade, que pode medir-se contra todos os temas, contra o objeto de todos os discursos", de modo que "se trata de fazer os textos de Benjamin falarem, forçá-los se necessário, para encontrar neles o eco de perguntas radicalmente contemporâneas" (Sarlo, 2000, p. 72). A *letra* do texto benjaminiano, aqui, assim como a observância de critérios historiográficos estritos e a pesquisa sobre as tradições intelectuais às quais Benjamin pertence seriam secundários; o grande critério de relevância de um autor, segundo esse modelo de leitura, é a capacidade dos textos de falarem diretamente ao presente, ou de constituírem um manancial tendencialmente ilimitado para interpretá-lo. Particularmente, Sarlo localiza a leitura partidária na academia norte-americana, na qual Benjamin se converteu progressivamente em uma espécie de (proto)pensador da pós-modernidade.

De outro lado, os *comentadores* correspondem mais diretamente àquele modelo de leitura acadêmica convencional. Se a leitura partidária toma o pensamento benjaminiano como manancial tendencialmente infinito para a exploração do contemporâneo, a leitura dos comentadores, ao contrário, "vai cruzando seus limites, estabelecendo seus vizinhos, seus familiares, seus adversários, suas dívidas e seus devedores" (Sarlo, 2000, p. 74). Em suma, situando-o no interior de uma tradição mais claramente delimitada e, consequentemente, menos utilizável irrestritamente para propósitos que lhe são imediatamente estranhos.

Evidentemente, ambas leituras também apresentam suas diferenças do ponto de vista formal: "a leitura filológica é expositiva e avança por deslocamentos curtos desde o texto de Benjamin até a tradição filosófica. A leitura partidária é intermitente e avança em saltos desde a citação do fragmento para incrustá-lo, com a violência de que se serviu também Benjamin, no horizonte atual" (Sarlo, 2000, p. 74).

Com essa breve tipologia, o objetivo de Sarlo é oferecer um primeiro metro, obviamente esquemático, para avaliar o estado da recepção de Benjamin. É certo que há interpenetrações entre os dois modelos: há leituras partidárias bem informadas filologicamente, e o comentário também pode apresentar certo potencial apropriativo ou partidário. De qualquer modo – e é esta a pretensão da autora –, trata-se aí de uma tipologia útil para avaliar tendências de leitura mais ou menos verificáveis. Talvez se possa conjecturar, ademais, que essa tipologia é aplicável não apenas aos estudos benjaminianos, embora tampouco seja utilizável para a recepção de todo e qualquer autor. Ela parece particularmente útil para avaliar a recepção de autores que se encontram em *processo* de elevação ao cânone, mas que ainda não se converteram em *clássicos* no sentido tradicional – pois, nessa posição intermediária entre o clássico e o contemporâneo, eles aderem com mais facilidade a um uso apropriativo e, ao mesmo tempo, já estão suficientemente consolidados para fundarem um campo de estudos técnicos baseados no comentário.

Dada essa tipologia, o passo propriamente crítico e propositivo de Sarlo consiste em afirmar que a recepção de Benjamin nas últimas décadas convergiu para um certo *inflacionamento* da leitura de orientação partidária. É evidente que esse inflacionamento está condicionado a uma dinâmica específica da vida acadêmica e universitária desde o advento, principalmente, dos *cultural studies*, que têm operado, a crer na autora, segundo a dinâmica das novidades consumíveis (e substituíveis). Até certo ponto, a crítica sarliana confunde-se com uma crítica a essa dinâmica específica. Mas a vaga benjaminiana – talvez mais persistente que a foucaultiana e derridiana, para mencionar apenas alguns exemplos mobilizados também por Sarlo – tem a sua especificidade, e é ela que se trata de perseguir.

Por mais paradoxal que possa parecer, esse inflacionamento – continua o argumento da autora – tende não tanto a demonstrar a produtividade do pensamento benjaminiano, mas, antes, a esvaziá-lo de toda especificidade e, consequentemente, também de seu próprio potencial apropriativo. Em suas próprias – e enfáticas – palavras:

> A leitura de Benjamin produziu uma espécie de erosão teórica que carcome a originalidade benjaminiana até os limites da completa banalização. Dizer que estamos frente a um caso de empobrecimento semântico é pouco. Benjamin está ensopado de um xarope puramente lexical: ele é citado como se a citação assegurasse, como às vezes assegurava ao próprio Benjamin depois de muito trabalho compositivo e histórico, a produção de um sentido novo sobre cenários diferentes. (Sarlo, 2000, p. 79s)

Em uma primeira aproximação ainda imprecisa, parece possível subsumir o diagnóstico crítico de Sarlo sob a ideia de *descontextualização*: os temas, conceitos, categorias e abordagens de Benjamin seriam extraídos unilateral e violentamente não apenas de seus contextos originais, mas também do seu próprio universo de sentido – apenas no interior do qual eles seriam efetivamente inovadores e disruptivos – e aplicados *ad nauseam* a contextos e campos que lhe são estranhos e, em certos casos, até francamente incompatíveis. O exemplo mais esclarecedor de Sarlo nesse particular é a temática geral das cidades (mas há também outros): "um murmúrio em que as palavras *flâneur* e *flânerie* são usados como inesperados sinônimos de praticamente qualquer movimento que tenha lugar nos espaços públicos. Fala-se da *flânerie* em cidades onde, por definição, seria impossível a existência do *flâneur*" (Sarlo, 2000, p. 78). Em suma: parece um contrassenso, para Sarlo, que haja um campo independente dos *cultural studies* sobre a cidade de uma perspectiva benjaminiana, sendo que o estudo sobre as cidades – Paris, em particular – se impôs a Benjamin progressivamente a partir de constrangimentos teórico-críticos muito específicos.

Não se trata, portanto, de uma descontextualização produtiva, orientada segundo certas afinidades eletivas entre objetos – que, aliás, o próprio Benjamin praticou ostensivamente, até converter-se praticamente em seu método de trabalho. Antes, o que está em questão seria uma *autonomização* e mesmo uma *reificação* de certos complexos de sentido, e sua consequente reiteração indiscriminada, ou mesmo sua refuncionalização em campos de pesquisa estáticos. Com isso, altera-se – ou seria o caso de dizer: trai-se – o estatuto epistêmico e crítico desses conceitos e categorias. Pois sabemos que, para Benjamin, um aspecto fundamental de toda fixação conceitual produtiva é sua dimensão constelatória, que organiza os conceitos em uma rede complexa – e precária – de interrelações semântico-epistêmicas e, ao mesmo tempo, garante-lhes sua função propriamente *crítica* na salvaguarda dos fenômenos.[2] Sarlo (2000, p. 87) também o reconhece em termos análogos: "Benjamin nunca teve uma confiança filosófica plena nas noções que foi apresentando ao longo de seu grande projeto de livro das passagens: nem o *flâneur*, nem o colecionista, nem os espelhos, nem a moda, nem os panoramas são categorias plenas." E adverte, a seguir: "Trabalhar com essas noções implica uma operação de fixação que não há nos textos de Benjamin."

....

2. Tomo, aqui, o conceito de constelação como ele consta da célebre passagem do "Prefácio Epistemocrítico" de *Origem do drama barroco alemão*. Na tradução de Sérgio Paulo Rouanet: "As idéias são constelações intemporais, e na medida em que os elementos são apreendidos como pontos nessas constelações, os fenômenos são ao mesmo tempo divididos e salvos. Os elementos que o conceito, segundo sua tarefa própria, extrai dos fenômenos, se tornam especialmente visíveis nos extremos. A ideia pode ser descrita como a configuração em que o extremo se encontra com o extremo" (Benjamin, 1984. p. 56s).

Assim, ao sedimentá-los em campos de sentido autonomizados, autossubsistentes em si mesmos e despidos de sua constitutiva precariedade e historicidade, os conceitos e categorias benjaminianas acabam por trair não apenas seus propósitos, mas – e isto é o fundamental – também o seu estatuto de conceitualidade crítica *sui generis*. O que está em questão, aqui, e isto obviamente não escapou a Sarlo, é o próprio sentido da *teoria*: ao constituir um campo de sentidos ou um léxico reificado e acessível (o "esperanto dos estudos culturais", como provoca a autora), despedimo-nos da teoria como oficina de criação de sentido crítico e secundamos outros tipos de discurso, bastante estranhos ao modelo de teoria que praticou Benjamin: "nos distanciamos da teoria na medida em que algo aparece cristalizado como ficha de um estoque lexical" (Sarlo, 2000, p. 89).

Já é possível qualificar o sentido do polêmico *Olvidar a Benjamin* de Sarlo: trata-se, por óbvio, não de esquecer Benjamin *tout court*, mas *aquele* Benjamin academicamente diluído e neutralizado, despido da descontinuidade e autoconsciente precariedade conceitual que lhe é paradigmática para que possa fundar um campo de estudos autonomizado e autossubsistente. Trata-se, em suma, de esquecer o Benjamin fundador de um *léxico* replicável indistintamente, aceito de antemão em certos círculos acadêmicos como suposta garantia de atualidade e de despojamento intelectual. Evidentemente, não se pretende conservar, com isso, uma suposta "ortodoxia" benjaminiana ou uma eventual "pureza" disciplinar – cuja mera formulação já parece um contrassenso no caso do pensador berlinense –, mas de ser fiel ao espírito crítico e descontínuo de seu pensamento *em sua descontinuidade*. E assim retornamos à nossa questão inicial.

III

Não pretendo, aqui, discutir o diagnóstico crítico de Sarlo com base em dados internos ao campo dos *cultural studies*, seja para respaldá-lo ou para comprovar sua inadequação. Tampouco creio que ele pode ser facilmente generalizado para outras áreas e campos de saber sem maiores distinções. Nas pesquisas acadêmicas em filosofia, por exemplo, em função tanto da forma como foram implementadas no Brasil quanto de sua relação de maior proximidade – por vezes desmesurada, dirão alguns – com a tradição, acredito que a recepção do pensamento de Walter Benjamin tende a se dar mais amplamente como comentário – ainda segundo a tipologia de Sarlo, e sem nenhum juízo de valor – do que como apropriação partidária. Ao invés de um inflacionamento, talvez haja aqui um *déficit* desse modelo de leitura. A situação é, provavelmente, muito diferente nos estudos literários, nas artes, na comunicação e outras ciências humanas, em algumas das quais o diagnóstico crítico de Sarlo talvez seja mais justo ainda hoje.

Em todo caso, tomo o diagnóstico da autora argentina como válido enquanto esquema de avaliação geral da recepção, sobretudo porque ele me parece produtivo no que concerne às suas *consequências* (inclusive filosóficas), a saber: ao questionamento do que significa ser fiel ao legado, hoje, de um pensamento como o de Walter Benjamin. Vimos que, a crer em Sarlo, não se trata tanto do uso de um conjunto de conceitos, categorias ou problemas determinados, e muito menos – sob risco de falsificação de seu espírito – da consolidação de um léxico ou de algo como uma conceitografia ou principiologia benjaminiana (a mera junção dos termos, por sua vez, revela a sua flagrante inadequação). Nesse caso, contribuiríamos para a pavimentação de um inflacionamento do modelo de leitura partidário – ou, o que talvez não seja muito diferente em certo aspecto, converteríamos Benjamin em um pensador de tipo *sistemático*. Ao contrário, e a crer em Sarlo, a fidelidade a seu legado parece concentrar-se em um sentido determinado da *produção de teoria*.

Gostaria apenas de desenvolver brevemente esse aspecto central da produção de teoria benjaminiana, que diz respeito ao estatuto dos conceitos e categorias. É evidente que suas constantes oscilações metodológicas e as dificuldades de levar a cabo uma sistematização unificadora das diferentes facetas de seu pensamento – como, paradigmaticamente, entre a faceta teológica e a materialista – não derivam apenas das intenções teóricas explícitas do próprio Benjamin. De sua correspondência e do esforço permanente de (re)escrita de algumas de suas obras centrais até o trabalho das *Passagens*, sabemos que elas provêm também das dificuldades imanentes do trato com o material. De qualquer maneira, o que se consolida nos textos e na produção teórica concreta de Benjamin – que é a única coisa de que dispomos verdadeiramente – é o resultado, ou a solução de compromisso possível entre essas oscilações. Isso vale também, sem dúvida, para a própria formação de seus conceitos centrais, a que alude Sarlo. O fato de que haja neles a marca de sua própria historicidade – o que quer dizer, de sua própria precariedade – e de sua íntima conexão a certas constelações históricas específicas e transitórias revela também (e talvez até sobretudo) as dificuldades de Benjamin de lidar conclusivamente com o material que elaborava sem impingir-lhe uma sistematização forçada.

Não há dúvida, no entanto, que uma das tendências de seu pensamento aponta para certo impulso à sistematização – razão pela qual Sarlo pode afirmar, muito acertadamente, que em Benjamin não há apenas uma erosão supostamente programática e celebratória da totalidade, mas também uma *nostalgia da totalidade*:

> No fragmentarismo de Benjamin, em sua reivindicação estética e epistemológica da *collage* e da citação, não há simplesmente uma ruptura aliviada ou celebratória com a totalidade que, ao mesmo tempo, se mantém como horizonte das operações históricas e críticas. Esse é um dos grandes problemas de Benjamin, que não pode ser passado por alto como se seus textos apenas o apresentassem de forma excepcional ou por acaso, de vez em quando. Ao contrário, diria que o apresentam de forma contínua em língua filosófica e através de dezenas de imagens. Diria que, em Benjamin, há *nostalgia da totalidade* ao mesmo tempo em que ela vai sendo erodida na dimensão estética e no mundo da experiência. Benjamin é um escritor da crise, mas não seu apologeta. (Sarlo, 2000, p. 86)

Parece-me que essa complexa coexistência da erosão da totalidade *com* sua nostalgia caracteriza de fato um dos traços distintivos não só do pensamento benjaminiano, mas também de outros autores intelectualmente filiados a ele, como Adorno.[3] Igualmente, ela os separa de toda vertente de pensamento – como paradigmaticamente a caricatura pós-modernista, alvo de Sarlo – em que se registra afirmativamente a erosão, mas *não* a nostalgia da totalidade.

Dito isso, creio que o que melhor decidirá sobre a atualidade e a produtividade do legado benjaminiano no sentido de Sarlo é a capacidade de um certo construto teórico de incorporar ou mesmo – o termo soa radicalmente antibenjaminiano – procedimentalizar produtivamente esses elementos da

....

3. Essa é uma das formas de explicitar o sentido da célebre *solidariedade com a metafísica no instante de sua queda*, com a qual Adorno conclui a sua *Dialética negativa*. Já a erosão progressiva da totalidade como dispositivo teórico é designada pelo filósofo por um dos seus conceitos mais antigos – cunhado ainda sob forte influência de Benjamin –, a saber: lógica da decomposição (*Logik des Zerfalls*). Cf. A, T. *Dialética negativa*. Tradução de Marco Casanova. São Paulo: Zahar, 2009, p. 126s e p. 337.

produção de Walter Benjamin. Por óbvio, não se trata de mimetizar sua escrita ou mesmo seus procedimentos expositivos – como a colagem e a citação –, que, salvo engano, nunca abandonaram de todo, mesmo na pena do próprio autor berlinense, o registro do experimental. Antes, o fundamental é que se encontre modos controlados metodicamente de efetuar uma permanente autorreflexão crítica sobre a própria produção de conceitualidade – modos estes que deveriam impedi-la de reificar-se em células de sentido autônomas. Mais do que nunca, trata-se de aprender, com Benjamin, a lógica de um certo *fazer* que lhe incorpora o espírito, ainda que não a letra.

Referências

ADORNO, T. *Dialética negativa.* Tradução de Marco Casanova. São Paulo: Zahar, 2009.

BENJAMIN, W. *Origem do drama barroco alemão.* Tradução, apresentação e notas de Sérgio Paulo Rouanet. São Paulo: Brasiliense, 1984.

SARLO, Beatriz. *Siete ensayos sobre Walter Benjamin.* Buenos Aires: Fondo de Cultura Económica de Argentina, 2000.

Filosofia como crítica do sistema: acerca da leitura do livro de Karl Löwith sobre Nietzsche (1935), por Walter Benjamin*

Ernani Chaves

I

No exílio, entre os inúmeros endereços em Paris, a pensão da ex-mulher Dora em San Remo, a casa de Brecht na Dinamarca e Ibiza, Walter Benjamin permaneceu um leitor de Nietzsche. Isso pode ser constatado, por exemplo, pelas referências a Nietzsche em textos escritos na época e publicados na Revista do Instituto de Pesquisa Social[1] ou em pequenos textos que permaneceram inéditos.[2] Mas foram, sem dúvida, as inúmeras referências que se encontram no *Passagen-Werk* que chamaram a atenção da maioria dos intérpretes. Dentre estas, as notas acerca do eterno retorno, que se encontram no *Konvolut* D, foram as mais comentadas. Quase nada se falou sobre as que dizem respeito ao *Jugendstil*, no *Konvolut* S, as que, espalhadas, se encontram no *Konvolut* J, dedicado a Baudelaire, ou, ainda, nos primeiros esboços, datados de 1927-1928. Além disso, embora frequentemente citado ou parafraseado – e não apenas nas notas sobre o eterno retorno –, o livro de Karl Löwith *Nietzsches Philosophie der ewigen Wiederkunft des Gleichen* [A filosofia de Nietzsche do eterno retorno do mesmo], publicado em 1935, não mereceu

....

* Este artigo é a versão brasileira, inédita até aqui, de "Nietzsche en exil: À propos de la lecture de Karl Löwith sur Nietzsche (1935) par Walter Benjamin", publicado em Paolo D'Iorio e Gilbert Merlio (eds.), *Nietzsche et l'Europe*. Paris: Éditions de la Maison des Sciences de L'Homme, 2006, p. 271-286. Para esta publicação, foram feitas diversas modificações. Este artigo se valeu imensamente de diversas temporadas de pesquisas e estudos na Alemanha, sob os auspícios do DAAD, Capes e CNPq, aos quais agradeço.

1. Cf., por exemplo, "Eduard Fuchs, historiador e colecionador" (1937-1938), "Sobre alguns temas em Baudelaire" (1939) e "Sobre o conceito de história" (1940), textos que contêm referências à *Segunda consideração extemporânea*.

2. Ver, a respeito, "La Traduction – le pour et le contre", de 1935-1936 (Benjamin, 1991f, p. 158), no qual está em questão a traduzibilidade do "Zaratustra", ou, ainda, as inúmeras anotações, de 1937-1938, sobre os poemas de Baudelaire (Benjamin 1991d, p. 1.137, 1.152 e 1.153).

a consideração que lhe é devida. É surpreendente que Stéphane Mosès (1996), por exemplo, tenha publicado um longo artigo sobre "Benjamin, Nietzsche et l'idée de l'éternel retour", sem que haja nenhuma referência ao livro de Löwith. Gostaria de mostrar, nesta oportunidade, que, sem a leitura de Löwith, muitas das posições assumidas por Benjamin na época, a respeito do pensamento de Nietzsche, permanecem incompreensíveis.

Meu ponto de partida são duas referências feitas por Benjamin ao livro de Löwith, em cartas a Adorno.

A primeira é menos conhecida, pois essa carta só foi publicada em 1995, na nova edição da correspondência entre Benjamin e Adorno, pela editora Suhrkamp. Em 28 de agosto de 1938, da Dinamarca, em carta a Adorno e sua mulher, Gretel, lê-se nas últimas linhas do *Postskriptum*: "Talvez interesse a Teddie [como os amigos íntimos chamavam Adorno] – caso não seja novidade para ele – que o seu Kierkegaard é citado em uma passagem importante no 'Nietzsches Philosophie der ewigen Wiederkunft des Gleichen', Berlim, 1935, de Löwith" (Adorno; Benjamin, 1995, p. 356). Benjamin refere-se à nota 30 do primeiro capítulo do livro de Löwith, que diz respeito à questão do sistema e das fronteiras entre filosofia e criação literária (*Dichtung*). Questão importante na época, na medida em que Nietzsche fora, em geral, interpretado muito mais como um poeta do que como um filósofo. Na referida nota, que chamou a atenção de Benjamin, escreve Löwith:

> Aos mesmos equívocos também sucumbe a exigência filosófica de Kierkegaard, cuja linguagem não é, em todo caso, nenhuma mistura de verdade e poesia (*Dichtung*), mas uma nova forma de comunicação. É a partir disso que se deve também entender sua socrática ironia diante dos 'resultados' das ciências exatas da natureza, diante do 'longo discurso' dos 'sistemas', assim como diante dos poetas. Cf. a respeito Th. Wiesengrund-Adorno, *Kierkegaard*, 1933, p. 1 e ss. (Löwith, 1935, p. 166)

Outro motivo extremamente importante para que esta referência tenha sido ignorada é o fato de que os intérpretes, até onde sei, nunca consultaram a 1ª edição do livro de Löwith. Ora, deve-se lembrar que para a 2ª edição, publicada em 1956, pela editora W. Kohlhammer, de Stuttgart, e que serviu de base para as outras edições, inclusive para a tradução francesa, muito lida e utilizada no Brasil, Löwith fez inúmeras modificações no texto, tendo a referência a Adorno sido retirada.[3] Assim sendo, nosso trabalho toma como apoio, exclusivamente, a 1ª edição do livro, a única, aliás, conhecida por Benjamin.

Em uma segunda carta, bastante conhecida, escrita em francês quase dois meses depois ainda da Dinamarca, em 04 de outubro de 1938, Benjamin (1978, p. 779) menciona, mais uma vez, o livro de Löwith: "O *Kierkegaard*, pelo qual lhe agradeço, o senhor receberá juntamente com o Löwith, por meio de Madame Favez. Encomendei este último há algum tempo, porque ele me é útil para a terceira parte do *Baudelaire.* Devolva-me, por favor, após usá-lo."

Estas duas referências mostram, claramente, o interesse de Benjamin pelo livro de Löwith. A primeira parece só interessar, de imediato, a Adorno. Entretanto, como pretendo mostrar, o que está em questão nela, ou seja, as relações entre filosofia e poesia, filosofia e sistema, são também muito importantes para o próprio Benjamin. A segunda, ao contrário, mostra explicitamente esse interesse, pois Benjamin associa o livro de Löwith à elaboração da terceira parte de seu estudo sobre Baudelaire. Esta segunda referência, entretanto, mostra que Benjamin, bem antes de sua carta a Adorno, isto é, nos inícios de 1938, já havia lido o livro de Löwith. De fato, lembremos, mais uma vez, que, em carta a Horkheimer, escrita de San Remo, em 6 de janeiro de 1938, Benjamin (1978, p. 742) relaciona Nietzsche com Baudelaire e Blanqui e declara que o tema da 3ª parte do "Baudelaire" seria "o eterno retorno". Alguns meses depois, já de Paris e ainda a Horkheimer, em 16 de abril de 1938, reitera que a 3ª parte do Baudelaire tratará da "configuração histórica" que reúne *Les Fleurs du Mal, L'éternité par les astres,* de Blanqui, e "la volanté de puissance (L'éternel retour) de Nietzsche" (Benjamin, 1978, p. 752). Esse interesse culminará numa citação ao livro de Löwith, nesta mesma época, em "A Paris do Segundo Império em Baudelaire" (no interior da discussão das relações entre suicídio e modernidade), escrito entre o verão e o outono de 1938 (Benjamin, 1991c, p. 578, nota; 1989, p. 75, nota).

Löwith (1988a, p. 107-108) escreveu grande parte do seu livro quando já estava em Roma, seu primeiro lugar de exílio após perder o posto de professor em Marburg. O livro ficou pronto em junho de 1934: "Meu Nietzsche [escreve ele a Leo Strauss, de Roma, em 23 de fevereiro de 1935], que terminei em junho, encontrou finalmente, após muitas tentativas

....

3. No "Prefácio" à 2ª edição, Löwith (1986, p. 13) escreve: "A seguinte interpretação da filosofia de Nietzsche como uma doutrina do eterno retorno do mesmo modifica e complementa uma publicação com o mesmo título, do ano de 1935."

fracassadas, um editor alemão ('Die Runde') e eu leio, exatamente agora, as primeiras provas tipográficas" (Löwith, 1988b, p. 177-178). Este trabalho significava, para Löwith (1988a, p. 19-20), uma espécie de ponto culminante de seus estudos sobre Nietzsche. Mais tarde, na resenha escrita em 1962 acerca dos dois volumes de Heidegger sobre Nietzsche, ele dirá que seu livro, ao lado do trabalho de Jung sobre o *Zaratustra* (1935-1939), do livro de Jaspers (1936) e das aulas de Heidegger (1936-1940), contribuiu "para uma nova compreensão de Nietzsche" (Löwith 1984, p. 242). Na Alemanha, apareceram quatro resenhas do livro, duas ainda em 1935 e as outras em 1938 (Krummel, 1998, p. 535, 544, 672 e 691). Provavelmente, o livro chegou às livrarias entre março e maio de 1935, pois Strauss, de Cambridge, escreve a Löwith (1988b, p. 182), em 23 de junho de 1935, contando que "acabara a leitura do seu livro sobre Nietzsche".

Benjamin, entretanto, pode ter lido em Paris, bem antes desta troca de cartas com Adorno, as primeiras notícias acerca da publicação do livro. O principal indício a respeito está no fato de que no volume 5, 1935-1936, das *Recherches Philosophiques,* a revista fundada e dirigida por Alexander Koyré, Henri-Charles Puech e Albert Spaier, apareceu uma resenha bastante elogiosa do livro de Löwith, assinada por Paul Ludwig Landsberg. Comparando Löwith a Werner Brock, que publicara, em 1930, em Bonn, *Nietzsches Idee der Kultur* [A ideia de cultura de Nietzsche], o resenhista escreve:

> Löwith apresenta um estudo sobre Nietzsche que, tal como aquele de Brock, leva enfim a sério Nietzsche, o filósofo infatigável amigo da verdade, pesquisador desesperado de uma via nova. Já passou a época na qual Bertram fazia de Nietzsche um poeta lírico, de seu pensamento, sinal dos seus sentimentos, de seus conflitos trágicos, harmonias idílicas. Löwith aborda um outro N[ietzsche]., tal como ele se destaca em relação ao horizonte do pensamento filosófico ocidental, desde os pré-socráticos até os nossos dias.[4]

Além disso, neste mesmo número da *Recherches,* é publicado o artigo de Löwith "La conciliation hégélienne", que, segundo a nota 1, "contém

....

4. A resenha se encontra entre as páginas 535 e 537. Paul-Ludwig Landsberg (1901-1944), filósofo judeu-alemão, era, desde 1926, *Privatdozent* na Universidade de Bonn. Exilou-se em 1933, primeiro na Espanha, depois na França. Foi preso pela Gestapo em 1943 e morto no campo de concentração de Oranienburg em 1944. Seu nome constava na caderneta de endereços de Benjamin (2006, p. 172). Escreveu, entre outros, "Essai d'interprétation de la maladie mentale de Nietzsche" (Landsberg, 1934, p. 210-231).

a terceira parte" do artigo "L'achèvement de la philosophie classique par Hegel et sa dissolution chez Marx et Kierkegaard", "aparecido no volume precedente das *Recherches Philosophiques*". É exatamente sobre o número precedente mencionado por Löwith, o quarto, de 1934-1935, que Benjamin escreveu uma pequena notícia para a Revista do Instituto de Pesquisa Social. Ele mencionou, especialmente, o artigo de Klossowsky sobre Sade, a comunicação de Bernard Groethuysen (que conhecera Löwith em Marburg, onde fora leitor de Literatura Francesa), acerca de fragmentos póstumos de Dilthey, assim como o artigo de Löwith, destacando sua importância "porque ele exige uma posição crítica em relação à antropologia filosófica", ao contrário dos outros artigos do mesmo número, que teriam uma orientação "ontológica e metafísica".[5] Ora, neste artigo de Löwith, no qual se pode acompanhar a gênese do futuro *De Hegel a Nietzsche*, embora não seja mencionado no título, Nietzsche representa um papel importante e fundamental e, exatamente na última nota do artigo, Löwith (1934-1935, p. 267) faz uma referência ao seu próprio livro sobre Nietzsche.

Pode-se dizer, ademais, que a *Recherches Philosophiques* representou um dos polos importantes da recepção de Nietzsche na França dos anos 1930.[6] No número 3, de 1933-1934, por exemplo, aparece o artigo de Spaier (que havia falecido há pouco) "Démon et caractère chez Nietzsche" e as resenhas, também escritas por ele, de uma coletânea de cartas de Nietzsche e dos livros de Ernst Bertram e de Lou-Andreas Salomé, que acabavam de ter sido traduzidos para o francês. Além disso, a revista acolhia, com frequência, contribuições dos exilados, o que significava, naquela situação, uma oportunidade de trabalho.[7] Essa proximidade entre a revista e os exilados fez com que Benjamin mencionasse, posteriormente, a Horkheimer a possibilidade de publicar *Egoísmo e Liberdade*, que Horkheimer (1995, p. 379) acabara de escrever, na Boivin, a mesma editora da *Recherches*.

....

5. Cf. *Zeitschrift für Sozialforschung*, vol. VI, Paris: Félix Alcan, 1937, p. 173-174.

6. Louis Pinto (1995, p. 94-95) considera que "mesmo numa revista como *Recherches Philosophiques*, dirigida por Alexandre Koyré, o lugar que é dado a Nietzsche, graças notadamente a Jean Wahl, é bem modesto comparado a outros autores, dentre estes, Kierkegaard". Adorno, por sua vez, considera que a revista propaga as ideias de Heidegger e Jaspers. O que, aos seus olhos, é francamente negativo! (Cf. a resenha do livro de Jean Wahl sobre Kierkegaard, *Zeitschrift für Sozialforschung*, vol. VIII, Paris: Félix Alcan, 1939, p. 232 e ss.).

7. Günter Stern (depois, Günter Anders), por exemplo, na ocasião ainda marido de Hannah Arendt, escreveu duas resenhas no número V, uma delas sobre *A herança do nosso tempo*, de Ernst Bloch.

Seguindo os dois trechos de cartas que mencionamos, poderíamos então dizer que toda consideração acerca da leitura que Benjamin fez do livro de Löwith deve seguir a dupla direção indicada nesses trechos. A primeira tentaria esclarecer as ressonâncias da questão acerca das relações entre sistema e aforismo no pensamento de Benjamin. A segunda tentaria mostrar como Benjamin se confrontou com a interpretação de Löwith acerca da doutrina do eterno retorno e quais as suas consequências para a formulação do seu conceito de modernidade, no interior da constelação "Baudelaire-Blanqui-Nietzsche". As duas questões são, para o próprio Löwith, inseparáveis. Ele mesmo dirá que a dissolução do sistema em Nietzsche é o necessário substrato para que se compreenda a singularidade da doutrina do eterno retorno. Entretanto, nós nos limitaremos, aqui, a algumas observações acerca da primeira dessas direções, por ter sido, justamente, a menos explorada pelos intérpretes.

II

Como se sabe, a tese fundamental do livro de Löwith (1935, p. 18) é a ideia de que a filosofia de Nietzsche constitui um "sistema em aforismos": "isto é o que é próprio de sua forma filosófica [escreve Löwith] e essa 'forma' caracteriza, ao mesmo tempo, o seu 'conteúdo'." Esta afirmação pressupõe, por sua vez, duas ideias fundamentais: a primeira, de que Nietzsche permanece, de todo modo, um "sistemático", pois o que ele combate no sistema filosófico não é a sua "unidade metodológica", mas sim o objetivo do sistema de se tornar a "expressão de um mundo 'enclausurado' e fixado dogmaticamente"; a segunda, de que a rejeição nietzscheana do conceito clássico de filosofia, em nome de um "experimento", deságua na "vontade filosófica de uma nova descoberta do mundo e em um horizonte inacabado de questões". Assim sendo, conteúdo e forma podem constituir-se em uma unidade, na medida em que, por um lado, concebida a filosofia como um "experimento", o aforismo torna-se a forma privilegiada da filosofia de Nietzsche; por outro lado, se Nietzsche permanece um "espírito sistemático", então seus aforismos não são nem cadeias variadas arbitrariamente, mas constituem, ao contrário, uma unidade entre acaso e necessidade, que visa, em última instância, uma "forma de eternidade". Não discutirei aqui a justeza dessa interpretação, sobre a qual já existe um conjunto bastante significativo de comentários críticos. Entretanto, é importante ressaltar que, no centro das críticas a Löwith, está também a questão do "sistema".

Pode-se então entender porque Löwith havia citado o livro de Adorno sobre Kierkegaard. De fato, Adorno coloca uma questão semelhante quando fala a propósito das relações entre filosofia e poesia no pensamento de Kierkegaard:

> A lei formal da filosofia exige a interpretação do efetivo em uma conexão estreita dos conceitos [...]. A isso contrapõe-se a concepção de filosofia como poesia [...]. Aquilo que, na filosofia, não condizia com o ideal científico, fora desprezado como apêndice miserável sob o título de poesia. (Adorno, 1979, p. 9)

Para Löwith, como para Adorno, o critério para desqualificar Nietzsche e Kierkegaard como filósofos era o das "ciências positivas" e seu "conceito de fato", como dizia Löwith (1935, p. 18), ou, como dizia Adorno, o "ideal científico". Entretanto, deve-se ressaltar de antemão que Löwith reconhecia apenas uma única fonte para a aforística de Nietzsche, qual seja, "a antiga sabedoria da sentença filosófica". Segundo ele, Nietzsche "reencontrou também aqui, algo que já fora colocado antes".

Em Benjamin, entretanto, esta mesma questão já tinha sido posta bem antes, em direta relação com Nietzsche. Em sua tese de doutoramento, *O conceito de crítica de arte no romantismo alemão,* apresentada em 1917 à Universidade de Berna, Benjamin, a propósito da questão do sistema em Friedrich Schlegel e todos os primeiros românticos, assim se pronunciou:

> O fato de um autor expressar-se em aforismos não poderá, hoje, fazer-se valer a alguém como uma prova contra sua intenção sistemática. Nietzsche, por exemplo, escreveu aforisticamente, com isso mostrando-se opositor do sistema, não obstante ele elaborou sua filosofia de maneira englobadora e uniforme segundo ideias diretrizes e, finalmente, começou a escrever seu sistema. (Benjamin, 1991a, p. 42; 1993, p. 50)

A partir desta citação, aparece em Benjamin uma imagem de Nietzsche muito próxima da imagem propagada pelo Nietzsche-Archiv, qual seja, a de considerar a conhecida e fraudulenta coleção de aforismos intitulada *Vontade de poder* como o sistema de Nietzsche. Mas, muito mais sutil que Elizabeth

Förster-Nietzsche e seus comparsas, Benjamin talvez esteja pensando muito mais nos "Prefácios" de 1886, no qual Nietzsche tenta apresentar sua obra como uma unidade.[8] Entretanto, ao contrário de Löwith, Benjamin não limita o estilo aforístico de Nietzsche à sua relação com a filosofia pré-socrática, assinalando sua ligação com os primeiros românticos, embora não faça nenhuma distinção entre Nietzsche e os românticos. Além disso, parece que a referência a Nietzsche tem a função de torná-lo o caso exemplar da impossibilidade de evitar a "intenção sistemática". Daí que Benjamin, em seguida à referência a Nietzsche no trecho acima citado, opõe-lhe a posição de Friedrich Schlegel, que, ao contrário de Nietzsche, jamais se considerou inimigo dos sistemáticos e, nos seus textos tardios, também não se considerava um cético. Assim sendo, numa espécie de curto-circuito, Benjamin reunia vários textos de Nietzsche nos quais a crítica do sistema aparece ligada a uma posição cética. De todo modo, apesar das diferenças que ele aponta entre Nietzsche e Schlegel, Benjamin retira tanto um quanto outro do gueto dos filósofos pela metade. Como Adorno fará mais tarde, com Kierkegaard.

No "Prefácio epistemo-crítico" ao livro sobre o drama barroco alemão, Benjamin (1991b, p. 207) retoma a questão do conceito de sistema, criticando-o severamente: "A alternativa à forma filosófica, tal qual é colocada pelos conceitos de doutrina e de ensaio esotérico, foi ignorada pela do conceito de sistema do século XIX." Ao colocar os conceitos de doutrina e de ensaio esotérico em contraposição ao de sistema, Benjamin os caracteriza como uma espécie de "fragmentos de pensamento" (*Denkbruchstücken*). Ora, pode-se, igualmente, afirmar que o fragmento dos primeiros românticos e o aforismo nietzscheano podem ser, ambos, qualificados também como "fragmentos de pensamento". A crítica do conceito de símbolo presente no livro corresponde, por sua vez, à do sistema. Ambos, símbolo e sistema, remetem à ideia de "totalidade orgânica" como garantia de um acesso seguro ao sentido e à verdade. Em oposição a ambos, Benjamin vai reabilitar a "alegoria" e, com isso, as formas de expressão que ele chama de "fragmentos de pensamento".

Dessa maneira, não é surpreendente que Benjamin (1997), na mesma época, tenha escrito uma coleção de aforismos, tal como a correspondência com Kracauer documenta.[9] De fato, Benjamin planejou publicar, desde o fim de 1924, um livro de aforismos, que aparece sob o nome de *Rua de mão*

8. Löwith (1935, p. 23) também tomará os "Prefácios" de 1886 a serviço de sua tese.

9. Trata-se de cartas datadas de 17/02/1926 (p. 120), 12/04/1926 (p. 143-144) e de 20/04/1926 (p. 145-146).

única, no início de 1928, pela editora Ernst Rowolt. Por isso, Kracauer, na resenha que fez desse livro, o considera "uma coletânea de aforismos". Ernst Bloch (1962), ao contrário, em outra resenha do mesmo livro, publicada originalmente em 1928, o caracteriza como "Revue", e não como uma "sequência de sonhos, aforismos, charadas" ou coisa parecida. Mas Bloch também destacou claramente que uma tal "Revue" só pode se constituir a partir de uma crítica ao sistema. E, neste ponto, ele se refere à célebre passagem do *Crepúsculo dos ídolos*, em que Nietzsche (2007) condena a falta de probidade de todos os sistemáticos.

Quando *Rua de mão única* é reeditado em 1955, é Adorno, desta vez, quem escreve uma resenha sobre o livro e, mais uma vez, ele retoma a questão do estilo aforismático. Nela, Adorno (1990, p. 27) não o considera um "livro de aforismos, mas uma coleção de imagens de pensamento". Entretanto, em outros textos, Adorno tinha uma posição diferente. No seu necrológio de Benjamin (1940), *Rua de mão única* é considerado um "livro de aforismos" (*ibid.*, p. 72) e na sua "Introdução" aos *Escritos* de Benjamin, organizados por ele e sua mulher Gretel em 1955, assinala a afinidade entre o estilo de Benjamin e o aforismo, citando, para isso, não apenas *Rua de mão única*, mas também *Zentralpark* (*ibid.*, p. 46). O que a interpretação de Adorno procura justificar é a compatibilidade entre filosofia e aforismo. O aforismo como forma filosófica significa, antes de qualquer coisa, que é possível pensar um outro conceito de filosofia e de verdade, que não se orienta mais, necessariamente, por uma teoria do conhecimento. Não por acaso, Adorno pode, em 1950, na sua "Caracterização de Walter Benjamin", reunir Nietzsche e Benjamin: "A intuição crítica do Nietzsche tardio, segundo a qual a verdade não seria idêntica ao universal atemporal, mas que apenas o histórico dá forma ao absoluto, ele persegue talvez sem conhecê-la, como um cânone em seu procedimento" (Adorno, 1990, p. 12; 1986, p. 190). Poderíamos acrescentar que o próprio Adorno compartilha desse cânone.

A questão acerca do estilo de Nietzsche também aparece no final dos anos 1930, desta feita na correspondência de Benjamin com Horkheimer. O tema "Nietzsche" está vinculado aos comentários acerca do número especial da revista *Acéphale* (ligada ao Collège de Sociologie, do qual fazia parte Georges Bataille) sobre "Nietzsche e o Fascismo". Acerca da revista, Benjamin (1999, p. 471) já havia se manifestado favoravelmente, em carta a Stephan Lachner, pseudônimo de Ernst von Morgenroth, escrita de Paris em 9 de março de 1937: "Amigos franceses organizaram um dossiê Nietzsche na revista 'Acéphale'. É bem interessante: contém um grande artigo sobre Nietzsche e o fascismo, um artigo de Jean Wahl, minuciosa bibliografia sobre as novas publicações alemães sobre Nietzsche." Horkheimer, ao contrário, falando acerca da *Acéphale*, mostra-se bastante crítico em relação à maioria dos "intelectuais progressistas franceses" que constroem uma imagem de Nietzsche de maneira tão equivocada quanto "as publicações vanguardistas fazem com Freud". No que diz respeito, especificamente, ao estilo aforístico, escreve Horkheimer: "A ideia de que os franceses leem aforismos melhor que outros povos é incorreta (...). A forma aparentemente desarticulada não garante de modo algum, para Nietzsche, como em muitos franceses, que não se deva tocar nos fundamentos, que se faça associações livres (*zwanglose Bemerkungen*) e se sinta, no essencial, seguro. Os aforismos de Nietzsche não são vagas observações secundárias (...), eles não são uma prova de liberdade e harmonia, que confirma a possibilidade do sistema." Horkheimer (1995, p. 566) conclui que "os franceses de hoje são demasiado *naiv*" para compreender o alcance do aforismo nietzscheano.[10] A posição de Horkheimer mostra claramente o quanto a questão acerca do estilo de Nietzsche permanece em pauta. Não fica claro se Horkheimer leu o livro de Löwith. Mas, é bem possível, pois Löwith escreveu algumas resenhas para a Revista do Instituto de Pesquisa Social e também correspondeu-se com Horkheimer.[11] Com Löwith, poderiam então Benjamin, Adorno e Horkheimer concordar que os aforismos de Nietzsche não são "vagas observações secundárias" ou, para retomar uma outra expressão de Horkheimer, que não se pode ler Nietzsche (e também Freud) como "verdadeiros fetichistas da apresentação sistemática".

Nesta perspectiva, não é sem fundamento que Pierre Missac (1975, p. 320), ainda na década de 1970, tenha aproximado o gênero "Tese", no qual Benjamin escreveu seu último texto, "Sobre o conceito de história", do aforismo, em direta relação com Nietzsche. Para Missac, o pensamento de Benjamin se alimenta, igualmente, da tensão existente entre dois polos que se complementam: a "recusa do sistema" e a preferência por "formas curtas,

....

10. O número especial sobre Nietzsche da *Acéphale* também é tratado por Horkheimer na sua correspondência com Adorno (cf. cartas 297 e 301).

11. As resenhas de Löwith apareceram nos volumes 5 (1936), 6 (1937) e 7 (1938). No volume 6, ele e Horkheimer publicaram resenhas bastante críticas a respeito do livro de Jaspers sobre Nietzsche. Para a correspondência entre Löwith e Adorno, cf. cartas 319, 328 e 374, ver Horkheimer (1995).

concisas", que inclui o aforismo, ultrapassando-o, e que culmina na forma da "improvisação".

Como mostramos, a leitura da primeira parte do livro de Löwith pode encontrar uma ressonância em Benjamin, porque ali existe uma velha questão para o próprio Benjamin. Mas não apenas no geral se pode encontrar uma concordância entre Löwith e Benjamin, mas também em um aspecto específico, qual seja, a de que esta questão não pode ser formulada sem que, ao mesmo tempo, se coloque aquela acerca da linguagem. Trata-se, para Löwith (1935, p. 17 e ss), da "dissolução da forma linguística tornada cara à filosofia sistemática". Sem compreender a filosofia da linguagem de Nietzsche, não se pode compreender seu experimento filosófico. Não se trata apenas de procurar outra compreensão da linguagem, mas, ao mesmo tempo e inseparavelmente, de procurar uma nova maneira de ler. Por isso, Löwith privilegia o *Zaratustra*, na medida em que nele o experimento de Nietzsche com o pensar e com a língua se radicaliza. Tal como Hegel, Kierkegaard e Marx, o pensamento de Nietzsche se movimenta em uma outra lógica, a das "contradições" (Löwith, 1935, p. 81). Com isso, Nietzsche "não é nenhum filósofo-poeta", "mas o moderno renovador da mais antiga linguagem filosófica" (*ibid.*, p. 18). Pode-se notar aqui, claramente, os ecos do pensamento de Heidegger, pois a "mais antiga linguagem filosófica" é a dos poemas, aforismos e sentenças dos pré-socráticos. Por sua vez, a ligação entre crítica do sistema e reflexão sobre a linguagem é um dos pontos centrais do "Prefácio" já mencionado ao livro sobre o drama barroco, de Benjamin. Apesar das diferenças, em especial se pensarmos no aspecto teológico da reflexão de Benjamin, o problema é o mesmo, qual seja, como encontrar formas de expressão adequadas quando se pensa a história da filosofia do ponto de vista de uma história das "problemáticas", e não do pragmatismo, tal como Benjamin pensa desde a sua tese de doutorado.

A vizinhança entre Hegel, Marx, Kierkegaard e Nietzsche, que Löwith já havia desenhado no artigo da *Recherches*, comentado por Benjamin, não pode deixar de ser vista.[12] Para Löwith, trata-se de tentar responder à questão de como "ao mundo do século XIX, em total transformação, corresponde uma mudança radical do espírito filosófico". Hegel representa aí o papel decisivo,

12. Da mesma forma que havia citado seu livro sobre Nietzsche no artigo, Löwith (1935, p. 168, nota 41) citará o artigo no livro sobre Nietzsche, reforçando a vizinhança entre esses pensadores. O interessante é que, no livro, o artigo vem citado com seu título em alemão, ocorrendo aí uma significativa mudança: em vez de "L'achèvement de la philosophie *classique*...", lemos "Die Vollendung der *christlichen* Philosophie...". Grifos meus.

pois, com ele, "acaba todo um mundo de língua espiritual, de conceitos e de cultura". Por isso, a filosofia deste novo tempo não poderia mais acreditar na ideia de sistema, ao contrário, "esta nova filosofia, de início, só se dá a conhecer em contradição com a ideia de sistema acabado". Entretanto, esta "*nouvelle philosophie*" não ultrapassou Hegel, como pretendia, mas permaneceu, de um modo ou outro, presa ao mundo hegeliano. No final, Löwith critica a filosofia acadêmica, que "faz crer, por um instante, que se ultrapassa Hegel, retornando a Kant". Com Nietzsche e com Dilthey, conclui ele, adquirimos a clara consciência "do acabamento hegeliano da filosofia" como "um fim irremediável". Começaria, então, um novo tempo, "o começo de novas tentativas de reencontrar um mundo perdido". Tentativa parcialmente frustrada da parte de Nietzsche, diria Löwith, que, no afã de descobrir o novo, reencontra apenas o antigo: o pensamento pré-socrático, a antiga doutrina do eterno retorno, o aforismo, o poema, a sentença! O essencial do papel que Nietzsche representa na concepção benjaminiana de modernidade já está dado aí, nesta conclusão.

Em julho de 1972, pouco antes de sua morte, Karl Löwith participou do Colóquio Nietzsche de Cerisy-la-Salle, cujo tema era "Nietzsche aujourd'hui?". Sabemos o quanto ele se sentiu desconfortável numa reunião que acreditava estar perigosamente próxima do "nietzscheanismo" que seu livro, 37 anos atrás, visava combater. Na discussão que se seguiu à sua conferência, intervindo no debate, ele disse: "É curioso que homens inteligentes como Benjamin e Adorno não tenham se ocupado mais seriamente de Nietzsche, desde que aderiram ao marxismo" (Löwith, 1973, p. 231). Que Löwith estava equivocado foi um dos objetivos deste texto. Que o interesse de Benjamin, em especial, por Nietzsche, se deve bastante ao seu livro, ele, infelizmente, não teve tempo de reconhecer, pois o *Passagen-Werk* só viria à luz alguns anos depois de sua morte.

Referências

ADORNO, Theodor W. "Caracterização de Walter Benjamin". In: ______. *Theodor W. Adorno*. Tradução de Flávio R. Kothe. São Paulo: Ática, 1986.

______. Über Walter Benjamin. Frankfurt a. M.: Suhrkamp, 1990.

ADORNO, Theodor W.; BENJAMIN, Walter. *Briefwechsel 1928-1940*. 2.ª ed. Frankfurt a. M.: Suhrkamp, 1995.

BENJAMIN, Walter. *Briefe*, vol. 2. Frankfurt a. M.: Suhrkamp, 1978.

______. "A Paris do Segundo Império em Baudelaire". In: ______. *Obras escolhidas*, vol. III. Tradução de José Carlos Martins Barbosa. São Paulo: Brasiliense, 1989.

______. "Der Begriff der Kunstkritik in der deutschen Romantik". In: ______. *Gesammelte Schriften*, vol. I-1. Frankfurt a. M.: Suhrkamp, 1991a.

______. "Ursprung des deutschen Trauerspiels". In: ______. *Gesammelte Schriften*, vol. I-1. Frankfurt a. M.: Suhrkamp, 1991b.

______. "Das Paris des Second Empire bei Baudelaire". In: ______. *Gesammelte Schriften*, vol. I-2. Frankfurt a. M.: Suhrkamp, 1991c.

______. "Abhandlungen". In: ______. *Gesammelte Schriften*, vol. I-3. Frankfurt a. M.: Suhrkamp, 1991d.

______. "Das Passagen-Werk". In: ______. *Gesammelte Schriften*, vols. V-1 e V-2. Frankfurt a. M.: Suhrkamp, 1991e.

______. "La traduction – le pour et le contre". In: ______. *Gesammelte Schriften*, vol. VI. Frankfurt a. M.: Suhrkamp, 1991f.

______. *O conceito de crítica de arte no romantismo alemão*. Tradução de Márcio Seligmann-Silva. São Paulo: Iluminuras, 1993.

______. *Gesammelte Briefe*, vol. III: 1925-1930. Frankfurt a. M.: Suhrkamp, 1997.

______. *Gesammelte Briefe*, vol. V: 1935-1937. Frankfurt a. M.: Suhrkamp, 1999.

______. *Passagens*. Tradução de Irene Aron e Cleonice Paes Barreto Mourão. Belo Horizonte: Editora UFMG; São Paulo: Imprensa Oficial do Estado de São Paulo, 2006.

______. *Das Adressbuch des Exils, 1993-1940*. Edição de Christine Fischer--Defoy. Leipzig: Koehler & Amelang, 2006.

BLOCH, Ernst. "Revue Form in der Philosophie". In: ______. *Erbschaft dieser Zeit*. Edição ampliada. Frankfurt a. M.: Suhrkamp, 1962.

HORKHEIMER, Max. *Gesammelte Schriften*, vol. 16: Briefwechsel 1937-1940. Frankfurt a. M.: Fischer, 1995.

KRUMMEL, Richard Frank. *Nietzsche und der deutsche Geist*, vol. III. Berlin: Walter de Gruyter, 1998.

LANDSBERG, Paul Ludwig. "Essai d'interprétation de la maladie mentale de Nietzsche". *Revue philosophique de la France et de l'étranger*, Paris, t. 118, 1934.

LÖWITH, Karl. *Nietzsches Philosophie der ewigen Wiederkunft des Gleichen*. Berlin: Die Runde, 1935.

______. "Nietzsche et l'achèvement de l'athéisme". In: *Nietzsche aujourd'hui?*, vol. 2. Paris: Union Générale d'Éditions, 1973.

______. *Sämtliche Schriften*, vol. III. Stuttgart: Metzler, 1984.

______. *Nietzsches Philosophie der ewigen Wiederkehr des Gleichen*. 4. Durchgesehene Auflage. Hamburg: Felix Meiner Verlag, 1986.

______. *Ma vie en Allemagne avant et après 1933*. Paris: Hachette, 1988a.

______. "Correspondence Karl Löwith and Leo Strauss". *Independent Journal of Philosophy*, vol. 5/6, 1988b.

MISSAC, Pierre. "Es sind Thesen! Sind es Thesen?" In: Bulthaup, Peter (org.). *Materialien zu Benjamins Thesen "Über den Begriff der Geschichte"*. Frankfurt a. M.: Suhrkamp, 1975.

MOSÈS, Stéphane. "Benjamin, Nietzsche et l'idée de l'éternel retour". *Europe*, Paris, n. 804, abr. 1996.

NIETZSCHE, Friedrich. *Kritische Studienausgabe*. Edição de Giorgio Colli e Mazino Montinari. Berlin: de Gruyter; München: DTV, 1986.

______. *Crepúsculo dos ídolos*. Tradução, posfácio e notas de Paulo César Souza. São Paulo: Companhia das Letras, 2006.

PINTO, Louis. *Les neveux de Zarathoustra. La réception de Nietzsche en France*. Paris: Seuil, 1995.

RECHERCHES Philosophiques. Paris: Félix Alcan, vol. III, 1933-1934, e vol. V, 1935-1936.

ZEITSCHRIFT für Sozialforschung. Paris: Félix Alcan, vol. VI, 1937, e vol. VIII, 1939.

Walter Benjamin: (i)mago de uma filosofia por vir

Helano Ribeiro

Mago[1]

A reformulação e o abalo das correntes do pensamento, a composição conceitual do programa de uma filosofia por vir (*kommend*) ou futura (*künftig*), surgem como fraturas intempestivas do fazer filosófico por meio de posicionamentos díspares. Trata-se, particularmente, da construção de projetos esboçados por pensadores que intentam abandonar o delineamento já traçado da filosofia em suas configurações tradicionais, procurando, doravante, nos interstícios dessa mesma fissura gestada, salvaguardar a ideia de filosofia para alargar seus limiares.

Feuerbach, em seu livro *Princípios da filosofia do futuro* (*Grundsätze der Philosophie der Zukunft*), critica a religião mantendo seu aspecto essencialmente antropológico, ao destituí-la em favor da antropologia. Para Feuerbach, Deus é o corolário, a consequência necessária da imaginação do homem e de sua faculdade de fantasiar. A fantasia é o que possibilita o surgimento da religião a partir da credulidade humana em torno de sua essência. A filosofia de Feuerbach, todavia, não se limita apenas a esse aspecto, mas apresenta o projeto de uma filosofia futura (*künftig*) revelada como contraponto à filosofia abstrata de Hegel. Sua proposta é a de suplantar e ultrapassar o idealismo alemão.[2]

....

1. Segundo os persas, eram os sábios (*magu-*) conhecedores dos astros. Posteriormente, a palavra foi assimilada pelos gregos (μαγεία) e, depois, pelos romanos (*magus*), referindo-se ao mágico, imaginário. Na Idade Média, o mago pode ser visto, em suma, como o alquimista: o mestre das misturas dos elementos da natureza. Note-se que a palavra "imagem", com sua origem no latim *imago* ou "imagem", denota a máscara mortuária exposta nos funerais da antiguidade romana. Etimologicamente, também podemos pensá-la como o inseto que passou pelo estágio da metamorfose (estágio imago).

2. De acordo com Peter Fenves (2011, p. 134, tradução nossa): "Para Hegel, na compreensão de Feuerbach, a filosofia não é regida por um princípio, mas sim por um conceito de abstração absoluta, especulativa e vazia. A reviravolta crítica de Feuerbach, com apelo a uma filosofia do futuro, em relação ao idealismo hegeliano, parte, por fim, da premissa de que, em Hegel, a idealidade suprema de Deus é, exatamente, a negação do humano e não a totalidade do ser."

Nietzsche movimenta-se, igualmente, no livro *Além do bem e do mal: prelúdio de uma filosofia do futuro* (*Jenseits von Gut und Böse. Vorspiel einer Philosophie der Zukunft*), ao modo de Feuerbach, distanciando-se de concepções anteriormente dadas, ao procurar por outros gestos de superação do legado filosófico no Ocidente. Para Nietzsche (1992, p. 47), a filosofia do futuro será, consequentemente, aquela incapaz de se curvar às bases reverenciosas da filosofia dogmática e de suas verdades: "serão novos amigos da 'verdade' esses filósofos vindouros? Muito provavelmente: pois até agora todos os filósofos amaram suas verdades. Mas com certeza não serão dogmáticos."O filósofo entrecruza, mais além, liberdade e *pathos* como dois lados de considerável acesso à crítica da razão e da filosofia dogmática por intermédio do espírito livre dos filósofos do futuro.[3]

Walter Benjamin desenvolverá, também, seu próprio programa de uma filosofia por vir[4] (*kommend*) ao se desviar da trilha que vai ao encontro de filósofos pós-hegelianos para sua fundamentação. Benjamin costura seu programa de uma filosofia vindoura valendo-se de Kant: um filósofo que tanto Nietzsche quanto Feuerbach renegaram explicitamente, mas o incorporaram implicitamente em seu pensamento.

No primeiro parágrafo do ensaio "Sobre o programa da filosofia por vir", Benjamin (2019, p. 11) apresenta seu procedimento para a formulação de uma filosofia vindoura a partir de Kant (não contra ele): "A tarefa central da filosofia por vir será apreender as mais profundas ideias, as quais ela retira do tempo e do presságio de um grande futuro, e transformá-las em conhecimento ao relacioná-las ao sistema kantiano". Nesse breve texto, vem

....

3. Para Nietzsche, a filosofia do futuro deve estar preparada para encarnar um *pathos* violento inscrito no próprio corpo e, ao mesmo tempo, impedir a abertura para sua conceitualização, ao desvelar a vivência individual (*Erlebnis*) na esteira de um eterno devir.

4. É importante mencionar aqui a diferença entre as traduções nos títulos anteriormente citados de Feuerbach e Nietzsche. Em ambos, surge o substantivo em alemão *Zukunft*, que significa "futuro". Já Benjamin, preocupado com o conceito de uma filosofia que não esteja no futuro – mas "em processo, em vias de" –, utiliza o que se chama, de acordo com a gramática normativa alemã, de particípio I, a forma do verbo "vir", *kommen*, em sua forma de particípio *kommend*, algo de difícil tradução em língua portuguesa. Essas nuances não são desimportantes, sobretudo se pensarmos que esse texto, escrito entre 1917 e 1918, mostra ainda um Benjamin profundamente envolvido com o romantismo alemão e a tradição judaica. Assim, o adjetivo *kommend* nos dá a noção de algo que está sempre por vir, assim como a ideia messiânica de tempo e história, em oposição à ciência positivista, teleológica e o tempo futuro (*künftig*).

ressaltado, de modo mais elaborado,[5] um dos primeiros temas discursivos de pontos centrais de seus trabalhos posteriores: o "conceito de experiência"[6] (*Erfahrung*); o qual fora delineado pelo diálogo com esse mesmo conceito tomado na perspectiva de Immanuel Kant, a partir dos *Prolegômenos a toda metafísica futura* (*Prolegomena zu einer jeden künftigen Metaphysik*), publicado por Kant em 1783. Aqui, vê-se a aproximação do projeto de uma filosofia por vir em relação a Kant, ressaltando a possibilidade de assimilação, bem comode descarte: "É da maior importância para a filosofia por vir reconhecer e diferenciar quais elementos do pensamento kantiano devem ser apreendidos e desenvolvidos, quais devem ser modificados e quais devem ser rejeitados" (Benjamin, 2019, p. 11). Benjamin não pretendia desmontar dramaticamente o sistema kantiano, e sim apontar nele a ausência de articulação conceitual da experiência que tivesse como alicerce a linguagem e suas correspondências na epistemologia, incluindo história, arte e teologia. O resultado é a investigação de Walter Benjamin por um viés de *lógos* não remetente à razão apoteótica, mas, sim, à linguagem enquanto *Medium* ou imediatidade (*Unmittelbarkeit*) mágica da comunicação espiritual.[7]A linguagem, exposta às margens de outros espaços mágicos como os divinatórios e os clarividentes, enclausura-se em si desvelando-se enquanto conhecimento oculto, o que implica, indubitavelmente, seu interdito em relação às premissas da doutrina kantiana do conceito de experiência.

No ensaio de 1916, intitulado "Sobre a linguagem em geral e sobre a linguagem do homem", Benjamin antecipa suas investigações em torno da

....

5. Anterior ao "Sobre o programa da filosofia por vir", encontramos outro ensaio de temática afim, datado de 1913, intitulado "Experiência" (*Erfahrung*), que é retratado por Benjamin, mais diletante, como uma forma de mobilização para a ação das forças subversivas da juventude contra uma suposta "experiência estática" e pouco revolucionária da maturidade adulta.

6. Como lido no fragmento, não vem dissociado da teorização sobre a teoria do conhecimento.

7. A orientação decisiva para a análise de Benjamin, em seus estudos sobre a linguagem, foi, sabidamente, Georg Hamann, também conhecido pelo epíteto"o mago do norte". Hamann era fervoroso questionador do Esclarecimento e uma espécie de mensageiro do irracionalismo; entendia o racionalismo como um sistema que dilacerava a vida em suas formas mais abissais e desconhecidas, destruindo sua organicidade. Foi um pensador, sob esse ponto de vista, anárquico e radical. Isaiah Berlin explora em seu livro, publicado em 1993, *The Magus of the North: J.G. Hamann and the Origins of Modern Irrationalism*, exatamente a vida e a obra de Hamann, apresentando-o como um dos primeiros grandes críticos (controversos) da Modernidade. Hamann justifica sua crítica a Kant sob a premissa de que uma razão pura elevada a sujeito transcendental que ignore a linguagem é uma total incoerência, visto que a totalidade do pensamento habita a linguagem (*Medium*) e a razão não é nada mais e nada menos que a própria língua, ou seja, *lógos*.

linguagem, concebendo-a, antes, como meio/ambiente/modo (*Medium*), posição de abertura para a experiência – mas igualmente para a história –, no lugar de sua instrumentalização, ou a linguagem como um meio (*Mittel*) que apenas viabiliza a comunicação. Na primeira concepção, surge uma metafísica da linguagem que "não conhece nem meio, nem objeto, nem destinatário da comunicação" (Benjamin, 2011a, p. 55). A segunda idealização é designada por Benjamin como uma concepção burguesa da linguagem (*bürgerliche Auffassung der Sprache*), inconsistente e de caráter vazio. Também na linguagem enquanto *Medium* há sempre algo de mágico inerente a ela própria. Benjamin considera, desse modo, que a linguagem é uma realidade dotada de dimensão mágica e transcendental:

> A característica própria do *meio*, isto é, a imediatidade de toda comunicação espiritual, é o problema fundamental da teoria da linguagem, e, se quisermos chamar de mágica essa imediatidade, então o problema originário da linguagem será sua magia. (Benjamin, 2011a, p. 53-54)

De acordo com Winfried Menninghaus:

> Referindo-se originalmente às áreas arcaicas de prática oculta e exclusiva, o termo 'magia' aqui significa a forma de realização de uma força que é diretamente real, ou seja, sem ser compreensível com a relação instrumental objetivo-meio da razão técnica. Benjamin localiza, agora, essas características formais de apresentação e percepção mágicas nas áreas de experiência usuais e geralmente acessíveis, na 'linguagem em geral'. (Menninghaus, 1995, p. 17, tradução nossa)

Nessa esfera da magia da linguagem enquanto *Medium*, e não como mero *Mittel*, lugar indecidível que atravessa e antecede sujeito e objeto em Kant, Benjamin volta-se para a sustentação epistemológica de outras formas de experiência e conhecimento ausentes na formulação kantiana:

> O ponto fraco do conceito kantiano de conhecimento tem sido, com frequência, sentido pela falta de radicalismo e pela falta de consistência de sua doutrina, uma vez que sua epistemologia não abre o campo da metafísica, porque ela própria carrega em si elementos primitivos de uma metafísica infecunda que exclui qualquer outra. (Benjamin, 2019, p. 21)

Fica entendido que, para Kant, nessa perspectiva, a possibilidade exclusiva de conhecimento, em sua filosofia, é determinada a partir da vinculação dicotômica entre sujeito/objeto e da supressão de uma metafísica que exclui qualquer outra indefinidamente, mostrando, em sua doutrina, um único modo possível de conhecimento invalidado pelas demais formas de experiência. Além disso, essa concepção kantiana reduz-se, essencialmente, ao figurar conhecimento e experiência a partir do modelo matemático-mecânico oriundo da física newtoniana.

Dessa maneira, na deificação exacerbada da crítica da razão pura kantiana, a magia é denegada e, no seu lugar, entra a técnica em sua forma simbólica embasada pela legitimação dogmática da matemática e do positivismo, radicalizada, posteriormente, pelos estudos dos neokantianos. Em suma, o mago é convertido em cientista, a experiência em experimento.

(I)mago

O amigo Gershom Scholem, por ocasião da concepção do *programa da filosofia por vir*, aponta para a aversão de Benjamin aos fundamentos do conceito de experiência de Kant, reelaborado pelos neokantianos. Isso ficou claro para ele, especialmente, quando, juntos, fizeram a leitura de "A teoria da experiência", de Hermann Cohen, um dos fundadores da Escola neokantiana de Marburg. O resultado foi a profunda decepção tanto de Scholem quanto de Benjamin acerca dos fundamentos apontados por Hermann Cohen em sua obra: "Nossas queixas sobre a interpretação que Cohen faz de Kant, tornaram-se tão fortes que, depois de lê-lo em julho, duas horas por dia, paramos com a leitura (...)" (Scholem, 2008, p. 69). Nesse mesmo período (1918–1919) dos encontros entre Scholem e Benjamin para investigação e discussão da obra de Cohen, são manifestadas inúmeras observações e comentários sobre o *programa da filosofia por vir*, que deveria ser um programa de filosofia que concebesse um conceito de experiência mais abrangente (superior) do que aquele elaborado por Kant e pudesse incluir outras formas de experiência:[8]

> Logo de início, falamos muito do seu *Programm der kommenden Philosophie*. Benjamin discutiu a extensão do conceito de experiência, a que ele se referia

....

8. Scholem comenta, ainda, que Benjamin exemplifica qual seria uma possível alternativa para a expansão de seu conceito superior de experiência, isto é, por meio das alucinações.

aqui; de acordo com ele, isso abrangia a ligação psicológica e intelectual do Homem com o mundo, que se realiza nas esferas ainda não penetradas pelo conhecimento. Quando mencionei que, consequentemente, era legítimo incluir as disciplinas mânticas neste conceito de experiência, ele respondeu com uma formulação extrema: '*uma filosofia que não inclui a possibilidade de vaticínio pela borra de café e não pode explicá-la, não pode ser uma verdadeira filosofia*'. Tal profecia pode ser rejeitável, como no judaísmo, mas deve ser reconhecida como possível a partir da conexão das coisas. De fato, mesmo as suas anotações mais tardias sobre experiências ocultas não excluíam tais possibilidades, embora mais *implicitamente*. (Scholem, 2008, p. 68, grifo nosso)

Consequentemente, Benjamin, em resposta à insuficiência kantiana, já em consonância com um apelo à imagem (borra de café), evoca aqueles espaços impensáveis pela concepção de experiência daquela da *Aufklärung*, a partir das experiências de enfermos, loucos, magos videntes – os mediadores entre astros, fantasmas, imagens, magia e técnica.[9]

E se há uma aproximação de Benjamin das esferas do (o)culto e da magia, resistentes à limitação dos conceitos de conhecimento e experiência de Kant, é porque ele enxerga, nessas constelações imagéticas, uma possibilidade de experiência e conhecimento. Assim, Benjamin avizinha-se às possibilidades de experiência como as dos devaneios, das alucinações e de outros meios de imaginação impulsionados pelas experiências da infância – com toda sua potência imagética – e o uso do haxixe. Gershom Scholem lembra ainda:

....

9. Interessante rever nas "Teses de história" de Benjamin que a figura do vidente retorna, em 1940, como um aliado do materialista histórico no concernente à questão temporal, recordando que ambos são opositores do tempo vazio e homogêneo da história correspondente à cultura/barbárie: "Certamente, os adivinhos que interrogavam o tempo para saber o que ele ocultava em seu seio não o experimentavam nem como vazio nem como homogêneo. Quem tem em mente esse fato, poderá talvez ter uma ideia de como o tempo passado é vivido na rememoração: nem como vazio, nem como homogêneo" (Benjamin, 1994, p. 232). Benjamin (2017, p. 55) também restaura o fundo original entre magia e técnica tornando-os inseparáveis na "Pequena história da fotografia", uma vez que: "Ao mesmo tempo, porém, a fotografia revela com esse material os aspectos fisionômicos, mundos de imagens que habitam o infinitamente pequeno, suficientemente interpretáveis e ocultos para encontrarem o seu lugar nos sonhos diurnos, mas agora, grandes e formuláveis, que tornam visível a diferença entre técnica e magia enquanto variável totalmente histórica." Márcio Seligmann-Silva (2019, p. 52-85) entende, nessa fusão, a função do mago como condição *sine qua non* para o engendramento de ambas: "O mago surge como aquele que domina as forças da natureza, ele é o ideal do técnico/artista."

Sua predileção pelo mundo imaginativo das associações, que estava ligada também à sua profunda simpatia e submersão no mundo da criança, despertas nos primeiros anos de vida do seu filho Stefan, era visível também no seu acentuado interesse pelos escritos de doentes mentais. (Scholem, 2008, p. 75)

Quanto à experiência do haxixe, ela restaura, enfim, uma experiência de imagens, sonhos[10] e a sublime expansão dos sentidos por meio dos chamados "paraísos artificiais", entrecortados pelo diferimento entre tempo e espaço e o deslocamento do contínuo. No trecho citado por Benjamin, dos médicos Fritz Fränkel e Ernst Joël, intitulado "O êxtase do haxixe" (*Der Haschischrausch*), em sua introdução ao texto "Haxixe em Marselha", surge a fundamentação que guiará Benjamin em seus relatos com a experimentação do haxixe e em suas elucubrações sobre experiência e conhecimento. A respeito da atuação do haxixe na mente: "é uma vaga sensação de premonição e angústia (...) Surgem imagens e séries de imagens, recordações há muito tempo soterradas (...)" (Benjamin, 2013a, p. 135).

Isso implica, para Walter Benjamin, posicionado por uma filosofia vindoura, o resgate do *phántasma*, ou a imagem enquanto *apresentação* (*Darstellung*) como um outro *Medium* de conceber a experiência e o conhecimento. A inversão benjaminiana de ordem da contrarrazão, já inscrita precocemente em seu texto, datado de 1917-1918, sinaliza, assim, a religião/teologia como parte de seu programa de uma filosofia por vir:

Um conceito de conhecimento adquirido na reflexão sobre sua essência linguística permitirá a elaboração de um conceito correspondente de experiência, que incluirá, também, áreas cuja verdadeira classificação sistemática Kant não atingiu. Entre essas áreas, talvez a religião seja a mais superior. (Benjamin, 2019, p. 47)

Essa concepção, com e além de Kant, resultará em um conceito superior de experiência: "Assim, é colocada a exigência principal para a filosofia presente e, também, é afirmada sua exequibilidade: elaborar, dentro do sistema do pensamento kantiano, os fundamentos epistemológicos de um conceito

10. A experiência do onírico, do além-da-realidade, foi, certamente, o que aproximou Benjamin dos surrealistas, mas, ao buscar expandir seu método histórico-filosófico, procurou permanecer não apenas na esfera do sonho surrealista e seus devaneios. Para isso, elabora uma dialética do despertar (*erwachen*) como uma espécie de entre-lugar entre consciente e inconsciente, sonho e vigília: o despertar da coletividade anestesiada diante das fantasmagorias do consumo.

superior de experiência" (Benjamin, 2019, p. 19). A filosofia por vir *ex-posta* por Walter Benjamin se anuncia por seu caráter inacabado (*kommend*) e teológico. Sua exigência é a de um conceito de experiência que não corresponda apenas ao desenvolvido por Kant em seus *prolegômenos*: experiência revestida pelo experimento como método ou caminho do conhecimento.

Toda condição de uma filosofia vindoura, para Benjamin, não pode ignorar, dessa forma, aquilo que Kant desconsidera – visto que havia sido obnubilado pelas luzes do Esclarecimento e de seu próprio tempo –, a saber, a magia, o inconsciente, as pulsões, o indizível, a loucura, a imagem, consequentemente, a história. Em suma, a linguagem enquanto *experimentum linguae*, *Medium* maior do conhecimento e da experiência. Giorgio Agamben (2008, p. 11) aponta para a urgência da redefinição do conceito de transcendental a partir de suas relações com a linguagem:

> Se é realmente verdade que Kant pôde articular o seu conceito de transcendental somente na medida em que omitiu o problema da linguagem, "transcendental" deve aqui indicar, alternativamente, uma experiência que se sustém somente na linguagem, um *experimentum linguae* no sentido próprio do termo, em que aquilo de que se tem experiência é a própria linguagem.

Posteriormente, em muitas de suas análises histórico-filosóficas sobre a Modernidade, Benjamin trará uma orientação investigativa fundamental em que a imagem dialética será o ponto de inflexão a partir do qual magia/messianismo/cosmos/sonho e materialismo histórico[11] se tocam em seus limiares, particularmente em seu *Livro das passagens* (*Passagen-Werk*) e nos escritos de caráter supostamente memorialístico sobre a infância, como *Rua de mão única, Infância berlinense: 1900* (2013). Susan Buck-Morss, em seu livro, *Dialética do olhar: Walter Benjamin e o Projeto das Passagens* (2002), o qual pode ser considerado uma sensível perscrutação das imagens dialéticas de Benjamin em seu *Livro das passagens*, associa o aspecto de uma teoria da magia da linguagem ao seu método histórico-filosófico: "Essa atitude cognitiva quase-mágica frente ao material histórico tornou-se básica para o entendimento do materialismo de Benjamin" (Buck-Morss, 2002, p. 36).

....

11. Lembremos da tese I do ensaio "Sobre o conceito de história", em que Benjamin, ao fazer uso de uma alegoria do jogador de xadrez (materialista histórico) e do anão escondido na máquina (teologia), mostra-nos que o materialista histórico consegue sua vitória apenas com a ajuda do anão corcunda. Para Benjamin, materialismo histórico e teologia são complementos. Sua filosofia da história é uma teologia (leia-se, aqui, "redenção") da história.

Voltar aos astros

As experiências alucinógenas com haxixe se juntam, no projeto benjaminiano de recuperação de outras formas de experiência inconcebíveis para Kant, ao retorno à relação entre homem e cosmos – local de confluência entre conhecimento, magia e segredo. De fato, a astrologia era descreditada por Kant como *locus* da ciência, de modo que ela é, consequentemente, deslocada ao recôndito.

A famosa afirmação de Kant (2004, p. 307), no trecho final de sua *Crítica da razão prática*, nos diz: "Duas coisas enchem o ânimo de crescente admiração e respeito, veneração sempre renovada quanto com mais frequência e aplicação delas se ocupa a reflexão: *por sobre mim o céu estrelado; em mim a lei moral.*" Kant desenvolve um modelo ético liberto de qualquer justificação de fundo religioso, propondo, dessa forma, como base para tal, a capacidade de julgamento intrínseco a nós mesmos. Desse modo, surge seu imperativo categórico, ou um norte-moral, alicerçado pela razão humana e supressor de qualquer afinidade com evidências mágicas ou religiosas. A rejeição à astrologia como não-ciência, ponto de encontro entre magia e desrazão, é apontado por Kant logo após o enunciado acima citado. Nesse sentido, Patrícia Lavelle (2019, p. 207-218) reforça a posição de que:

> [...] é significativo que, no parágrafo seguinte, Kant faça uma advertência contra a astrologia, que estabelece uma relação mágica entre a esfera moral e a observação do céu. A representação que ele procura esboçar aqui a partir do paralelismo retórico entre as duas visões – a do céu estrelado acima de mim a da lei moral em mim – não quer ser confundida com o mundo do mito, mesmo que também não pertença nem ao domínio teórico, nem ao prático. Trata-se simplesmente de uma imagem para a reflexão, de uma representação estética que abre perspectivas ao pensamento.

O que vemos em Kant, na célebre afirmação sobre *o céu estrelado*, é apenas alusão a um espectro que irrompe no imaginário do homem racional e sua relação ínfima com a percepção do espaço que o circunda em face da lei moral. A astrologia, por pertencer aos saberes ocultos, é destituída de sua força como conhecimento em detrimento de uma lei universal e da matematização da natureza, ou seja, das projeções teóricas de Newton que alcançam Kant e os neokantianos, provocando, dessa forma, a separação simbólica entre o homem e o cosmos. Benjamin volta-se, então, aos astros, em busca desse reencontro entre o céu e a terra. Seu caminho de uma filosofia por vir será guiado pelo mago, ou aquele que rege as forças da natureza, o mediador entre magia e técnica, artífice da magia da linguagem. Sua rota de acesso: uma *rua de mão única* povoada por imagens dialéticas.

Retornar aos astros, para Walter Benjamin, nessa entrega à experiência cósmica e extasiante, não significa apenas mera aproximação contemplativa e individual (*Erlebnis*), mas uma movimentação política que possa reunir uma experiência que seja da ordem da coletividade (*Erfahrung*). No fragmento intitulado "Para o planetário", publicado em 1928, no livro *Rua de mão única*, Benjamin entrecruza, por um lado, a exigência, na Modernidade, de formas de experiência que superem a limitação conceitual da experiência mecânica (não errática, não acidental e não cósmica) em Kant por meio da constelação (*Sternbild*)[12] de imagens dialéticas e oníricas, por outro lado, o delineamento da reunião de uma comunidade por vir que possa restaurar novamente o senso de coletividade:

> A relação antiga com o cosmos processava-se de outro modo: pelo êxtase. De fato, o êxtase é a experiência pela qual nos asseguramos do que há de mais próximo e de mais distante, e nunca de uma coisa sem outra. Mas isso significa que só em comunidade o homem pode comunicar com o cosmos em êxtase. A desorientação que ameaça os modernos vem-lhes de considerarem essa experiência irrelevante e desprezível e de a verem apenas como vivência contemplativa individual em belas noites estreladas. (Benjamin, 2013b, p. 64)

A imagem das estrelas (*stellae*) somente recebe o significado em sua completude quando estendida à constelação (*con-stellatio*), à qual as estrelas se articulam em relação ao olhar do observador. Constelações não são apenas semblantes, cuja visibilidade está ligada à irrupção do crepúsculo. Elas são, principalmente, um arranjo entre fenômenos e ideias: "As ideias são constelações eternas, e se os elementos se podem conceber como pontos em tais

12. Benjamin se vale de ambas as palavras para se referir à "constelação": traduz do latim *constellatio* por *Konstellation* ("conjunto de estrelas"), do alemão, emprega a palavra *Sternbilder* ("imagem de estrelas"). Esta última parece-nos mais interessante pela possibilidade que lhe é inerente, a saber, de pensarmos nas constelações não somente como um conjunto de estrelas, mas como um arranjo da imaginação. Muitos autores referem seus textos a uma estrutura constelar. Mesmo seguindo uma ordem de começo, meio e fim, tradicionais em seus escritos, Benjamin traça conexões transversais não somente intratextuais, mas também intertextuais, seja em seus próprios textos, seja com aqueles de outros autores.

constelações, os fenômenos estão nelas simultaneamente dispersos e salvos" (Benjamin, 2011b, p. 23). Em carta a Florens Christian Rang, datada de 9 de dezembro de1923, Benjamin formula, de maneira geral, os aspectos de sua crítica em relação à literatura, obra de arte e vida histórica. Benjamin (1991, p. 889, tradução nossa) utiliza, para esse fim, imagens como as da noite, das estrelas, do Sol e da Revelação (*Offenbarung*): "as ideias são as estrelas em oposição ao sol da Revelação. Elas não aparecem no dia da história, elas operam apenas invisivelmente nele. Elas só brilham na noite da natureza." A representação de contextos históricos é, portanto, atribuída ao dia ensolarado, apolíneo: uma imagem que aponta, supostamente, para as bases da *Aufklärung* na filosofia da história. As estrelas incandescentes são a própria crítica ao Esclarecimento em sua alvorada, a representação da imagem de segredo e os sonhos ocultos durante o dia.

E se Georg Hamann, o *mago do norte* e arquiteto de uma teoria da revelação mágica da linguagem enquanto subversão anti-iluminista, avessa à clausura da razão mecanicista, conduz Benjamin à formulação de uma teoria crítica da magia da linguagem, Auguste Blanqui (chamado por Marx de *alquimista da revolução*), por sua vez, levará Benjamin de volta à iluminação profana e pulsante no presente – uma agoridade saturada de história –, movida pelo materialista histórico, por intermédio das imagens evocadas pela eternidade dos astros em seu eterno retorno.[13]

A eternidade pelos astros de Blanqui[14] é uma composição poética, envolta pelo arroubo dos astros e abraçada pelo manto de uma filosofia revolucionária que rejeitava a ideia de progresso na história. Encarcerado em 1892, no Fort de Taureau, naquela que seria sua última prisão, Blanqui encontrava-se rodeado pelas águas do mar. Sua única conexão com o mundo exterior,

....

13. Jacques Rancière (2017, p. 19-20) afirma que o eterno retorno, a repetição, para Blanqui e Nietzsche, não pressupõe um estado de conformação, resignação, mas, sim, de um jogo de confronto entre as repetições: "Face ao eterno retorno da mediocridade (Nietzsche) ou da opressão (Blanqui), é preciso a cada retorno dos dados apostar de novo no choque regenerador. Pois, precisamente, os únicos que podem afrontar a mediocridade ou a opressão são os que sabem – isto é, postulam como axioma – que a mesma situação não cessará de se reapresentar e que é preciso a cada vez agir como se escolhêssemos de uma vez por todas."

14. Obra basilar para Benjamin fundamentar seu projeto das *Passagens*. Nas palavras de João Barrento (2013, p. 131): "Blanqui transpõe a sua leitura desencantada do processo histórico do seu tempo para a esfera dos astros, estabelecendo uma analogia entre história humana e a eterna repetição da natureza cósmica, através da suspensão do tempo, da permanência, das 'Terras sósias', desmistificando assim a ideia de progresso e de modernidade como a grande fantasmagoria da História."

entretanto, era o céu estrelado sobre ele. Dessa experiência da clausura surge a escrita de *A eternidade pelos astros.*

Blanqui recorre ao universo infinito dos astros e das estrelas para ampliar, redimensionar sua cela a tal ponto que ela se torna parte desse mesmo universo imensurável, ou seja, *A eternidade pelos astros* é um relato melancólico de um revolucionário aprisionado pela história e pela lei moral. Seu exercício, aqui, é, então, o de alargar as margens do tempo-espaço, de modo que, a partir desse mesmo alargamento, fosse confrontada a história teleológica dos vencedores; seu tempo-universo é da ordem da eternidade pelos astros: um tempo aiônico sem começo, sem fim, sem ponto de referência e progressão. Aos seus modos distintos, Benjamin e Blanqui retornam aos astros em um encontro que se nega à submissão de *Krónos,* efetuando, assim, a crítica do historicismo por meio dos tempos *kairós* e *aión.* A história lida a contrapelo encontra-se, dessa forma, na experiência da eternidade pelos astros. Não por acaso, Benjamin, Baudelaire[15] e Blanqui partilham de uma melancolia, o *spleen* diante das falsas promessas de renovação da Modernidade enquanto projeção do impiedoso deus Saturno – devorador de seus próprios filhos –, ou melhor, *Krónos,* o deus do tempo *continuum* do historicismo: vazio e homogêneo.

A tarefa do materialista histórico de Walter Benjamin, iluminado profanamente por imagens dialéticas, mandatário do programa de uma filosofia por vir e expoente de uma experiência da coletividade (*Erfahrung*), será juntar-se novamente ao alquimista, ao mago vidente – o sábio das imagens de estrelas (*Sternbilder*) – e movimentar-se à experiência extasiante dos astros em sua eternidade. Com efeito, do início de tudo ao fim, fomos todos gestados por essas mesmas estrelas e para elas retornaremos. Essa é a eterna política histórica dos astros para Walter Benjamin: ***em nós****, a lei do céu estrelado.*

Referências

AGAMBEN, Giorgio. *Infância e história*: destruição da experiência e origem da história. Tradução de Henrique Burigo. Belo Horizonte: Editora UFMG, 2008.

....

15. Recordemos, aqui, o poeta Rimbaud, em "A carta do vidente" (carta a Paul Démeny), ao apontar para Baudelaire como um vidente, o rei dos poetas: menos por ser um visionário do futuro do que aquele que era capaz de extrair a eternidade do efêmero.

BARRENTO, João. *Limiares sobre Walter Benjamin*. Florianópolis: Ed. da UFSC, 2013.

BENJAMIN, Walter. *Sobre o programa da filosofia por vir*. Tradução de Helano Ribeiro. Rio de Janeiro: 7Letras, 2019.

______. *Gesammelte Schriften. Band I-3*. Org. Rolf Tiedemann e Hermann Schweppenhäuser. Frankfurt am Main: Suhrkamp, 1991.

______. Sobre o conceito de história. In: BENJAMIN, Walter. *Magia e técnica, arte e política*. Tradução de Sergio Paulo Rouanet. São Paulo: Brasiliense, 1994.

______. Sobre a linguagem em geral e sobre a linguagem humana. In: BENJAMIN, Walter. *Escritos sobre mito e linguagem*. Tradução de Susana Kampff Lages. São Paulo: Duas Cidades: Ed. 34, 2011a.

______. *Origem do drama trágico alemão*. Tradução de João Barrento. Belo Horizonte: Autêntica, 2011b.

______. "Haxixe em Marselha". In: BENJAMIN, Walter. *Imagens de pensamento*: sobre o haxixe e outrasdrogas. Tradução de João Barrento. Belo Horizonte: Autêntica, 2013a.

______. *Rua de mão única, Infância Berlinense*: 1900. Tradução de João Barrento. Belo Horizonte, Autêntica, 2013b.

______. "Pequena história da fotografia". In: BENJAMIN, Walter. *Estética e sociologia da arte*. Tradução de João Barrento. Belo Horizonte: Autêntica, 2017.

BUCK-MORSS, Susan. *Dialética do olhar*: Walter Benjamin e o Projeto das Passagens. Tradução de Ana Luiza Andrade. Belo Horizonte: Editora UFMG; Chapecó: Argos, 2002.

FENVES, Peter. "Über das Programm der kommenden Philosophie". In: BURKHARDT, Lindner (Org.). *Benjamin-Handbuch*. Stuttgart/Weimar: J. B. Metzler, 2011.

KANT, Immanuel. *Crítica da razão prática*. Tradução e prefácio de Afonso Bertagnole. São Paulo: Ebooks Brasil, 2004.

LAVELLE, Patrícia. Poesia, mito e filosofia: uma leitura insistente de Orides Fontela. *Alea: estudos neolatinos*, Rio de Janeiro, v. 21/2, p. 207-218, mai./ago. 2019. Disponível em: https://www.scielo.br/pdf/alea/v21n2/1807-0299-alea-21-02-207.pdf. Acesso em: 19 abr. 2021.

MENNINGHAUS, Winfried. *Walter Benjamins Theorie der Sprachmagie*. Frankfurt am Main: Suhrkamp, 1995.

NIETZSCHE, Friedrich. *Além do bem e do mal*: prelúdio de uma filosofia do futuro. Tradução, notas e posfácio de Paulo César de Souza. 2. ed. São Paulo: Companhia das Letras, 1992.

RANCIÈRE, Jacques. "Prefácio". In: BLANQUI, Auguste. *A eternidade pelos astros*. Tradução de Takashi Wakamatsu. Florianópolis: Cultura e barbárie, 2017.

SCHOLEM, Gershom. *Walter Benjamin*: a história de uma amizade. Tradução de Geraldo Gerson de Souza, Natan Norbert Zins e J. Guinsburg. São Paulo: Perspectiva, 2008.

SELIGMANN-SILVA, Márcio. Filosofia da técnica: arte como conquista de um novo campo de ação lúdico (*Spielraum*) em Benjamin e Flusser. *Artefilosofia*, Ouro Preto, v. 14, n. 26, p. 52-85, jul. 2019. Disponívelem: https://periodicos.ufop.br:8082/pp/index.php/raf/article/view/1909/3034. Acessoem: 19 abr. 2021.

Sobre o conceito de história: outras narrativas são precisas

Imaculada Kangussu

Em 2020, completaram-se oitenta anos da morte de Walter Benjamin. Também oitenta anos de seu último texto, as teses *Sobre o conceito de história*. O texto está inacabado? As teses têm diversas versões, cópias feitas por Benjamin e enviadas a amigos na tentativa de assegurar a transmissão do escrito quando sua vida estava em perigo. São seis as versões conhecidas atualmente, quatro das quais (o manuscrito de Hannah Arendt, a conservada por George Bataille, a versão francesa e a versão final, transcrita por Gretel Adorno) estão publicadas em edição crítica realizada por Adalberto Müller e Márcio Seligmann-Silva (2020, p. 24), que, na apresentação do livro, escreve: "Oitenta anos depois da composição dessas teses, impressiona a absoluta atualidade delas. A necessidade de se repaginar a história do ponto de vista dos vencidos é imperativa. Ela deve estar na base de qualquer projeto digno de um viver comum." Fazemos nossas essas palavras relativas à necessidade ética de narrativas distintas das produzidas pela perspectiva dos vencedores. "Testemunho e testamento", as teses *Sobre o conceito de história* são como uma mensagem na garrafa. De acordo com Seligmann (p. 21), "Benjamin fala diretamente conosco". Mais do que modelos, nos dá uma tarefa. Buscamos, aqui, no presente artigo, encarar essa tarefa.

Continente e conteúdo, entre outras duplas

Em todas as versões, as teses "Sobre o conceito de história" começam com certo tom de ficção: "Sabe-se que deve ter havido um autômato"... pode-se perguntar então: quem sabe? Pode também não ter havido o tal autômato? É sabido que, de fato, houve uma aparelhagem, bastante famosa, semelhante à descrita por Benjamin, construída por Wolfgang von Kempelen em 1770. Ao narrar como possível o que de fato existiu, e que ele sabia ter existido, o filósofo nos leva a relembrar passagens da *Poética*, nas quais Aristóteles desenvolve a ideia de que a ficção, a criação, a *poiesis*, é mais filosófica do que a história "verdadeira". Enquanto esta última narra o que aconteceu, à ficção, à poesia cabe apresentar o que poderia ter acontecido, as possibilidades, segundo a verossimilhança. Enquanto a história narra um particular, a *poiesis* refere-se ao universal. A diferença entre o historiador e o poeta, conforme Aristóteles (2000, p. 47), "é que um relata os acontecimentos que de fato sucederam, enquanto o outro fala de coisas que poderiam suceder. E é por esse motivo que a poesia contém mais filosofia e circunspecção que a história; a primeira trata das coisas universais, enquanto a segunda cuida do particular". E se o não acontecido pode ser possível e verossímil, também o acontecido pode ser verossímil: "nada impede que alguns fatos [acontecidos] sejam verossímeis" (*ibidem*). Neste balanço entre verdade e verossimilhança do acontecido, de um lado, e, de outro, a possibilidade verossímil de o que não aconteceu acontecer, iniciamos a leitura das teses *Sobre o conceito de história*. Tendo em mente que a história conhecida é uma construção narrativa, passível de ser narrada de outras maneiras.

Benjamin inicia a primeira tese considerando possível o de fato acontecido:

> Sabe-se que deve ter havido um autômato, construído de tal sorte que, a cada movimento de um enxadrista, contra-atacava com outro lance, o que lhe garantia a vitória na partida. Um boneco em trajes turcos, com um narguilé na boca, sentava-se diante do tabuleiro, que ficava sobre uma ampla mesa. Através de um sistema de espelhos, criava-se a ilusão de que a mesa era transparente por todos os lados. Na verdade, havia um anão corcunda escondido dentro, que era um mestre no xadrez e manipulava com fios a mão do boneco. É possível então imaginar uma contrapartida filosófica desse aparato. O boneco chamado 'Materialismo Histórico' há de vencer sempre. Sem dúvidas, ele está à altura de qualquer adversário se tomar a teologia a seu serviço, ela que é hoje pequena e feia e, de qualquer maneira, não se deixa ver. (Benjamin, 2020, p. 111-112)[1]

....

1. Muito já se interpretou essa primeira tese, destacamos Michael Löwy (*Aviso de incêndio*), Bernd Witte (*Walter Benjamin, uma biografia*), Irving Wolfarth ("Sobre alguns motivos judeus em Benjamin").

Na metáfora proposta, são claros os papéis. O autômato em trajes turcos que movimenta as peças é análogo ao materialismo histórico, e ao anãozinho enxadrista escondido, invisível na cena, corresponde a teologia, o "espírito" que decide as jogadas. Para realizar seu jogo, a teologia pequena e feia "não deve se deixar ver", precisa esconder-se em outra imagem. E essa relação corpo-espírito precisa de uma metáfora para ser apresentada. Considerando a analogia entre o mecanismo jogador de xadrez e o jogo político, na contrapartida filosófica dessa aparelhagem o "materialismo histórico" deve ganhar sempre e é capaz de fazer isso desde que tome a seu serviço a teologia. Ou, pode-se entender também, "desde que se renda à teologia".

Na metáfora benjaminiana, para ganhar o jogo, o materialismo histórico (o boneco) se apresenta como uma espécie de continente cujo conteúdo (o enxadrista anão) é a teologia. O boneco em trajes turcos fumando narguilé, o materialismo histórico, é a forma através da qual a teologia realiza seus desígnios. O mecanismo se atualiza a cada momento da experiência empírica, quando responde às jogadas dos enxadristas, a partir da matriz de conhecimento possuída pelo anãozinho corcunda. Matriz que, por sua vez, é fruto da memória de experiências empíricas anteriores, sedimentadas e organizadas.

Uma dupla mascarada – quase sempre formada por uma "forma empírica" atual e por um "conteúdo temporal" cambiante – costuma deslizar, como prosopopeia, ao longo das reflexões de Benjamin. A dualidade continente/conteúdo é apresentada em distintas metáforas benjaminianas. Pode-se pensar em diversos exemplos: as duplas "matéria" e "sentido" do texto, "teor coisal" e "teor de verdade", aparecem no escrito sobre "*As afinidades eletivas*, de Goethe"; "*Halacha*"e "*Agadá*","a lei" e "a lenda", são duplas presentes nos ensaios sobre "Franz Kafka – a propósito do décimo aniversário de sua morte", "Durante a construção da muralha da China" e em carta a Scholem de 12 de junho de 1928; na obra das *Passagens*, surgem "as velas" e "o vento", quando Benjamin compara pensar com içar as velas: não basta possuí-las, o decisivo é conseguir posicioná-las conforme o vento.[2] *Selon le vent, la voile*, "segundo o vento, as velas", diz um ditado francês, entrelaçando natureza e cultura e aconselhando a agir conforme a situação, a comportar-se de acordo com os tempos.

....

2. A metáfora das velas aparece na obra das *Passagens* – no arquivo N, dedicado à "Teoria do conhecimento, teoria do progresso" – nos fragmentos [N 9, 3], [N 9, 6], [N 9, 8].

Essas duplas apresentam relações entre um conteúdo e um continente disponível. O continente dá a forma e o conteúdo é uma espécie de sopro vital (*l'air du temps, Zeitgeist*) tomando lugar na forma existente e sendo por esta configurado. Desse modo, cada evento tem a forma dada pela matriz de inteligibilidade sedimentada na época de seu acontecimento. Para efeito de visualização, pode-se imaginar a água que, como conteúdo, toma sempre a forma do continente presente, seja ele o copo, o jarro, a banheira, as margens do rio. Entretanto, este exemplo no qual os dois termos – continente e conteúdo – são materiais não pode ser levado muito longe. Quando se trata de dimensões mais abstratas, de abstrações mesmo, a relação entre a forma continente e o conteúdo formatado provoca transformações em ambos. Inclusive nos próprios termos entre si: forma passa a ser conteúdo e vice-versa. As posições não são estanques. Por exemplo, quando se pensa no antigo *dictum* "a letra mata, o espírito vivifica" (*Coríntios 2, 6*), é bom lembrar que o que é letra já foi espírito e que este é, sempre e em boa parte, determinado pela letra – na qual se transforma quando se cristaliza. Em outras palavras, o que é herança já foi aquisição. Forma é conteúdo sedimentado, pensa Adorno (1988, p. 15). Em suma, as estruturas formais, continentes que acolhem o conteúdo expressivo, são criações culturais e, também, estão em movimento.

A produção de novos conteúdos provoca a criação de novas matrizes de inteligibilidade e, com isso, de novos paradigmas formais, novos continentes. Por sua vez, as mudanças das e nas formas de compreensão transformam a herança do passado, o modo de narrar o passado e, assim, o próprio passado, a partir das luzes lançadas pelo presente.

Não se trata, aqui, de negar o passado, e sim de negar o congelamento do passado em formas estanques, de fazê-lo emergir sob novas formas e, com isso, de trazer à tona o passado reprimido e/ou recalcado, ainda não consciente de si.

Se, por um lado, há textos canônicos tradicionais e estruturas formais de inteligibilidade sedimentadas ao longo do tempo, segundo as quais a percepção e o pensamento se orientam; por outro lado, tanto as estruturas formais quanto os textos das tradições podem ser abertas a novas interpretações – ou *através* de novas interpretações – capazes de provocar faíscas adormecidas. O passado pode ser revelado nas e pelas perspectivas presentes. Os modos de transmissão e recepção do passado são tão determinantes no estabelecimento da história quanto o "de fato" ocorrido – cujo acesso depende de formas de transmissão e de recepção.

Teologia e materialismo

Na obra das *Passagens*, Benjamin adota a expressão "livro da natureza" e, com ela, a possibilidade de se ler o mundo como um texto. Possibilidade que abre o mundo e a natureza às interpretações. Segundo Curtius (1996, p. 398),"a ideia do mundo ou da Natureza como um 'livro' se originou na eloquência do púlpito, foi adotada depois pela especulação filosófico-mística medieval e passou, enfim, ao uso geral da linguagem. No curso desse desenvolvimento, o 'livro do mundo' foi muitas vezes laicizado, isto é, alheado de sua origem teológica".[3]

A metáfora do "livro da natureza" foi uma forma encontrada na revolução científica moderna (século XVI) para escapar dos limites impostos ao pensamento pela santa Inquisição. O argumento, usado e refinado por Galileu, era o de que Deus se mostra com a mesma excelência tanto nas palavras das sagradas escrituras quanto nos fenômenos naturais. Na conhecida obra de Voltaire, *Zadig, ou o destino*, o protagonista observa não haver "nada mais feliz do que um filósofo que lê no grande livro que Deus pôs sob nossos olhos" (Voltaire, 2014, p. 19).

Levando a metáfora adiante, na obra das *Passagens*, Benjamin (1982, p. 574) considera que, na leitura do "livro da natureza", métodos totalmente distintos de interpretação são requeridos: enquanto, para a leitura de textos escritos, a ciência fundamental é a filologia; para a da natureza, é a teologia. Benjamin (1982, p. 588) afirma que seu pensamento está tão profundamente embebido de teologia como um mata-borrão fica embebido de tinta, mas se toda a tinta ficar agarrada ao mata-borrão, não restará mais nada escrito. "Nós fazemos na rememoração uma experiência que nos interdita de conceber a história de maneira fundamentalmente ateológica, simultaneamente, nós não temos, do mesmo modo, direito de tentar escrevê-la com conceitos imediatamente teológicos" (*ibid.*, p. 589). Benjamin considera a história tanto como uma "ciência" quanto como uma forma de rememoração capaz de modificar o que a ciência "estabeleceu" (aspas dele). Apesar de não ser suficiente, a teologia é necessária como médium: se, nas reflexões

....

3. A defesa da ideia de que o livro da Natureza podia estar ao lado da Bíblia como fonte de conhecimento, e ser mesmo superior a esta, é bastante evidente nas palavras de Raimundo de Sabunda (século XV): "Alguém poderia facilmente subverter as Sagradas Escrituras por interpretação ímpia, mas não há nenhum herege, de dogma tão execrável, que possa falsificar o livro da Natureza" (Curtius, 1996, p. 396). Palavras consideradas condenáveis pelo Concílio de Trento.

benjaminianas, a escrita materialista da história é mediada pela teologia, cabe então entender o sentido da teologia nesse contexto.

Em carta ao escritor Max Rychner, em 1931, Benjamin (*apud* Chaves, 2018, p. 104) escreve: "Nunca pude pesquisar ou pensar senão num sentido, se me atrevo a dizê-lo, teológico, isto é, de acordo com a doutrina talmúdica dos quarenta e nove níveis de sentido de cada passagem da Torá."[4] Na frase seguinte, Benjamin ressalta: "Ora, minha experiência me diz que a mais acabada platitude marxista tem em si mais significado que a platitude burguesa, que sempre teve um único significado, o da apologia." Nesta carta, a tradição judaica messiânica e a marxista materialista aparecem entrelaçadas, como o espírito e a letra. Conforme observa Gagnebin (2018, p. 27), "uma das constantes de Benjamin é passar do registro teológico ao materialista e vice-versa, com uma facilidade que desconcerta seus leitores". A justaposição de dois modos de pensar – o materialista-histórico e o metafísico-teológico – confere aos trabalhos de Benjamin, nas palavras de Scholem (1989, p. 127), "aquele brilho profundo que os distinguia tão impressionantemente da maioria dos produtos do pensamento que se caracterizam por um tédio incomum".

Com Ernani Chaves (2018, p. 101), salientamos a distinção entre "teologia" e "religião", entre os dogmas religiosos e os processos reflexivos da teologia: especificamente, os processos reflexivos da teologia judaica, e "não toda a teologia judaica, mas suas correntes místicas, em especial aquela defendida por Isaac Luria. A interpretação da Cabala – da qual a mística de Luria seria o exemplo mais radical – não busca o sentido último, definitivo, unívoco". Conforme assinala Scholem, em *A mística judaica,* a concepção messiânica judaica possui os atributos de ser história materialista e coletiva e já fora articulada à filosofia política por Lukács e por Bloch.

Em *Redenção e utopia. O judaísmo libertário na Europa Central,* Michael Löwy também considera haver uma espécie de afinidade eletiva entre messianismo judaico e utopia libertária. O livro analisa o fenômeno histórico da corrente – "anarquista metafísica", "messiânica revolucionária", "romântica anticapitalista", "anarquismo teocrático", "messiânico-romântica" – produzida por uma geração de pensadores judeus com vistas a um mundo radicalmente

....

4. Vale lembrar, Torá significa "lei", mas não apenas a lei jurídica e histórica, "é antes a lei cósmica do Universo" (Scholem, 1972, p. 15). Desse modo, "nenhuma interpretação da Torá pode conter em si a totalidade de seu significado" (*ibid*). Materialmente, a Torá é composta pelo Pentateuco, i.e., pelos cinco primeiros livros da Bíblia: Gênese, Êxodo, Levítico, Números e Deuteronômio.

outro. Trata-se de "uma geração de intelectuais, nascidos no último quarto do século XIX, cujos escritos recorrem ao mesmo tempo a fontes alemãs (o romantismo) e judaicas (o messianismo). Seu pensamento é profundamente, 'organicamente', inseparavelmente *judeu-germânico*" (Löwy, 1989, p. 9).

No capítulo "Distante de todas as correntes e no cruzamento dos caminhos: Walter Benjamin", no qual o percurso do filósofo é claramente apresentado à luz dessa corrente simultaneamente messiânica e materialista, Löwy (1989, p. 85) ressalta como a obra de Benjamin – singular, inclassificável e irredutível a modelos estabelecidos – coloca o filósofo "no centro da rede complexa de reações que se tecem no meio judaico-alemão". Benjamin encontra-se na encruzilhada entre materialismo histórico e teologia, romantismo e revolução, messianismo e utopia. Löwy (1989, p. 11) frisa que Benjamin apresenta a mais alta expressão filosófica de uma nova concepção da história que já se esboçava nos escritos de outros judeus libertários na Europa Central. O ponto de partida desses intelectuais é o romantismo, permeado por influências neo-românticas (Martin Buber) e neo-kantianas (Hermann Cohen). "Benjamin está efetivamente no núcleo dessa geração messiânico-romântica, e seu pensamento (...) é ao mesmo tempo o mais atual e o mais carregado de explosividade utópica."

Segundo Löwy, sem dúvida a primeira tese *Sobre o conceito de história* é inspirada no relato de Edgar Allan Poe sobre *O jogador de xadrez de Maelzel* (*Maelzel's Chess-Player*, 1836). Benjamin conhecia a tradução francesa da obra, realizada por Baudelaire em 1848. Em seu relato, Poe descreve uma aparelhagem onde se encontra um autômato, vestido à moda turca, representando um jogador de xadrez que, como uma máquina, deveria ganhar sempre.[5] Figurando o movimento entre o espírito e a máquina, a vida e o autômato, a hipótese explicativa de Poe é que um "verdadeiro" jogador de xadrez movia o boneco. Os atos do autômato seriam regulados pelo espírito vivo nele escondido. Na metáfora benjaminiana, Löwy (1989, p. 101) considera a pequena e feia teologia como "o espírito messiânico sem o qual a

....

5. O autômato conhecido como "o Turco" foi construído em 1770 pelo barão Wolfgang von Kempelen e, depois da morte deste, na primeira década do século XIX, foi comprado por Johan Nepomuk Maelzel, que o levou aos Estados Unidos. Após a morte de Maelzel, o Turco passou às mãos de um comerciante chamado John Ohl e foi vendido a John Kearsey Mitchell, médico pessoal de Poe. Restaurado na década de 1840 e doado ao Museu Chinês da Filadélfia, o mecanismo foi destruído por um incêndio em 1854. Segundo a lenda, através das labaredas, foram audíveis as palavras finais do autômato enxadrista: "xeque mate!". Cf. Levitt, Gerald. *The Turk, Chess Autonomon*. Jefferson: McFarland Publishers, 2000.

revolução não pode triunfar nem o materialismo histórico 'ganhar a partida' – em oposição às concepções materialistas vulgares ('mecanicistas') da social--democracia e do comunismo stalinista".

A teologia e a arte de decifrar

No arquivo "Teoria do conhecimento, teoria do progresso" da obra das *Passagens*, Benjamin (1982, p. 600) considera que a concepção autêntica do tempo histórico repousa inteiramente sobre "a imagem da redenção" (*auf dem Bild der Erlösung*). Nas teses "Sobre o conceito de história", pode-se entender a teologia, entre outras coisas, como uma forma determinada de interpretação cujo *telos* é a salvação, como um método de interpretar os fatos passados, tendo em vista a libertação do futuro. Não se trata, portanto, de abandonar o mundo material – e buscar a redenção apelando a um Deus intervencionista – e sim de, através das formas existentes no presente, criar caminhos guiados pela imagem de libertação.

De acordo com a mística judaica, o evento dinâmico da revelação de sentido acontece no incessante processo de interpretação. E não é justo isso que faz o anãozinho corcunda escondido dentro da máquina? Quer dizer, a cada movimento do adversário, interpreta as partidas de xadrez anteriores a fim de propor a jogada adequada e capaz de levar à vitória naquela situação criada?

Em abordagem quase profana, se comparada com a de Löwy, Jameson (2020, p. 229) considera que Benjamin "sentia" como sendo uma espécie de "vantagem conceitual" fazer uso do "código teológico" – muito mais figurativo do que abstrato – pelo fato de "as categorias teológicas darem-nos acesso a modos históricos e essencialmente narrativos de pensar a realidade". Nessa perspectiva secular, a teologia é "vantajosa" pois, além de trazer imagens da mutabilidade nas formas de interpretar o passado, também é produtora, portadora e transmissora de narrativas aceitas e compartilhadas. E, por isso, mais facilmente comunicáveis. Talvez por demais pragmático, o ponto de vista de Jameson remete às vantagens do uso da afetiva potência simbólica existente na repetição das mesmas histórias e na memória partilhada, na construção do sujeito coletivo.

Na teologia judaica, a sucessiva recepção dos mesmos conhecimentos, transmitidos oralmente ao longo de séculos, deu à arte de decifrar as metáforas sob as quais ocultavam-se instruções verbais o nome de *ciência cabala*, ciência da recepção. Verdadeira *theologia mystica* (Scholem, 1972, p. 287), entre os hebreus, cabala era sinônimo da *receptio* latina: recepção, com a devida reverência, de lições dos antigos. Cabala é essencialmente um modo de receber, um modo de leitura, um método hermenêutico. Se o termo "cabala" diz respeito ao que é recebido através da tradição, também se reporta à tradição atualizando-a. O que é descoberto na interpretação dos escritos sagrados transforma-se, muitas vezes, em algo mais importante do que o sentido original. Como se o ar do tempo fosse o elemento necessário para decifrar antigas escrituras e possibilitar nova exegese das combinações anteriores. Novas interpretações constroem outros sentidos e transformam, a posteriori, o sentido do texto original. Paradoxalmente, os grandes cabalistas são justamente os que inovaram a tradição e a recepção e tiveram suas inovações aceitas como a cabala verdadeira, quer dizer, como sabedoria tradicional, e "ninguém viu nisto uma contradição", escreve Scholem (1972, p. 22 e 25), e vai além: "uma compreensão errônea muitas vezes não é mais do que a abreviação paradoxal de uma linha de pensamento original. E é precisamente esta compreensão errônea que amiúde se torna geradora de novas ideias". Nas palavras de Susan Buck-Morss (1995, p. 233), "a cabala reverencia o passado para romper com ele".

Enquanto, na famosa tese 11 contra Feuerbach, Marx (1974, p. 59) considera que "Os filósofos se limitaram a interpretar o mundo diferentemente, cabe transformá-lo", na perspectiva benjaminiana interpretar já é – ou pode ser – transformar. Ela, a partir da cabala hassídica, apaga "a fronteira entre o agente da história e o responsável por seu relato" (Seligmann-Silva, 1999, p. 228).

Se deixarmos os conceitos um pouco flutuantes, essa possibilidade de superação das fronteiras parece já estar *in nuce* na tese de doutorado de Benjamin (1993, p. 38), sobre *O conceito de crítica da arte no romantismo alemão.* Nas considerações sobre "A Reflexão", objeto e sujeito se interpenetram na expressão: "O pensamento romântico supera ser e posição na reflexão."

De acordo com esse ponto de vista, "a interpretação é o momento chave de construção de um conhecimento outro" (Mattos, 2016, p. 60). Transformar a história a partir de novas interpretações responde à necessidade de romper com a transmissão triunfante de um falso *continuum*, à necessidade de trazer à tona os momentos de rupturas, abafados no passado, e revelar o até então oculto. As mensagens nas garrafas. Conforme pode-se ler na segunda das teses "Sobre o conceito de história", "O passado traz consigo um índice temporal secreto[6] que o remete à redenção. Existe um encontro secreto entre as gerações passadas e a nossa. Nós éramos aguardados sobre a terra. Foi nos dada, assim como a todas as gerações que nos precederam, uma tênue força messiânica, à qual o passado reivindica" (Benjamin, 2020, p. 112-113). Benjamin ressalta que essa reivindicação deve ser atendida. É necessário escovar a história a contrapelo para encontrar o que as narrativas em curso deixaram fora da cena, as obscenidades produzidas pela história oficial. Trazê-las ao palco implica transformar o modo de transmissão da história, até agora viciado pela identificação com os vencedores. Pulsões e desejos calados com violência são o lado oculto, obsceno, da narrativa contínua, apologética, triunfante e falsa. Ao trazê-los à baila, intérpretes se entrelaçam com os fatos na criação de novas narrativas reveladoras da parcialidade da história apresentada como universal.

Na última carta a Scholem (11 de janeiro de 1940), com um perceptível toque de humor, Benjamin observa que o "*Zeitgeist*, o gênio da época, dotou a paisagem desértica desses dias de marcações inconfundíveis para velhos beduínos como nós" (Benjamin & Scholem, 1993, p. 356). A existência "de marcações inconfundíveis", de índices para interpretação do passado presentes no presente, aparece também em uma metáfora bastante clara nas *Passagens*: "o passado deixou nos textos literários imagens de si mesmo, comparáveis às imagens que a luz imprime sobre uma chapa sensível. Só o futuro possui reveladores suficientemente ativos para examinar perfeitamente tais clichês" (Benjamin, 1982, p. 603).[7]

Assim como na relação da cabala com o texto, também na relação da história com os fatos, muitas vezes o acontecimento passado adquire um grau maior de atualidade do que aquele que possuía quando ocorreu graças ao modo como é compreendido e à possibilidade de despertar um saber até então ainda não consciente. Segundo Benjamin, o "tempo histórico autêntico" é o tempo da verdade: a verdade de uma ação presente pode acender "a mecha explosiva enfurnada no Passado". Há um índice temporal na verdade capaz de torná-la legível em determinada época com a qual se relacione por sincronia. A legibilidade potencial abriga a tarefa de liberar o futuro da

6. Em algumas versões, "temporal" (*zeitlichen*), em outras, "secreto" (*heimlichen*). Ousamos modificar ligeiramente a tradução e apresentar as duas qualificações deste índice do passado feitas por Benjamin.

7. Nesta passagem, Benjamin está citando André Monglond. *Le Prérromantisme Français*, volume I, *Les Héros Préromantique*. Grenoble, 1930. p. XII.

forma desfigurada na qual ele está aprisionado pelo congelamento da transmissão do passado na perspectiva dos vencedores. Sua realização efetiva é um ato de conhecimento, um ato de crítica, um desafio hermenêutico, de interpretação e atribuição de sentidos. Puxar os freios do trem da história, arrancar o pavio antes que o fogo atinja a dinamite, realizar o gesto de Josué, são algumas das metáforas utilizadas por Benjamin (1982, p. 401). "Que as coisas 'continuem assim', é a catástrofe" (p. 592). A catástrofe não está no que pode acontecer, e sim na continuidade da história em curso.

O perigo que ameaça tanto a sobrevivência da tradição quanto os seus destinatários, pode-se ler na tese 6, "é um e o mesmo: entregar-se como ferramenta da classe dominante" (Benjamin, 2020, p. 115). É preciso atiçar no passado as centelhas de esperança, arrancar a transmissão da tradição do conformismo que ameaça subjugá-la. Pois nem os mortos estarão a salvo diante desse inimigo se ele for vitorioso. "E esse inimigo não tem cessado de vencer" (*idem*).

Benjamin (1982, p. 592) compara os conceitos adotados para interpretar a história com os espelhos de um caleidoscópio: a imagem transforma-se a cada giro, mas permanece sempre ordenada por eles. "O caleidoscópio deve ser destroçado", considera o filósofo. Quebrar os mecanismos, que sempre rearranjam os fragmentos segundo um modelo dado, configura a transcendência por ele proposta.

A história a contrapelo: o índice e a guia

Mesmo os bens culturais têm uma origem sobre a qual não se pode refletir sem horror, afirma Benjamin (2020, p. 117) na Tese 7, pois a existência deles deve-se não apenas ao esforço dos grandes gênios, que os criaram, como também à corveia anônima dos contemporâneos destes. "Não há um documento de cultura que não seja, ao mesmo tempo, um documento de barbárie". E, assim como todo documento de cultura é, simultaneamente, um documento de barbárie, também o é o processo de sua transmissão na história. A barbárie, que o documento testemunha, também está presente no processo de transmissão da cultura, daí a imposição da tarefa de escovar a história a contrapelo.

No exame crítico do passado, é necessário incluir a crítica à constituição histórica da representação do passado. Os fatos da história, aparentemente irredutíveis, situações tidas como imutáveis, podem se transformar quando se muda a perspectiva da narrativa, os nexos articuladores, a posição dos conceitos, os espelhos do caleidoscópio, a moldura canônica dos valores. Quando se é capaz de perceber a história a partir da posição e do ponto de vista dos vencidos, camadas de significação recalcadas, estratos ignorados no processo de transmissão submetido às estratégias dominantes, encontram expressão, são libertados. E, nesse movimento, podem libertar o passado – e o presente e o futuro até agora aprisionados na narrativa parcial e apologética dos vencedores – e trazer à tona a crueldade e o horror ocultos pela história contada segundo apenas a perspectiva dos vitoriosos. O movimento de libertação se alimenta "da imagem dos antepassados escravizados" (Benjamin, 2020, p. 123).

Ao romper a falsa continuidade da historiografia, construída pelo enfileiramento de fatos em um tempo homogêneo e vazio – como se o tempo fosse um cordão e os fatos fossem as contas de um colar ou de um terço –, o historiador materialista, ao invés "de deslizar a sequência de eventos entre os dedos como se fossem contas de um rosário (...) apreende a constelação na qual sua própria época entra em contato com uma anterior" (Benjamin, 2020, p. 61). Ele revela a existência da "tradição dos oprimidos". Movimentos temporalmente distantes e, mesmo assim, sincrônicos. A história materialista proposta nas Teses é uma construção preenchida pelo *Jetztzeit*, "tempo-agora". Os momentos revolucionários são como um "salto de tigre em direção ao passado", conduzido por um "faro para o atual, onde quer que ele se mova no matagal do outrora" (*ibid.*, p. 125). Enquanto o historicismo apresenta uma imagem acabada e eterna do passado, o materialista histórico se mantém "senhor de suas forças: viril o bastante para fazer explodir o *continuum* da história" (*ibid.*, p. 127).

O princípio construtivo da historiografia materialista, proposto por Benjamin, envolve não apenas o movimento dos pensamentos, como também sua suspensão. Quando o pensar se detém em uma constelação tão saturada de tensões que não consegue prosseguir, esta se cristaliza como mônada, se congela como imagem – diante da qual o pensamento não foi capaz de ir adiante. Nessa estrutura criada pela suspensão do pensamento ("*Dialektik im Stillstand*"), nas palavras de Benjamin (2020, p. 128), pode ser percebido "o signo de uma suspensão messiânica", de uma oportunidade "em favor do passado reprimido". Conforme se lê nas *Passagens*:

> O índice histórico das imagens diz, pois, não apenas que elas pertencem a uma determinada época, mas, sobretudo, que elas só se tornam legíveis em uma determinada época. E atingir essa 'legibilidade' constitui um determinado ponto crítico específico do movimento em seu interior. Todo presente é determinado por aquelas imagens que lhes são sincrônicas: cada agora é o agora de determinada cognoscibilidade. Nele, a verdade está carregada de tempo a ponto de explodir. (Benjamin, 2006, p. 504)

Se, por um lado, nas imagens dialéticas – criadas por situações nas quais o pensamento ficou paralisado – há um determinado índice de legibilidade, como uma espécie de mensagem cifrada, e mesmo uma exigência de deciframento, a possibilidade da leitura está ligada a um tempo no qual estejam presentes os meios necessários à decifração, a "um determinado ponto crítico específico". Em outras palavras, "a verdade é ligada a um núcleo temporal que se encontra simultaneamente no que é conhecido e naquele que conhece. Isto é tão verdadeiro que o eterno, de qualquer forma, é muito mais um drapeado num vestido do que uma ideia" (Benjamin, 2006, p. 505). Tendo em vista a necessária sincronia entre quem deseja conhecer e o objeto a ser conhecido, se o drapeado do vestido traz um índice de legibilidade, é necessário o gesto de interpretação capaz de decifrar o cifrado para tornar legível a verdade indicada. A verdade potencialmente legível do objeto requer o sujeito portador do desejo e dos meios de decifrá-la.

O refinamento do espírito é o fiel da balança que Benjamin utiliza, em notável reviravolta, para desqualificar a linhagem dos até agora vencedores. Conforme se lê na Tese 4: "A luta de classes, que está sempre na mirada de um historiador escolado em Marx, é uma luta pelas coisas brutas e materiais, sem as quais não existem as refinadas e espirituais." Mas, ao contrário das primeiras (brutas e materiais), estas últimas (refinadas e espirituais) não fazem parte do espólio apropriado pelo vencedor. Distintamente, elas mantêm-se vivas na luta como "confiança, coragem, humor, astúcia, tenacidade" (acrescento "alegria"), e continuam sua ação atávica, desde o fundo dos tempos. E, por não fazer parte do butim reembolsável, as coisas "refinadas e espirituais" sempre podem colocar em questão toda e qualquer vitória da barbárie. Conforme observa Benjamin (2020, p. 114), assim como, por força de um secreto heliotropismo, as flores voltam sempre suas corolas em direção ao sol, o passado volta-se sempre para o sol que se levanta no céu da história. "O materialista histórico deve estar apto a entender essa que é a mais imperceptível das mudanças." Destaca-se, aqui, o foco lançado sobre a grosseira inferioridade "espiritual" dos dominadores e por eles disseminada.

Em fulgurante *insight,* com um mágico passe de *Witz* ("relâmpago externo da fantasia"? [Benjamin 1993, p. 57]), Benjamin vai além de situações particulares determinadas, atravessa a superioridade simbólica dos dominadores, ao revelar a ausência nestes de refinamento espiritual, e os expõem como abaixo e aquém das possibilidades humanas.

E, em termos materiais, o que se pode extrair dessa posição para a história? Na analogia entre as flores (que voltam suas corolas para o sol) e o passado (que busca se dirigir à história), o foco de ambas é o sol: tanto as flores como o passado a ele se voltam – aquelas ao sol "real", este "ao sol que se levanta no céu da história". Recordando a clássica metáfora do sol como o supremo bem e diante do presente predomínio das trevas, nesse momento histórico, cabe perguntar sobre a existência de base factual desta otimista afirmação de que o sol "se levanta no céu da história"...

De qualquer modo, temos a posição de Freud, segundo a qual a história é a história do retorno do reprimido; ou, nos termos de Benjamin (2020, p. 113 e 171), "nada do que já ocorreu pode ser considerado perdido para a história" (Kangussu *in* Timm, 2020), "o Messias interrompe a história". E algumas versões das teses *Sobre o conceito de história* terminam justamente afirmando cada segundo do futuro como a pequena porta pela qual pode entrar o Messias. Na "história materialista", a realização do conhecimento é soteriológica.

Talvez, podemos pensar, para ir adiante nestes tempos nos quais o pensamento parece ter se estancado diante da situação carregada de tensões, seja a hora e a vez de escovar a história a contrapelo, tornar legível o ocultado, fazer jus às verdades obscenas. Nas palavras de Césaire, "estas cabeças humanas, estas colheitas de orelhas, estas casas queimadas, este sangue que fumega, estas cidades que se evaporam à lâmina do gládio, não é a baixo preço que nos desembaraçaremos delas" (Aimé Césaire, *Discurso sobre o colonialismo,* em epígrafe de *Crítica da razão negra,* Achille Mbembe, 2018, p. 7).

Referências

ADORNO, Theodor. *Teoria Estética.* Trad. Artur Morão. São Paulo: Martins Fontes, 1988.

ARISTÓTELES. *Poética.* São Paulo: Nova Cultural, 2000.

BENJAMIN, Walter. *O conceito de crítica de arte no romantismo alemão.* Trad. Márcio Seligmann-Silva. São Paulo: Iluminuras, 1993.

________. *Magia e técnica. Arte e política.* Obras escolhidas, volume 1. Trad. Sergio Paulo Rouanet. São Paulo: Brasiliense, 1985.

________. *Passagens.* Trad. I. Aron e C.P.B. Mourão. Belo Horizonte: Ufmg, 2006.

________. *Das Passagen-Werk.* Gesammelte Schriften. Band V-1. Frankfurt am Main: Suhrkamp, 1982.

________. *Sobre o conceito de história.* Organização e tradução Adalberto Muller e Márcio Seligmann-Silva. São Paulo: Alameda, 2020.

BENJAMIN, Walter & SCHOLEM, Gershom. *Correspondência.* Trad. Neusa Soliz. São Paulo: Perspectiva, 1993.

BUCK-MORSS, Susan. *The Dialectics of Seeing. Walter Benjamin and the Arcades Project.* Cambridge: MIT Press, 1995.

CÉSAIRE, Aimé. *Discurso sobre o colonialismo.* Trad. Claudio Willer. São Paulo: Veneta, 2020.

CHAVES, Ernani. "Posfácio", em GAGNEBIN. *Walter Benjamin: os cacos da história.* São Paulo: n-1, 2018.

CURTIUS, Ernst Robert. *Literatura europeia e idade média latina.* Tradução Paulo Rónai. São Paulo: Edusp, 1996.

GAGNEBIN, Jeanne Marie. *Walter Benjamin*: os cacos da história. São Paulo: n-1, 2018.

JAMESON, Fredric. *The Benjamin Files.* London, New York: Verso, 2020.

KANGUSSU, Imaculada. "Sobre obras de arte e centelhas de esperança". In: TIMM, Ricardo et al. *Walter Benjamin*: barbárie e memória ética. Porto Alegre: Zouk, 2020.

LEVITT, Gerald. *The Turk, Chess Autonomon.* Jefferson: McFarland Publishers, 2000.

LÖWY, Michael. *Redenção e utopia. O judaísmo libertário na Europa Central.* Trad. Paulo Neves. São Paulo: Companhia das Letras, 1989.

________ *Walter Benjamin*: Aviso de incêndio. Uma leitura das teses "Sobre o conceito de história". São Paulo: Boitempo, 2005.

MARX, Karl. "Teses contra Feuerbach". In: *Marx. Coleção "Os Pensadores".* Trad. J.A. Giannotti. São Paulo: Abril, 1974.

MATTOS, Manuela Sampaio. *Ética da memória em Walter Benjamin.* Porto Alegre: Editora Bestiário, 2016.

MBEMBE, Achille. *Crítica da razão negra.* Trad. Sebastião Nascimento. São Paulo: n-1 edições, 2018.

POE, Edgar Allan. *Maelzel's Chess-Player.* Oxford: Dodo Press, 2009.

SCHOLEM, Gershom. *A mística judaica.* São Paulo: Perspectiva, 1972.

________ *Walter Benjamin*: a história de uma amizade. Trad. J. Guinsburg *et al.* São Paulo: Perspectiva, 1989.

SELIGMANN-SILVA, Márcio. "Apresentação *Sobre o conceito de história* de Walter Benjamin". In: BENJAMIN. *Sobre o conceito de história.* São Paulo: Alameda, 2020.

________ *Ler o livro do mundo. Walter Benjamin*: romantismo e crítica literária. São Paulo: Iluminuras, 1999.

TIMM et al. (org.) *Walter Benjamin*: barbárie e memória ética. Porto Alegre: Zouk, 2020.

VOLTAIRE. *Zadig ou O Destino.* Trad. Paulo Neves. Porto Alegre: L&PM, 2014.

Benjamin e a história social do século XIX: as lutas de classes do proletariado francês

João Emiliano Fortaleza de Aquino

A Tyrone Cândido

O despertar dá aos sonhos uma fama que eles não merecem.
(Paul Valéry)

Para um leitor das chamadas teses *Sobre o conceito de história* (1940), nas quais, com base na concepção de história ali apresentada, Benjamin elabora a reivindicação política de uma tradição dos oprimidos, não deveria, por aparentemente óbvia, ser estranha a pergunta pela concepção benjaminiana das lutas de classes no século XIX. Foi assim, com certa naturalidade, como quem trata do óbvio, que reagi quando essa pergunta foi apresentada a mim, meio à queima-roupa:[1] levantei os ombros, balancei a cabeça. Até então eu considerava que, do "Primeiro esboço" (1927/28-1929/30) às teses de 1940, haveria uma linha de continuidade geral que se ampliaria em seus objetos de estudo (das passagens à cidade etc.), bem como em suas referências teóricas (crítica da economia política, psicanálise, teologia), mas sem maiores rupturas de orientação e percurso. Da imagem dialética do primeiro *exposé* (1935) à imagem histórica das teses, haveria apenas uma mudança terminológica ou uma mudança de foco, deixando mais bem ver outro aspecto da mesma posição teórica.

Contudo, ao começar a pensar a provocativa pergunta sobre a concepção benjaminiana do movimento operário francês do século XIX, deparei-me com uma contradição que então se me tornou evidente – após ser motivo de espanto –, entre a tese do primeiro *exposé* de que as lutas

....

1. Essa questão foi posta por Paulo Arantes, quando há alguns anos lhe solicitei supervisão de pós-doutorado sobre a teoria benjaminiana do capitalismo do século XIX. E, efetivamente, essa pergunta terminou por dar direção à pesquisa, em cujos resultados se baseia parcialmente o presente texto.

dos trabalhadores no século XIX foram dominadas pela fantasmagoria de, em aliança com a burguesia, concluir e realizar as transformações iniciadas pela revolução de 1789 e a defesa de uma tradição dos oprimidos, de um passado oprimido nos apontamentos de 1940. Essas posições não são, nesses textos de Benjamin, conciliáveis. No *exposé* há uma clara desvalorização da natureza antagonista das lutas operárias do século XIX, estas supostamente movendo-se no interior de um sonho coletivo, no qual sua fantasmagoria específica é a conclusão da revolução burguesa do final do século XVIII. Já nas teses, há a postulação não apenas de um passado oprimido, de uma tradição dos oprimidos, mas de lutas de classes irreconciliáveis, das quais resultam, no presente, vencedores e vencidos; em outras palavras, nas teses, a dominação presente é concebida como a herança, pelas atuais classes dominantes,"de todos os que, algum dia, venceram" (tese VIII).[2] O antagonismo de classes ausente na suposta fantasmagoria do proletariado do século XIX se torna agora uma tese fundamental.

Antes de avançar, preciso dar uma explicação, talvez desnecessária aos leitores mais antigos de Benjamin. Desde o início de suas pesquisas sobre a segunda metade do século XIX, uma das possibilidades pensadas por Benjamin, como orientação teórica fundamental de seu projeto, é a de experimentar a transferência das descobertas da psicanálise do indivíduo para o coletivo (cf., p. ex., nas *Passagens* [Benjamin, 1982; 2006], o frag. Gº, 27); e isso para pensar dois problemas teóricos no terreno do materialismo histórico: o da relação entre as relações econômico-sociais e sua expressão cultural e o da relação entre passado e presente, numa perspectiva não progressiva (Fº, 6; Fº, 7; Oº, 5). A analogia entre o alto-capitalismo da segunda metade do século XIX e o sonho, enquanto sonho coletivo, lhe permite estas duas coisas: a superestrutura daquela sociedade é semelhante a um sonho (Gº, 14; Mº, 14), no qual desejos da sociedade, voltados para o futuro, se realizam de modo fantasmagórico, ao mesmo tempo em que, como todo sonho, um elemento arcaico se interpenetra com o recente, neste caso, a determinação da forma mercantil sobre o moderno (Aº, 5; Gº, 8; Gº, 19; Mº, 14). Por isso mesmo, o seu presente (anos 1920/30) é o momento do despertar, momento da interpretação do sonho (Cº, 5; Dº, 7; Fº 6; Fº, 7). Desse modo, parece-me justo dizer que Benjamin busca uma conciliação entre a tese freudiana do sonho (como atuação de uma força arcaica sobre o recente) e a pretensão

....

2. Cito sempre, neste texto, a tradução de Jeanne Marie Gagnebin e Marcos Lutz Müller, publicada em *Walter Benjamin: Aviso de incêndio* (Löwy, 2005).

surrealista de que o sonho porta um desejo que aponta "para frente" (*en avant*, diz Breton). Embora esta não seja a única orientação teórica presente no "Primeiro esboço" – falarei disso depois –, é, contudo, a mais trabalhada e que vai atuar como orientação teórica principal no *exposé* de 1935.

O conceito de fantasmagoria, presente no primeiro *exposé* para caracterizar a participação específica do proletariado nesse sonho coletivo, não encontra em Benjamin uma definição específica. Lembro que ele é usado por pelo menos dois autores do século XIX que Benjamin teve sob os olhos: Baudelaire (*Quadros parisienses*) e Marx (*O capital*). Mas, a mim, chama atenção que, no *exposé* de 1935, em que se experimenta mais fortemente um diálogo com a psicanálise, ele caracterize a fantasmagoria como uma ilusão. Ora, para Freud, a ilusão não se situa no terreno do erro ou do acerto, mas, assim como o sonho, no do desejo. Constitui-se do preenchimento ou da satisfação de desejos que não são necessariamente falsos, irrealizáveis ou contraditórios com a realidade; contudo, como ocorre nas crenças religiosas ou, por analogia, nos delírios, a ilusão "põe à frente" (*vordrängt*) o desejo com relação à "realidade" (*Wirklichkeit*) (cf. Freud, 1974a, p. 43; 1974b, p. 164). Desse modo, à maneira do sonho, a ilusão obedece a um movimento psíquico de satisfação do desejo, ainda que, diferente do sonho, aponte "para a frente". Longe de querer esgotar a questão, parece-me que, no contexto do primeiro *exposé*, o conceito de fantasmagoria, apresentado como uma ilusão política do proletariado, pode ser pensado como expressão e parte do sonho coletivo. Portanto, na analogia pretendida por Benjamin, essa fantasmagoria possui tanto uma dimensão antecipadora (o "de mãos dadas com a burguesia" pode ser interpretado como desejo de uma sociedade sem classes) quanto arcaizante (sua impossibilidade de sair dos quadros referenciais da revolução de 1789).[3]

A concepção dessa fantasmagoria do proletariado no século XIX não é um traço secundário no *exposé* de 1935; antes, é o que lhe dá unidade teórica. O *sonho* coletivo, do qual o presente de Benjamin é o "despertar", não é apenas expressão de uma interpenetração entre o antigo e o moderno, trazida pelo domínio social do caráter fetiche da mercadoria, mas também

....

3. Quanto a essa dimensão antecipadora do sonho coletivo de século XIX, é preciso lembrar que Benjamin interpretava nele a antecipação, ainda que sob imagens arcaicas, de uma sociedade sem classes: "No sonho, em que diante dos olhos de cada época surge em imagens a época seguinte, esta aparece associada a elementos da história primeva, ou seja, de uma sociedade sem classes" (1º *exp.*, I). Mais uma vez, a interpenetração do novo e do velho, do arcaico e do recente.

garantia de um *sono* coletivo, de uma pacificação social, numa época de grande desenvolvimento capitalista – e qual a função do sonho, senão fazer dormir? Essa paz social seria garantida pela referida fantasmagoria (ilusão) de realização supraclasses das promessas de 1789.

Benjamin manteve essa avaliação política sobre o século XIX pelo menos até 1938, no primeiro ensaio sobre Baudelaire, estendendo-a a 1939, na versão francesa do *exposé*. E é justamente o tratamento que dá a Blanqui nesses últimos dois textos que melhor marca a mudança que ocorre depois, em 1940. O *exposé* de 1939 trata o revolucionário francês como o maior inimigo da presente sociedade, que, contudo, se lhe submeteu sem reservas, pelo menos filosoficamente, ao final da vida (é a interpretação social de Benjamin da cosmologia de *A eternidade pelos astros* [Blanqui, 2016]). Essa valorização de Blanqui, como o mais decidido combatente contra a sociedade de classes no século anterior, que, contudo, justifica filosoficamente seus resultados históricos, é a resolução teórica da apresentação histórica que Benjamin faz no ano anterior, em *Paris do Segundo Império em Baudelaire* (1938).

Nesse ensaio, Benjamin busca justificar a apresentação que a tradição marxista após Marx – portanto, a socialdemocracia! – forjou de Blanqui. "Se Blanqui", diz Benjamin, "entrou na tradição como 'putschista', há boas razões para isso" (Benjamin, 1989, p. 14; Benjamin, 1991, p. 518). E o que significa essa posição *putchista* (golpista)? Benjamin a explica, na sequência dessa passagem citada, com um trecho em que Marx descreve os chamados conspiradores profissionais, cujo "negócio consiste justamente em antecipar o processo de desenvolvimento revolucionário, levar artificialmente a uma crise, improvisar uma revolução, fazer uma revolução sem as condições" (Marx, 1973, p. 273; Benjamin, 1989, p. 14). Esse é, contudo, um empréstimo impróprio, pois Marx, no ensaio de que essa passagem é retirada, não apenas não a emprega para falar de Blanqui, não apenas diferencia Blanqui dos conspiradores profissionais, mas os opõe. Para Marx, desde a insurreição de 1839, Blanqui é expressão da atuação da própria classe proletária como "partido", o que é o inverso das conspirações. Apesar disso, Benjamin segue na sua figuração de Blanqui à semelhança da "tradição" a que se refere e o caracteriza como um dos conspiradores profissionais. Para isso, apoia-se, mais uma vez, no que Marx diz a propósito deles: eles seriam "os alquimistas da revolução e partilham inteiramente a desorganização de ideias e a estupidez nas representações fixas dos antigos alquimistas" (*ibid.*, p. 15).

Não precisa dizer, Benjamin não está aí elogiando Blanqui, nem se opondo à apresentação histórica que Marx faz dele (que é, na verdade, sempre elogiosa). Apoiando-se no que Marx diz bem criticamente e com bastante desprezo sobre os conspiradores profissionais, o futuro autor das teses de 1940 busca justificar por que "há boas razões para Blanqui ter entrado na tradição como putschista". A referida tradição, contudo, não é em nada aí criticada; pelo contrário, é reivindicada. Quanta diferença, portanto, com o que ele diz apenas um pouco mais de um ano depois: "No decurso de três decênios, a social-democracia conseguiu quase apagar o nome de um Blanqui, cujo som de bronze abalara o século anterior" (tese XII).

Não é o caso, aqui, de prolongar a discussão sobre a apresentação histórica de Blanqui por Benjamin, que trago apenas para afigurar a hipótese de uma mudança de interpretação sobre as lutas de classes no século XIX.[4] No que segue, buscarei mostrar a concepção benjaminiana sobre esse período da história social, tal como é exposta em 1935 – e que se mantém até o *exposé* de 1939 –, articulando-a com o então projeto de *Paris, capital do século XIX*. Pensado sob a postulação de um sonho coletivo, dominado pela fantasmagoria do projeto político-social de 1789, o movimento operário do século XIX é então apresentado por Benjamin de modo esquemático, homogeneizado; e justamente porque ainda orientado por bases políticas da "tradição" de esquerda (socialdemocrata alemã, bolchevique russa). É o que vou tentar mostrar abaixo.

I. A "fantasmagoria que domina o primeiro período do proletariado"

Em seus traços mais gerais, o *exposé* de 1935 apresenta a experiência das lutas proletárias do século XIX sob a fórmula teórica do coletivo que sonha, isso quer dizer: sob uma interpretação histórica segundo a qual as contradições sociais e as diferenças de classes não estão manifestas na ação e na consciência social do proletariado. Na crítica que faz ao *exposé*, Adorno soube perceber bem essa visão do amigo, ao indicar, no texto de Benjamin (1979, p. 174 [1982, p. 1.129]), "a concepção da 'época' enquanto [concepção]

....

4. Apresento de forma mais ampla o que penso sobre essa questão em *Sobre o conceito de história de Walter Benjamin: Auguste Blanqui e a tradição dos vencidos*, em *Pequenos ensaios, grandes filósofos* (Silva; Carvalho, s/d, a ser publicado em breve).

igualmente do sujeito (...) em si unificado",[5] acrescentando depois: "que no coletivo sonhador não permaneça nenhuma diferença para as classes, [isso] fala claramente e adverte o suficiente". Bem entendido: se "a época" sonha, se há um "coletivo que sonha", há então um sujeito socialmente unificado, ainda que sua psique coletiva seja rota, descontínua, havendo a diferença entre os desejos e as formas oníricas de dar satisfação a tais desejos.[6] Essa unificação social é, no texto de Benjamin, antes de tudo, uma unificação política, produzida pelo que este nomeia de "fantasmagoria que domina o primeiro período do proletariado": "a ilusão de que seria tarefa da revolução proletária concluir a obra de 1789 de mãos dadas com a burguesia" – mais adiante faço citação completa dessa passagem. Assim, o que aparece em Adorno como uma crítica situada no plano mais abstrato da teoria se constitui, no texto benjaminiano, numa posição política, numa avaliação política, da qual Benjamin tem clara consciência, e que ocupa um lugar central na sua concepção do século XIX e, portanto, no seu projeto de uma história social desse período.

Assim, sua elaboração teórica da existência de uma época áurea do capitalismo no século XIX se sustenta numa tese de história econômica e numa tese de história social. Ao "imenso desenvolvimento da grande indústria nesses últimos vinte e cinco anos" (Marx & Engels, 2005, p. 42), "período novo, até então nunca visto, de prosperidade industrial" (*ibid.*, p. 148),[7] de que falam Marx e Engels sobre a economia capitalista europeia entre 1848 e 1871, Benjamin ajunta, ampliando temporalmente esse período, uma inteira época de comprometimento político do proletariado com o desenvolvimento capitalista, época que iria de 1831 a 1871. É essa tese de história social que se expressa quase ao final do primeiro *exposé*:

....

5. Essa carta de Adorno a Benjamin é publicada tanto na edição francesa das *Correspondances 1929-1940* (1979) quanto na edição alemã dos *Gesammelte Schriften* de Benjamin (1991), daí por que faço aqui uso dessas edições (Benjamin, *Correspondances*, 1979, p. 171; GS V-2, 1982, p. 1.127-1.128).

6. Diferença entre conteúdo latente e conteúdo manifesto que, assim como ocorre no sonho do indivíduo, se encaminha na consciência social de uma época pelos procedimentos próprios ao trabalho do sonho: condensação, deslocamento, regressão tópica (pois percorre o caminho reverso do inconsciente para o sistema consciente-perceptivo) e formal (da linguagem à imagem), apresentabilidade imagética (decorrente da regressão) etc. Por isso, Benjamin pensa haver uma relação política entre o sonho coletivo do XIX e o despertar do XX, como momento de interpretação do conteúdo latente daquele sonho e, portanto, chance de realização do que, nesse conteúdo, diz respeito ao presente da interpretação.

7. *Para a história da Liga dos Comunistas* (anexo ao Manifesto).

> Assim como o *Manifesto Comunista* encerra a época dos conspiradores profissionais, também a Comuna [de Paris, 1871] põe fim à fantasmagoria que domina o primeiro período do proletariado. Ela desfaz a ilusão de que seria tarefa da revolução proletária concluir a obra de 1789 de mãos dadas com a burguesia. Esta ilusão domina a época de 1831 a 1871, da Insurreição de Lyon até a Comuna. (1º *exp.*, V)

Essa tese de história social é, na verdade, uma avaliação política sobre todo um período histórico das lutas proletárias, cerca de quatro décadas, período que vai do aparecimento do moderno movimento operário, enquanto movimento social com interesses próprios, antagônicos aos dominantes,[8] à primeira experiência revolucionária temporariamente vitoriosa, em que o proletariado armado de Paris governa a cidade por pouco mais de dois meses.

A passagem acima citada sumaria outras afirmações do *exposé*, espalhadas em todo o texto, afirmações nas quais toda relação antinômica do proletariado com o desenvolvimento capitalista durante o século XIX é dissolvida. Na verdade, devido à "fantasmagoria que domina o primeiro período do proletariado" (1831-1871), a posição do movimento operário, no período citado, nunca teria ido além da lógica interna ao desenvolvimento do sistema. Já quando fala da primeira exposição nacional da indústria, ocorrida no final do século anterior (1798), Benjamin diz, nos termos de Siegmund Engländer, que ela "provém do desejo de 'divertir' [distrair] a classe trabalhadora e torna-se para a mesma uma festa da emancipação", o que quer dizer, para Benjamin, concordando com Engländer, que aí "o operariado situa-se em primeiro plano como clientela" (1º *exp.*, III). Nesse momento da exposição nacional da indústria, há a "festa popular", não ainda a indústria de entretenimento, que, segundo Benjamin, somente vai tornar-se contemporânea das exposições universais no próprio século XIX, a partir de 1851: é então quando elas "inauguram uma fantasmagoria a que o homem se entrega para divertir-se. A indústria de entretenimento facilita isso o elevando ao nível de mercadoria. Ele se abandona às suas manipulações, nas quais goza da sua alienação de si e dos outros" (idem).

....

8. Para Marx (1983, p. 17), é em torno de 1830 que aparece a luta de classes do proletariado moderno: "No ano de 1830 começou a crise que se tornou, de uma vez por todas, decisiva. A burguesia tinha tomado o poder político na França e Inglaterra. A partir de então, a luta de classes assumiu, na teoria e na prática, formas cada vez mais explícitas e ameaçadoras. Ela fez soar o sino fúnebre da economia política burguesa" (Posfácio à Segunda Edição de *O capital*).

Nessa passagem, há apenas o homem abstrato, mas não o proletário, que continua nas exposições universais como cliente (comprador) tanto quanto nas exposições nacionais. É nesse homem abstrato (portador de mercadoria, diria Marx), que transforma em objeto de gozo a própria alienação, que se encontra a base da grande fantasmagoria do movimento operário do século XIX. Entre as exposições nacionais e universais, sob o reinado burguês de Luís Filipe, durante o qual efetivamente – e não apenas fantasmagoricamente – "a burguesia alcança os objetivos de 1789" (Marx), há o surgimento da literatura panoramática, na qual "aparece, pela primeira vez, (...) o operário fora de sua classe como figurante de um idílio" (1º *exp.*, II). Essa pequena observação sobre a história da cultura indica o modo como o proletário, imerso em sua fantasmagoria, teria podido encontrar, segundo Benjamin, expressão na literatura.

É nessa mesma perspectiva histórica sobre o movimento operário do século XIX que as considerações teóricas sobre as ideias sociais de toda a época histórica anterior ao *Manifesto* debruçam-se apenas sobre o saint-simonismo e o fourierismo, sugerindo uma correspondência – num espírito próximo do *Manifesto* de Marx e Engels – entre a experiência de luta proletária nesse período (segundo uma certa visão que Benjamin, mas não Marx, tem dela) e as ideias sociais que então adquirem força. Nesse esquema, o saint-simonismo corresponde, no plano das ideias sociais, ao industrialismo que norteia as primeiras exposições (ainda nacionais) e, portanto, à própria posição supostamente conciliadora dos trabalhadores nesse período: para Benjamin, os saint-simonianos "previram o desenvolvimento da economia nacional, mas não a luta de classes. Sua participação nos empreendimentos industriais e comerciais, em meados do século, contrasta com sua impotência em questões relativas ao proletariado" (idem). De maneira mais simpática, Fourier é situado historicamente na época do surgimento da maquinaria (portanto, da grande indústria): "Seu impulso mais íntimo se deve ao aparecimento das máquinas", sendo o falanstério uma espécie de maquinaria devido à sua "organização altamente complexa" (idem). Nas passagens parisienses do XIX, que, para Benjamin, são expressões das forças produtivas da época, Fourier teria visto o "cânone arquitetônico" do falanstério, embora as tenha transformado em residência, produzindo, desse modo, uma "reorganização revolucionária" delas.[9]

....

9. Nesse primeiro *exposé*, Benjamin relaciona os pensamentos tanto de Saint-Simon quanto de Fourier ao desenvolvimento da maquinaria moderna e da grande indústria (portanto, às

O que quero com essas considerações é chamar a atenção para o modo como Benjamin organiza, no primeiro *exposé*, a apresentação de suas temáticas de pesquisa de modo inteiramente coerente com sua avaliação política do movimento operário no século XIX; isso porque, em sua proposta de pesquisa, ele parte de uma determinada posição no e com relação ao presente, com base na qual o passado recente (século XIX) é avaliado. No caso do *exposé* de 1935, trata-se de mostrar como as possibilidades das forças produtivas desenvolvidas pelo capitalismo do século XIX, ao se realizarem sob a forma social das relações capitalistas já dadas, constituíram uma particular interpenetração do velho e do novo, do arcaico e do moderno, que, então, podem ser pensadas em analogia com o sonho e, portanto, todas as produções da época são análogas às expressões oníricas; por isso, cabe ao presente, enquanto presente do despertar, interpretar criticamente essa experiência recente em vista da ação política no momento em que essa mesma interpretação crítica se torna possível – e se torna possível porque é o momento da crise do anterior ciclo de desenvolvimento e, em consequência, momento também de uma ação desperta do sonho e de suas ilusões políticas.

Assim, o *exposé* de 1935 conduz a uma centralidade do presente, compreendido como momento de crise daquele anterior desenvolvimento capitalista (o "estremecimento da economia mercantil"); e, por isso, momento do despertar daquela experiência econômica, social, cultural e política assemelhada a um sonho. Essa centralidade se baseia numa avaliação do presente – crise da economia mercantil, momento histórico do despertar e da ação política revolucionária, não mais de mãos dadas com a burguesia – que remete a uma avaliação do passado recente (auge do desenvolvimento capitalista, ilusão política do proletariado), avaliação esta que é, contudo, bastante questionável: ela se ampara, como busco mostrar a seguir, em certa concepção histórica do desenvolvimento do movimento operário e das lutas de classes, concepção esta própria aos marxismos da Segunda e Terceira Internacionais e com a qual as teses de 1940 romperão. Talvez por isso sejam justificados os termos de Adorno, segundo os quais a concepção de imagem dialética presente no *exposé* atua "linearmente", até

....

forças produtivas específicas do capitalismo), ambos não expressando contradições sociais, mas, antes, potencialidades técnicas da época. Porém, dá um tratamento diferenciado a Fourier, pois identifica nele uma utopia. Nas teses de 1940, Fourier também aparece como o utópico (em sentido positivo) de outros usos da técnica, o que também o diferenciaria – se tivermos em vista o texto de 1935 – de Saint-Simon.

mesmo "em moldes histórico-desenvolvimentistas a um futuro enquanto utopia" (Benjamin, 1979, p. 171 [1982, p. 1.182]).[10] Talvez, porém, e talvez menos: sob a concepção de um rígido e linear desenvolvimento – sim – do movimento operário, concepção cuja base é essencialmente política. É o que vou tentar mostrar a seguir.

II. Marx e Benjamin: sobre "períodos" e "fases" do movimento operário

Benjamin sugere, no primeiro *exposé*, um esquema histórico rígido do movimento operário no século XIX. Esse esquema abstrato, que unifica toda uma época histórica e suas lutas sociais sob uma categoria – a "fantasmagoria que domina o primeiro período do proletariado" –, precisa desprezar, e de fato despreza, a experiência histórica concreta das lutas de classes então havidas. Embora a primeira exposição universal tenha sido em 1851, em Londres, após as revoluções parisienses de maio de 1839 e de fevereiro e junho de 1848, Benjamin nada diz sobre estas no *exposé* de 1935: nada fala sobre a revolta proletária de 1839 em Paris, organizada pela *Société des Saisons* de A. Blanqui, que "já era exclusivamente proletária" (Marx, 1973, p. 271), nem faz uma única referência às ilusões iniciais dos trabalhadores franceses, que, após fevereiro de 1848, viam, segundo Marx (1986, p. 62), "na República a sua própria obra", tampouco sobre as Jornadas de Junho, quando houve, ainda na avaliação de Marx, "aquela formidável insurreição em que se travou a primeira grande batalha entre as duas classes em que se divide a sociedade moderna" (*ibid.*, p. 72).[11]

Esse esquematismo abstrato não pode ser debitado a uma ignorância histórica, pois, no *Konvolut a* [Movimento Social] das *Passagens*, mesmo nas anotações da primeira fase de sua pesquisa (entre 1927/28 e junho de 1935),

....

10. Essa acusação de uma concepção "histórico-desenvolvimentista" não é a mesma coisa de progresso, bem entendido; Adorno não diz isso, nem poderia dizê-lo, pois a lógica da concepção do *exposé* é a mesma atualização no presente das demandas do passado (tal como voltaremos a ver, de maneira bem mais radical e com pressupostos político-teológicos, nas teses de 1940).

11. Não posso me furtar de fazer referência à ironia objetiva que foram as nossas próprias Jornadas de Junho (2013), que fizeram implodir nosso próprio sonho coletivo, este bastante verificável, de conduzir uma política de desenvolvimento capitalista de mãos dadas com a burguesia.

há um variado registro das lutas sociais de todo esse período, que engloba as insurreições de 1831 e 1834 em Lyon[12] e as Revoluções de fevereiro e junho de 1848.[13] Na fase intermediária (junho de 1935 a dezembro de 1937), há, seguramente, um maior número de informações anotadas sobre as lutas proletárias na segunda metade do século XIX, e mesmo posteriores, mas nada que, em nível de informação histórica, pareça ter a força de promover uma mudança de perspectiva teórica; somente na fase tardia (dezembro de 1937 a maio de 1940), mais próxima das teses de 1940, há indícios de mudança, pois ela se centra na figura de Blanqui, que, como sabemos, é uma referência política fundamental à concepção histórica apresentada em 1940 – e expressão mesma das inflexões políticas aí manifestas.[14] O que, em suma, me parece relevante observar, no que diz respeito a essas anotações históricas de dez anos (1928-1937, fases inicial e intermediária da pesquisa) sobre o movimento operário do século XIX, é que *não são elas que parecem fundamentar a avaliação política apresentada no exposé de 1935* sobre as lutas de classes desse período. Bem ao contrário, esses índices históricos são rigidamente submetidos – levados a obedecer a contragosto – a uma visão política que, logo ao considerar a existência de algo como um "primeiro período" do movimento operário, o prende a uma concepção das lutas e da consciência do proletariado que Adorno diria "histórico-desenvolvimentista".

Em princípio, essa periodização histórica em Benjamin parece seguir uma apreciação sobre o movimento operário da primeira metade do século XIX, formulada por Marx e Engels, para quem "os sistemas socialistas e comunistas propriamente ditos, os sistemas de Saint-Simon, Fourier, Owen etc., surgem no *primeiro e pouco desenvolvido período da luta entre proletariado e burguesia* (...)" (Marx & Engels, 2005, p. 95).[15] Antes dessa assertiva, que se encontra na revisão da literatura socialista e comunista dos cinquenta anos anteriores (parte III do *Manifesto*), Marx e Engels apresentam, em traços bastante abstratos e simplificados (procedimentos próprios à conceptualização), as "diferentes fases de desenvolvimento [político do proletariado]" (*ibid.*, p. 72), fases estas que, grosso modo, se diferenciam entre aquela em

....

12. Cf. [a 6, 1], [a 6a, 1], [a 6a, 2].

13. Cf. [a 1, 3], [a 1, 4], [a 2, 1], [a 2, 2], [a 2a, 2], [a 2a, 3], [a 2a, 4].

14. Ainda na última anotação da fase intermediária do *Konvolut a*, Blanqui é citado como testemunha de uma caracterização do período histórico anterior a 1930; ele teria dito, a poucos dias da Insurreição de Julho: "Os românticos foram derrotados!" [a 19a, 7].

15. Itálicos meus.

que a "aglomeração dos operários em grandes massas ainda não é o resultado de sua própria união, mas da união da burguesia, a qual, para alcançar seus próprios objetivos políticos, é obrigada a colocar em movimento todo o proletariado", e aquela em que, "com o desenvolvimento da indústria, o proletariado não apenas se multiplica, [mas] concentra-se em massas cada vez maiores, sua força aumenta e ele sente mais tudo isso" (*ibid.*, p. 74), chegando até à autônoma "organização dos proletários em classe e, com isso, em partido político" (*ibid.*, p. 75).[16]

Essa apresentação simplificada (unificada em cada um dos processos pensados) parece ter por objetivo, por parte dos autores do *Manifesto* de 1848, explicar as lutas de classes que lhes são contemporâneas com base tanto no desenvolvimento da indústria moderna quanto numa *experiência* produzida historicamente pela prática dos próprios proletários (seu *processo de formação* como classe ou, ainda, como partido). Nessa explicação, formas de lutas as mais distintas – lutas isoladas, individuais ou coletivas, resistências às inovações técnicas (com as quebras de máquinas) e ao mercado mundial (com a queima de mercadorias estrangeiras), resistência ao trabalho fabril (com o incêndio de fábricas) – são apresentadas como surgidas naquela chamada primeira fase, quando os proletários "procuram reconquistar pela força a desaparecida posição do trabalhador da Idade Média" (*ibid.*, p. 74). Na referida segunda fase, "as colisões entre o operário singular e o burguês singular assumem cada vez mais o caráter de colisões entre duas classes": são aí consideradas as coalizões operárias em defesa de salários e do limite legal da jornada de trabalho, que ganham a dimensão nacional, e não mais apenas locais.

Assim, Marx e Engels explicam o surgimento e constituição das diversas doutrinas sociais anteriores ao *Manifesto* pela relativa fragilidade das lutas proletárias, i.e., das próprias experiências sociais da classe proletária, que, inicialmente, não conformavam ações coletivas de uma classe politicamente independente. Por isso mesmo, aquelas doutrinas sociais se opunham ao capitalismo ou numa perspectiva passadista, conservadora – acompanhando o desejo arcaizante de "reconquistar pela força a desaparecida posição do trabalhador da Idade Média"–, ou ainda, numa perspectiva meramente utópica, fazendo planos de uma sociedade melhor – como o saint-simonismo e o fourrierismo –, todas ignorando as contradições imanentes ao

....

16. A expressão "partido político" não tem, para os autores do *Manifesto*, o mesmo sentido que somente no final do século XIX ela adquirirá – e não apenas para o marxismo, mas para a democracia burguesa moderna.

capitalismo e, principalmente, as lutas de classes que se desenvolvem com base nessas contradições inerentes às relações burguesas de produção.

Ora, já no *Manifesto*, essa distinção entre primeira e segunda fases históricas – talvez pela própria natureza do gênero manifesto, inevitavelmente simplificado e abstrato – corre o risco, a depender do leitor, de conduzir a uma esquematização rígida, se se interpreta, com base nessa distinção, que há formas de lutas que são próprias a uma fase inferior, pouco desenvolvida das lutas sociais (primeira fase), superadas por outras formas, mais propriamente coletivas, nacionais e políticas (segunda fase). Aparentemente, essa distinção elimina a possibilidade de, mesmo em momentos de elevada contestação social e política pelo proletariado, formas históricas as mais distintas entre si, surgidas em épocas históricas muito diferentes, poderem articular-se e tornar-se contemporâneas.[17] Contudo, não encontramos no *Manifesto* – documento em que se qualificam teoricamente os conceitos de períodos, fases de desenvolvimento da luta proletária etc. – as mesmas abstração e simplificação que se encontram no 1º *exposé*, pois, neste, não se trata apenas da apresentação teórica de um quadro político-prático, como no *Manifesto*, mas de uma avaliação política que unifica, numa única categoria – repito: a fantasmagoria que domina o primeiro período do proletariado –, cerca de quarenta anos de lutas de classes, extenso período em que se constituíram formas e níveis muito distintos de antagonismos e contestações sociais, particularmente na França.

Com essa concepção, Benjamin usa politicamente a categoria marx-engelsiana de "primeiro período" para pensar toda a época que vai de 1831 a 1871, diferentemente do uso teórico mais abstrato de Marx e Engels, que o aplicam ao momento histórico anterior a 1848, ano este em que, contudo, se poderia, segundo esses mesmos autores, verificar "uma luta de classes já existente, (...) um movimento histórico que se desenrola sob nossos olhos" (*ibid.*, p. 80). Aliás, chama a atenção que, no *exposé* de 1935, o ano de 1848 seja citado apenas como a data do *Manifesto*, cujo significado histórico teria sido fundamentalmente teórico, justamente o do dobrar de sinos da época dos conspiradores profissionais, mas não o ano de insurreições proletárias em vários países europeus: Itália, Alemanha, França etc.

....

17. Na verdade, nas épocas de grandes lutas de classes, costuma ocorrer que todas essas formas de luta se tornem *historicamente contemporâneas*, dissolvendo qualquer *sucessão histórica* entre elas: greves nacionais, sabotagens do trabalho, quebras de máquinas, saques, barricadas, assembleias ou conselhos etc. coexistem no mesmo tempo. Mas esse tempo histórico condensado tampouco é necessário e universal, é sempre um dado da própria experiência social concreta.

Ainda sobre o movimento operário antes da Comuna, Benjamin diz:

> Se *foi a desgraça dos antigos levantes operários o fato de nenhuma teoria lhes indicar o caminho*, por outro lado, foi também a condição da força imediata e do entusiasmo com que assumem a construção de uma sociedade nova. Esse entusiasmo, que atinge seu auge na Comuna, conquista temporariamente para o proletariado os melhores elementos da burguesia, mas no fim o leva a sujeitar-se a seus piores elementos. (1º *exp.*, VI, itálicos meus)

Também aqui se apresenta uma postura marxista bem tradicional (socialdemocrata, bolchevique) que identifica a fraqueza dos movimentos operários – sua "desgraça" – à ausência de uma "teoria" a "lhes indicar o caminho", sendo, em consequência, sua grande virtude a força imediata e o entusiasmo. Essa é uma tese completamente coerente com aquela que indica que o *Manifesto* de 1848 superou a época dos "conspiradores profissionais", antes mesmo de o movimento operário, 23 anos depois (na Comuna), se libertar da suposta fantasmagoria de conclusão da revolução de 1789. A teoria aparece aí numa posição de sujeito: ela mudaria uma época, superaria uma forma de experiência da luta social, teria a função de indicar o caminho a uma luta por vir.

Essa compreensão da teoria é diretamente tomada dos marxismos da Segunda e da Terceira Internacionais. É uma supervalorização do papel da teoria, que, na forma em que foi apresentada, demarcaria toda uma época histórica do movimento operário, ao encerrar a época dos conspiradores profissionais; embora essa teoria, segundo Benjamin, não tenha tido a força de indicar o caminho às lutas futuras – que continuaram a caracterizar-se pelo entusiasmo e pela força imediata, mas ainda sob o domínio da fantasmagoria de cumprimento da revolução de 1789 –, sendo precisamente essa a tarefa que nesse comentário se lhe reconhece. Ora, não é difícil concluir daí que essa fraqueza histórica da teoria, atestada em sua incapacidade de indicar o caminho às lutas sociais que seguiram ao seu surgimento, se expresse também na manutenção da fantasmagoria política do proletariado até 1871, que desse modo ganha explicação.

Na verdade, essa concepção socialdemocrata da teoria – mantida pelo bolchevismo e pela Terceira Internacional – se harmoniza bem com uma concepção evolucionista do movimento operário. Segundo esta concepção, o movimento dos trabalhadores chega a estágios superiores de desenvolvimento somente quando absorve a teoria, que passa, por isso, a lhe indicar o caminho. Essa concepção supõe a distinção entre um primeiro período do movimento dos trabalhadores, em que os proletários, por sua própria experiência e iniciativa, lutam sob diversas formas e, reivindicando seus próprios interesses à burguesia e/ou em antagonismo com ela, se organizam como classe – i.e., as duas fases a que se referem Marx e Engels, já ocorridas *antes do Manifesto*! –, e um segundo período, em que aquela inteira primeira fase do movimento operário é superada pela introdução, desde fora, da suposta ciência social da revolução: é essa, precisamente, a função que reconhecem para si os marxismos da Segunda e da Terceira Internacionais.

Essa concepção da teoria retoma positivamente para si aquilo que foi objeto de crítica de Marx e Engels no *Manifesto*, quando afirmam que os "sistemas socialistas e comunistas" (o chamado socialismo utópico) da primeira metade do século XIX "não veem nenhuma atividade histórica autônoma por parte do proletariado, nenhum movimento que lhe seja próprio"; em consequência, também "não encontram as condições materiais para a emancipação do proletariado, e põem-se à procura de uma ciência social, [de] leis sociais, para criar tais condições" (Marx & Engels, 2005, p. 96). A concepção da teoria revolucionária como ciência social, cujo corpo se constitui de leis sociais, concepção essa presente nas doutrinas socialistas da primeira metade do século XIX e nos marxismos da Segunda e Terceira Internacionais, tem como núcleo justamente a independência do conhecimento científico frente às experiências práticas de contestação social do proletariado.[18] Apenas por isso, é reconhecido à teoria esse poder transformador da realidade, em clara oposição ao que pensam os autores do *Manifesto*, para quem "as proposições teóricas dos comunistas (...) [s]ão apenas a expressão geral das condições efetivas de uma luta de classes já existente, de um movimento histórico que já se desenrola diante de nossos olhos" (*ibid.*, p. 80).

Contudo, é essa concepção da *teoria como sujeito* e do *movimento operário como em evolução* que se deixa contrabandear, em frestas às vezes menores, outras maiores, no *exposé* de 1935. E é com ela que as teses de 1940 rompem definitiva e claramente: "O sujeito do conhecimento histórico é a própria classe oprimida, a classe combatente" (tese XII). Assim, o que me parece ser o grande problema que resta a ser pensado, com base na exposição acima, é aquele que diz respeito às rupturas operadas em e pelas teses de 1940. Ocorre que, de fato,

....

18. Essa identificação entre as correntes socialistas da primeira metade do século XIX e os marxismos da Segunda e da Terceira Internacionais foi salientada por Debord (1997) nas teses 83, 95, 96, 97 e 98 de *A sociedade do espetáculo*.

essas concepções politicamente evolucionistas, em parte implícitas, em parte explícitas, no *exposé* de 1935 estão, em geral, em flagrante choque com as posições teóricas sobre a história até aquele momento desenvolvidas por Benjamin em sua pesquisa sobre o século XIX. Refiro-me às posições teóricas sobre a história que aparecem nos diversos cadernos do *Livro das passagens* – desde o "Primeiro esboço" da fase inicial, na qual, com razão, Adorno enxerga um diálogo com a teologia. As concepções evolucionistas próximas dos marxismos da Segunda e da Terceira Internacionais muito mais se impõem a Benjamin com base na posição política a que elas dão sustentáculo – a saber, a de uma caracterização rígida sobre o movimento operário do século XIX, dominado por uma fantasmagoria –, do que com base na reflexão filosófico-histórica específica realizada por ele desde 1927/28.

Nessa hipótese, as teses de 1940 operam uma ruptura com essas concepções políticas, bem como com as concepções evolucionistas que as acompanham. Essa ruptura libera as posições teórico-metodológicas sobre a história, desenvolvidas de modo específico e autônomo para o trabalho das passagens (desde o "Primeiro esboço"), dando-lhes uma expressão política que lhes é teoricamente mais conforme. É importante lembrar que, em suas considerações críticas sobre o *exposé* de 1935, quando trata da concepção de imagem dialética numa relação com a imagem onírica do passado recente, enquanto sonho coletivo, Adorno adverte que, "com isso, também justamente falhou na contradição [*im Widerspruch verfehlt wird*] aquele movimento social, pelo qual você sacrificou a teologia" (Benjamin, 1982, p. 1.128).

Ora, o diálogo com a teologia, ensaiado no "Primeiro esboço" e, aparentemente, abandonado a partir da retomada do projeto em 1934-35, se restabelece explicitamente nas teses de 1940. Com isso, a história social foi reaberta à "contradição" no pensamento de Benjamin. A pequena porta que dava acesso a ela estava ali, onde menos se esperava. Parece que foi quando mais se distanciou do "marxismo" e mais se aproximou da assim chamada "teologia", que Benjamin conseguiu alcançá-la.[19] E não são poucos os testemunhos de que o materialismo histórico ganhou com isso.

....

19. Entendo esse diálogo com a teologia em conformidade com o que Jeanne Marie Gagnebin(1999, p. 191-206) apresenta em "Teologia e Messianismo no pensamento de W. Benjamin" e, principalmente, em *Über den Begriff der Geschichte*, mimeo, em francês (publicado em alemão por Lindner [2006, p. 284-300]). "La théologie", como diz a autora nesse último escrito, "n'interviendrait donc pas comme une sorte de réservoir dernier de certitudes irrationnelles, mais comme le modèle d'une autre appréhension du temps humain". É o que ela busca mostrar em todo o ensaio, incontornável para qualquer interessado em Benjamin.

Referências

BENJAMIN, Walter. *Passagens*. Trad. Irene Aron et al; edição de WilliBolli e Olgária Matos. Belo Horizonte: Editora UFMG; São Paulo: Imprensa Oficial do Estado de São Paulo, 2006.

______. "Passagen-Werk". In: *Gesammelte Schriften*, Vol. V-1/2. Frankfurt am Main: Suhrkamp Verlag, 1982.

______. Correspondance I (1910-1928). Trad. Guy Petitdemange. Paris: Aubier Montaigne, 1979.

______. "Paris do segundo império em Baudelaire". In: *Charles Baudelaire, um lírico no auge do capitalismo*. Trad. José Carlos Martins Barbosa e Hemerson Alves Baptista. São Paulo: Brasiliense, 1989, p. 14 (Obras escolhidas, v. 3).

______. "Das Paris des Second Empire bei Baudelaire". In: *Gesammelte Schriften*, I-2. Frankfurt am Main: Suhrkamp Verlag, 1991, p. 518.

BLANQUI, A. *A eternidade pelos astros*. Trad. Luciana Persice. – 1ª ed. Rio de Janeiro: Rocco Jovens Leitores, 2016.

DEBORD, Guy. *A sociedade do espetáculo*. Rio de Janeiro: Contraponto, 1997.

ENGELS, F. "Para a história da Liga dos Comunistas". In: MARX, K.; ENGELS, F. *Manifesto do partido comunista*. Trad. Marcos Aurélio Nogueira e Leandro Konder. Bragança Paulista: Editora Universitária São Francisco, 2005.

FREUD, S. "O futuro de uma ilusão" [1927], tr. br. J. O. Aguiar Abreu. In: *Obras psicológicas completas de Sigmund Freud*, vol. XXI, Rio de Janeiro, Imago, 1974a.

______. "Die Zukunft einer Illusion". In: *Sigmund Freud Studienausgabe*, Bd. IX, Frankfurt am Main, S. Fischer Verlag, 1974b.

GAGNEBIN, Jeanne Marie. Teologia e Messianismo no pensamento de W. Benjamin. *Estudos avançados*, 13 (37), p. 191-206, 1999.

LINDNER, B. (Org.). *Benjamin-Handbuch*: Leben, Werk, Wirkung. Stuttgart: J. B. Metzlersche Verlagsbuchhandlung, 2006, v. 1. p. 284-300.

LÖWY, M. *Walter Benjamin*: Aviso de incêndio. Uma leitura das teses "Sobre o conceito de história". Trad. Wanda Nogueira Caldeira Brant. São Paulo: Boitempo, 2005.

MARX, K. *As lutas de classes na França (1848-1850)*. Apresentação e coordenação editorial de Antonio Roberto Bertelli. São Paulo: Global, 1986. p. 62.

______. *O capital*: Crítica da economia política. Trad. Regis Barbosa e Flávio René Kothe. São Paulo: Abril Cultural, 1983. p. 17.

______.; ENGELS, F. *Manifesto do partido comunista*. Trad. Marcos Aurélio Nogueira e Leandro Konder. Bragança Paulista: Editora Universitária São Francisco, 2005.

______. Rezensionen aus der "Neuen Rheinischen Zeitung. Politisch-ökonomische Revue". In: MARX, Karl.; ENGELS, Friedrich. *Werke*, Vol. 7. – 5ª ed. Berlim (RDA): Dietz Verlag, 1973.

SILVA, R. O.; CARVALHO, F. J. (Org.). *Pequenos ensaios, grandes filósofos*, Vol. 2. Campina Grande, PB: Eduepb, s/d (a aparecer em breve).

A "obra de arte" para além do cinema: sobre a atualidade de uma aposta de Benjamin

Luciano Gatti

1

O ensaio "A obra de arte na época de sua reprodutibilidade técnica" propõe uma modificação de amplo alcance do conceito de obra de arte. Walter Benjamin sustentava que a invenção da fotografia e do cinema evidenciava os limites das teorias artísticas do século anterior para lidar com a novidade. Mas sua intenção não se limitava a legitimar a fotografia e o cinema ao lado das demais artes visuais. A imagem mecanicamente reprodutível também impunha modificações notáveis na recepção artística, com o potencial de transformar a função desempenhada pela arte desde o Renascimento. A aposta decerto era alta, mas não excedia os riscos de deixar a nova técnica nas mãos das tendências regressivas da época.

Desde então, muita água correu: a fotografia tem lugar garantido em museus e galerias, além de inundar nossa visão na imprensa e na internet; e o cinema, industrial ou autoral, disseminou-se mundo afora, consolidando a "sétima arte" como a inovação artística de maior efeito no século XX. Ao reler o ensaio de Benjamin à luz de desenvolvimentos posteriores, é inevitável perguntar quais de suas apostas vingaram; quais dos aspectos técnicos admirados por ele, da montagem ao efeito de choque das imagens, frutificaram na produção posterior; ou mesmo se a imagem técnica de fato alterou a função social da obra de arte. Perguntas como estas já foram colocadas por Hans-Thies Lehmann ao teatro épico, outro objeto de consideração de Benjamin e possível modelo inicial de suas considerações sobre o cinema. Ao passar em revista a produção teatral das últimas décadas, Lehmann constatou uma ampla ressonância de elementos do teatro épico em formas "pós-brechtianas" da cena contemporânea, ainda que não o projeto épico em sua totalidade.[1]

....

1. Cf. "Fabel-haft" (Lehmann, 2002, p. 219-222). ["A modo de fábula (Fabel-haft)", Lehmann, 2009, p. 232-236].

Limitando a questão ao cinema, seria possível dizer o mesmo das tendências cinematográficas mais avançadas que Benjamin apontou em filmes dos anos 1920 e 1930? Logo na década de 1940, ao mostrarem a integração do cinema estadunidense à indústria cultural, Adorno e Horkheimer refutaram uma a uma as apostas de Benjamin.[2] Anos depois, porém, atento ao jovem cinema europeu da década de 1960, o mesmo Adorno reconsiderou a integração de todo cinema à indústria cultural, reconhecendo a autonomia de um cinema de autor, herdeiro do modernismo literário (Adorno, 2021). Salvo engano, essa distinção entre indústria e autonomia ainda tende a balizar muitos juízos a respeito do cinema como arte, delimitando nichos de qualidade e inovação no âmbito de uma arte de tendências industriais. Se for mesmo assim, talvez a principal expectativa alimentada por Benjamin, de uma nova função para a arte, tenha ficado para trás. As considerações a seguir buscam colocar essa questão à prova, revisitando o ensaio de Benjamin de modo a explicitar consequências que não se restringem ao cinema como arte, mas perpassam exemplos significativos da arte contemporânea que, assim como Benjamin, levam em conta a função da imagem técnica na configuração de nossa experiência cotidiana.

2

Benjamin afirma, com todas as letras, que o cinema não se funda no ritual, como as artes visuais da tradição, mas na política, estabelecendo, dessa maneira, a diferença entre as artes materialmente fundadas num objeto original e autêntico e as artes mecanicamente reprodutíveis, para as quais os critérios de autenticidade e originalidade perdem sentido. A ruptura histórica aí anunciada tem consequências tanto para a obra inserida na tradição quanto para o cinema. No âmbito da arte "aurática", Benjamin reúne, em um mesmo período, momentos até então distintos da história da arte. De um lado, a imagem reverenciada no âmbito de um ritual mágico e religioso por oferecer uma relação com a divindade. De outro, a arte autônoma desde o Renascimento, secularizada, que ainda mantém uma dimensão "espiritual" inesgotável, mas sem substrato religioso. A conjunção de matéria e ideia na obra de arte, que a diferencia de outros produtos do trabalho humano, passa

2. Cf. "A indústria cultural: o esclarecimento como mistificação das massas" (Adorno & Horkheimer, 1985).

a ser remetida à própria feitura da obra, que permanece algo de indefinível ou, como diz Kant a respeito das ideias estéticas, inadequado à determinação conceitual. No lugar da dimensão imaterial de origem divina, contempla-se, na obra, sua própria autenticidade, assim como a genialidade do artista materializada em sua feitura. A intervenção de Benjamin (2012, p. 33 [1991b, p. 356]) nessa história reside em apontar que a obra autônoma mantém o substrato material – o objeto original e autêntico – da arte do período anterior. É o que basta a ele para denominar o culto ao belo como um "ritual secularizado".[3]

Livre do substrato material que conferia à arte uma função ritualística, Benjamin não hesita em afirmar que a obra de arte mecanicamente reprodutível poderia fundar-se em outra práxis, a saber, na política. A julgar por ensaios anteriores como "O autor como produtor", a politização da arte é entendida, antes de tudo, como desenvolvimento do meio de produção artístico, o qual se vê liberado de restrições técnicas impostas pela arte enquanto instituição burguesa. Formas coletivas de produção e recepção, assim como a colaboração de meios artísticos, observadas no teatro épico e nas fotomontagens de John Heartfield, são então retomadas da perspectiva do cinema, o qual também se funda no princípio técnico da montagem.

Embora não haja novidade em dizer que o filme seja uma obra de arte montada, três aspectos conferem especificidade à abordagem de Benjamin. Primeiro, a montagem extrai o filme do âmbito da bela aparência. O ilusionismo de um universo ficcional autônomo, tal como alcançado pelo drama burguês e pelo romance puro, é dissolvido à medida que o filme é construído na sala de edição a partir de fragmentos que não se restringem às cenas ensaiadas e registradas em estúdio. É célebre o exemplo do diretor que, insatisfeito com o desempenho de um ator em cena, faz com que, num intervalo das gravações, um tiro seja dado no estúdio. O susto real é capturado pela câmera e depois incluído na edição. Como o real é montado no filme, a separação absoluta entre material artístico e documento não-artístico cai por terra.

Em segundo lugar, a segmentação da filmagem em sequências não contínuas é descrita como um teste diante do aparelho técnico, análogo à prova esportiva e ao uso da máquina pelo operário na fábrica. O cinema seria superior a ambos por conjugar o caráter mostrável do desempenho esportivo, que normalmente ocorre diante de um público, com o desafio de ordem técnica colocado pela máquina no trabalho industrial. A função do cinema

....

3. Trata-se, aqui, da segunda versão do ensaio. Na edição alemã: "Das Kunstwerk im Zeitalter seiner technischen Reproduzierbarkeit" (Benjamin, 1991b, p. 356).

estaria em superar a baixa exponibilidade do trabalho industrial, transportando, para a sala de cinema, o sucesso do ator diante do aparelho: "O cinema torna exibível o desempenho do teste ao transformar, em um teste, a própria exponibilidade do desempenho" (Benjamin, 2012, p. 65 [1991b, p. 365]). Evidentemente, Benjamin associa a exponibilidade à função pedagógica do cinema, mas não tanto no sentido da exposição do artifício, algo frequente na arte moderna, e sim na apresentação de uma relação bem-sucedida entre o trabalhador e o aparelho técnico.

Por fim, a montagem também resulta no efeito de choque produzido pela sequência ininterrupta das imagens no filme. De início, um elemento que diferencia o cinema da pintura, impedindo a absorção do espectador numa imagem em particular, o choque pode ser suavizado pela montagem que opte pela continuidade das imagens ou então acentuado pelo contraste entre elas, para ficarmos na oposição entre as concepções antagônicas de Pudóvkin e Eisenstein. Embora Benjamin não situe seu ensaio perante tal debate no cinema soviético, sua ênfase no efeito de choque pende nitidamente para posições próximas às de Eisenstein, ainda que ele não retome a ideia da construção de um argumento com imagens heterogêneas. Como se fosse um adepto das polaridades da escola da visualidade, o que de fato importa a Benjamin é o caráter tátil do filme por oposição à opticidade da pintura. É daí que ele extrai uma teoria da percepção que extravasa em muito o âmbito do cinema. Como já sabia Baudelaire, o poeta que perde a auréola ao tentar salvar a própria pele dos riscos da cidade grande, o choque é o componente decisivo de mudanças da percepção provocadas pela técnica e pela urbanização (Benjamin, 2012, p. 108 [nota XVI] [1991b, p. 380]).

A ênfase numa percepção pautada pelo choque, ou, ainda, numa percepção *distraída*, permite uma singular localização do cinema perante outras artes. Distração não diz respeito à diversão típica de formas de entretenimento popular, por oposição ao recolhimento e à concentração do fruidor da arte autônoma, mas a produções que, por seu caráter tátil, não se conformam às fronteiras da arte autônoma. O dadaísmo é uma delas. Ao desvalorizar o material artístico tradicional, ele submete a arte, enquanto instituição burguesa, a um choque moral, um escândalo, precursor do choque técnico decorrente do princípio construtivo do filme, a montagem. A arquitetura, por sua vez, cujos produtos não se destinam à contemplação, mas à satisfação de necessidades humanas como a de morar e trabalhar, é uma arte de recepção coletiva, cuja dimensão tátil é objeto de um aprendizado.

> O distraído pode também se habituar. Mais: conseguir vencer certas tarefas num estado de distração prova que resolvê-las tornou-se um hábito para quem as realiza. Por meio da distração, tal como a arte tem a oferecer, controla-se secretamente até que ponto as novas tarefas da apercepção tornaram-se solúveis. Como, de resto, existe para o indivíduo a tentação de subtrair tais tarefas, então a arte irá atacar as mais difíceis e importantes, ali, onde pode mobilizar as massas. Ela o faz hoje no cinema. *A recepção na distração, que se observa com intensidade cada vez maior em todos os domínios da arte e que é sintoma de uma profunda mudança da apercepção, tem no cinema seu instrumento de exercício próprio.* (Benjamin, 2012, p. 115 [1991b, p. 381])

O filme como um objeto de uso é o ponto de chegada da reflexão de Benjamin: o cinema confere ao espectador condições para habituar-se ao mundo moldado pela técnica. Por hábito, Benjamin não tem em vista o embotamento da percepção (como seria esperado de um leitor de Proust), mas um aprendizado, uma dimensão pedagógica, aliás, que ele aponta em várias artes de vanguarda. Embora ele certamente tenha em vista uma sociedade industrial, ele não considera apenas as condições de trabalho, mas também a presença crescente da técnica na realização de atividades cotidianas e, não menos importante, o papel intermediador das imagens na relação entre sujeito e mundo. O filme é, portanto, um "meio" na dupla acepção da palavra: um instrumento de aprendizagem do uso da técnica e o âmbito mesmo de uma transformação da percepção do mundo, mediada desde então pela profusão de imagens tecnicamente reprodutíveis. Ambos convergem na função social mais destacada do cinema: produzir um "equilíbrio entre o homem e o aparato" (Benjamin, 2012, p. 95 [1991b, p. 375]), dependente, porém, do controle do meio de produção.

3

Muitas dessas inovações também estão presentes no teatro épico brechtiano. Em analogia com o público de uma partida esportiva, a ideia de uma recepção progressista é pensada por Brecht como aquela capaz de reunir diversão e crítica – o "prazer de ver e sentir" e a "atitude do especialista" (Benjamin, 2012, p. 77 [1991b, p. 371]). Essa convergência inviabilizava-se na visitação em massa do museu, que tem por modelo o fruidor solitário e absorto diante da tela, mas se mostrava viável no cinema e no teatro épico, o qual também tinha a montagem como princípio construtivo. Brecht empregou procedimentos do rádio e do cinema, da imprensa e da fotomontagem, em experimentos que abordavam da crise econômica ao desenvolvimento tecnológico. O encadeamento rigoroso das cenas, típico do drama burguês, cedia lugar à apresentação de caráter episódico, em que cada cena se apresentava como um objeto de estudo, sempre introduzida ou comentada por uma instância – uma canção, legendas, imagens, os próprios atores – incumbida de explicitar seus pressupostos materiais e situá-la no curso da história contemporânea. Todos os recursos teatrais mobilizados para mostrar algo também deveriam ser mostrados. A escolha por explicitar em cena o artifício teatral, atingindo em cheio o ilusionismo artístico, convergia com a tese de que as relações sociais também eram algo construído. Com isso, o teatro épico desenvolveu um conjunto de estratégias de modo a produzir o que Brecht chamaria de "efeito de estranhamento".

A estratégia brechtiana foi incorporada por muitos jovens cineastas a partir da década de 1960. O novo cinema, alemão ou francês, era brechtiano. É conhecida a cena de *A chinesa* de Jean-Luc Godard em que Jean-Pierre Leaud, de costas para a câmera, apaga sucessivamente nomes de escritores e filósofos num quadro-negro, deixando por último o nome de Brecht bem ao centro. Minutos antes, ao explicar didaticamente em que consistia o verdadeiro teatro, Leaud narra um protesto de estudantes chineses em Moscou, reprimido com violência pela polícia soviética. No dia seguinte, os estudantes se reúnem em protesto diante da embaixada chinesa, acompanhados pela imprensa ocidental. Um estudante chinês, com o rosto coberto de curativos, se destaca do grupo e começa a gritar: "olhem o que fizeram comigo; olhem o que os revisionistas fizeram comigo." Os jornalistas correm até ele e começam a fotografá-lo enquanto ele retira os curativos. Quando termina, no lugar de um rosto coberto por ferimentos, os jornalistas descobrem seu rosto intacto e o acusam de ser uma farsa, um palhaço. Enquanto narra, Leaud alterna entre a terceira pessoa do narrador e a primeira das personagens, o comentário e a representação, cobre seu rosto com uma faixa e a descobre, simulando um conjunto mínimo de elementos para se colocar no papel do chinês e, simultaneamente, dar a seu ouvinte condições para ter uma ideia do que se passou. Por fim, conclui: os jornalistas que acusavam o jovem de farsante não entenderam que era de teatro que se tratava ali, não de qualquer teatro, mas do "verdadeiro teatro. Uma reflexão sobre a realidade, como em Brecht e Shakespeare". Embora a cena ocorra em locação fechada, Godard parece seguir passo a passo as indicações dadas por Brecht (1967, p. 546-558) em "A cena de rua. Modelo fundamental de uma cena de teatro épico".[4] Após sua demonstração, Leaud continua a conversar com o interlocutor, olha diretamente para a câmera, rompendo a quarta parede e, graças a um artifício possível ao cinema, tem sua posição ocupada por uma segunda câmera que expõe a câmera para a qual ele havia acabado de apresentar a história do chinês: quem mostra deve ser mostrado.

A cena é exemplar da influência do teatro épico sobre Godard, mas é apenas uma de tantas outras destinadas a explicitar o artifício e fazer do cinema, tal como o "verdadeiro teatro", uma "reflexão sobre a realidade". Procedimentos do teatro épico são recorrentes em Godard e nos cineastas alemães dos anos 1960 e 1970, notadamente em Alexander Kluge, que também retoma, em chave cinematográfica, a oposição brechtiana entre épico e aristotélico dos anos 1920 e 1930.[5] Não é de menor importância que os jovens cineastas militassem contra o cinema psicológico dos anos anteriores, que davam sobrevida às gastas convenções do drama burguês. Curiosamente, se essa dimensão brechtiana aproxima tal cinema do comprometimento de Benjamin com a montagem e com a recepção crítica, ela também o afasta. Em outras palavras, a função atribuída por Benjamin ao cinema não é redutível ao estranhamento brechtiano, e não apenas porque o cinema valorizado por ele – de Chaplin aos soviéticos – não se colocava como negação determinada da cena ilusionista de um cinema previamente estabelecido. Cronologicamente, aliás, o movimento é inverso: ele mobiliza o cinema das décadas de 1910 e 1920 contra as apropriações fascistas e comerciais do novo meio de produção artístico. Suas qualidades táteis, que fariam da obra de arte um objeto de uso, eram especificamente cinematográficas e, de algum modo, distanciam-se do emprego de técnicas do teatro épico por um cinema anti-ilusionista, como é o caso em Godard e Kluge. Simultaneamente, não restringiam o cinema a mais uma dentre as artes particulares. Por isso, mais relevante que o "cinema como arte" era "a arte como cinema": para além do domínio da arte, o filme se mostrava a ele como uma pedagogia da distração.

....

4. Cf. *Gesammelte Werke* 16.

5. O teatro épico também está fortemente presente na obra de Harun Farocki, embora o sentido seja sensivelmente outro, com mais ênfase em elementos documentais do que em uma dramaturgia não-ilusionista. Cf. Hal Foster (2020), "Robo Eye".

4

Os limites da analogia entre o cinema e o teatro épico – assim como da eventual proximidade entre o cinema novo e a teoria de Benjamin – tornam-se ainda mais evidentes diante de dois aspectos ressaltados por Benjamin no aparelho cinematográfico. Benjamin viu, nos filmes soviéticos, a imagem de choque como uma imagem da multidão, frequentemente representando a si mesma nas condições de trabalho ou na recriação de eventos históricos recentes, como a invasão do Palácio de Inverno em *Outubro*, de Eisenstein. A novidade não se reduzia à alternativa entre cinema amador e cinema profissional, mas atendia a uma nova reivindicação das massas: "Cada pessoa hoje pode reivindicar o direito de ser filmado" (Benjamin, 2012, p. 79 [1991b, p. 371]). O cinema apresentava, portanto, condições para uma ruptura ainda mais ampla com aquela rígida distinção entre produtores e receptores, entre autores e público, que aquela que Benjamin já observara na imprensa, especialmente nas atividades jornalísticas de Sergei Tretyakov no contexto soviético: o mundo do trabalho se literalizava à medida que especialistas nas mais variadas áreas passavam a escrever no jornal sobre seu ofício. Trabalho material e trabalho artístico convergem no momento em que as pessoas apresentam-se no processo do trabalho diante da câmera, a qual passa a desempenhar um papel na relação de cada um com sua atividade. Naturalmente, essa orientação progressista pressupõe o controle do modo de produção da própria imagem.

Os efeitos desse controle podem ser notados sobretudo em suas consequências políticas, pois não são apenas atores e trabalhadores que se apresentam diante da câmera e do microfone, mas também os políticos. Benjamin bem sabia que a popularidade de Hitler se beneficiava de seu controle da voz e da imagem, no rádio e no cinema. É o que lhe permitiu dar uma orientação regressiva aos potenciais emancipatórios da imagem da massa, tal como se observa em *O triunfo da vontade* de Leni Riefenstahl. Hitler controla voz e imagem, controla o aparelho e, consequentemente, a massa que a ele assiste.

> Rádio e cinema transformam não só a função do ator profissional, mas igualmente a função daqueles que, tal como o homem político, representam a si mesmos diante destes meios. O sentido dessa transformação, independente de suas diferentes tarefas especiais, é o mesmo para o ator de cinema e para o político. Ela aspira à exposição de desempenhos controláveis e até assimiláveis

sob determinadas condições sociais, como o esporte demandara primeiramente sob certas condições naturais. Resulta disso um novo tipo de seleção, uma seleção diante do aparato, da qual o campeão, o astro e o ditador emergem como vencedores. (Benjamin, 2012, p. 78 [1991b, p. 369])

Quando defende o uso da obra de arte para nos habituarmos a tarefas exigidas pelas novas circunstâncias, Benjamin leva em consideração os potenciais dessa "exponibilidade". Ao expor desempenhos controláveis e assimiláveis, o cinema oferecia condições para o aprendizado e para o controle de uma relação com o mundo e com nós mesmos mediada desde então por imagens tecnicamente reprodutíveis. O cinema propiciaria, em suma, uma reorientação emancipatória do efeito de choque das imagens. Nos termos de seu ensaio sobre Baudelaire, o choque era um elemento determinante do declínio de uma forma tradicional de experiência, a qual pressupunha que os acontecimentos de uma vida pudessem sedimentar-se ao longo do tempo como um saber acumulado.[6] Esse aprendizado é o reverso da vivência intensa e momentânea, que atinge o indivíduo na forma de um choque instantâneo, mas pouco vestígio deixa tão logo ela desapareça. Ela pode ser buscada e repetida, mas é refratária a acumular-se como experiência. Desde Baudelaire, o desafio é construir a experiência em condições – o choque – que a inviabilizaram nos moldes tradicionais. A reflexão de Benjamin sobre o cinema é um esforço nessa direção, de modo a transformar o choque em condição para um novo aprendizado e, portanto, para uma experiência coletiva num mundo transformado pela técnica. Em sua época, o cinema era o dispositivo que melhor atendia a essa função, conforme ele apontava no desempenho do ator perante o aparelho e na imagem da massa nos filmes soviéticos. O avanço técnico rapidamente estendeu essa função a novos meios de comunicação, como a televisão e, depois, a internet. Não custa ressaltar que Benjamin entendia formas narrativas, antes de tudo, como meios de comunicação.[7] Em todos eles, a questão é a do controle do meio de produção. Hoje, a "exposição perante a massa" e a "exigência de ser filmado" alcançam pela internet uma dimensão sem parâmetros nos meios de comunicação anteriores. Ela permite, portanto, avaliar condições de produção, veiculação e controle de imagens no uso cotidiano da câmera

....

6. Cf. "Sobre alguns temas em Baudelaire" (Benjamin, 2012, p. 110 [1991b, p. 614-615]).

7. Cf. "O narrador. Considerações sobre a obra de Nikolai Leskov" (Benjamin, 1991b, p. 438-465).

enquanto tal e assim estender a reflexão de Benjamin às imagens capturadas por dispositivos os mais diversos, das câmeras de vigilância, cada vez mais presentes nas grandes cidades, ao aparelho que rapidamente se tornou uma extensão do corpo humano, isto é, o *smartphone*. Esse é um âmbito em que o ensaio de Benjamin se mostra atualmente rico em consequências.

5

O aumento sem precedentes da produção de imagens por dispositivos digitais, assim como sua circulação pelos mais variados meios de comunicação, incluindo as redes sociais, dá margem a novas formas de vigilância e controle social. Do mesmo modo, o uso da própria imagem, individual e coletiva, continua a ser um instrumento inegável de organização política e construção de uma experiência com o mundo. Como na época de Benjamin, as mesmas condições que permitiriam construir uma experiência coletiva por meio do cinema também se prestam à sua inviabilidade, com a reorientação da técnica para a dominação social. Quando Benjamin (2012, p. 123 [1991b, p. 384]) escrevia, a regressão não era mera possibilidade, mas o último capítulo da história contada por seu ensaio: o cinema fascista, que se preparava para oferecer às massas o espetáculo de sua própria destruição como uma "fruição estética de primeira ordem". O desafio que se colocava para o cinema coloca-se hoje para o uso generalizado da câmera digital. Não é à toa que muitos artistas contemporâneos a tomam como material para pensar quão amplo (ou estreito) é, nos termos de Benjamin, o *Spielraum* – o espaço de jogo ou a margem de manobra – oferecido por ela. Imagens capturadas por câmeras digitais, lidas por programas de reconhecimento facial e armazenadas em grandes bancos de dados são o ponto de partida dos trabalhos de dois artistas brevemente examinados a seguir: Ai Weiwei e Trevor Paglen.

Em parceria com os arquitetos suíços Jacques Herzog e Pierre de Merron, o artista chinês Ai Weiwei apresentou, em meados de 2017, no Park Avenue Armory, em Nova York, uma ambiciosa instalação com dispositivos de vigilância, intitulada *Hansel e Gretel*.[8] A questão não é nova no trabalho de Weiwei, que já chegou a instalar *webcams* em sua própria casa, transmitindo as imagens para seu site, quando se descobriu vigiado pelo governo

8. Há boas imagens da instalação nas resenhas citadas a seguir. Cf. as informações no site do espaço de exibição: https://www.armoryonpark.org/programs_events/detail/hansel_gretel

chinês em 2012. A instalação em Nova York revisita o problema da vigilância em dois espaços. No primeiro e maior deles, os visitantes transitam por uma grande área pouco iluminada enquanto mais de cinquenta câmeras os filmam do alto, projetando no chão a seu lado suas imagens enquadradas em infravermelho. Como em muitas exposições imersivas, esta também vai além da mera interação com o público, pois a instalação é de fato ativada pela presença física do visitante, que a percorre na companhia constante de versões imateriais de si mesmo, oferecendo-se à câmera em troca da possibilidade de testar se as imagens de fato acompanham ou reproduzem seus movimentos. A imagem em preto e branco no chão confere um aspecto fantasmagórico à reprodução enquanto os enquadramentos em vermelho dão a ela o aspecto de um alvo, como se estivessem se movendo no radar de algum aparelho militar de observação ou ataque. Diversas resenhas da exposição observaram que o monitoramento constante não gerava inquietação nos visitantes; ao contrário, facilmente redundava em brincadeira com o espelho virtual, um entretenimento sem maiores consequências possibilitado pela câmera, nada próximo, portanto, da conquista do "espaço de jogo" entrevisto por Benjamin no cinema, favorável ao manejo da técnica e ao controle da situação por parte do espectador.

O segundo ambiente oferece outro ponto de vista ao evidenciar algo do que estava em jogo quando "trocamos nossa privacidade por diversão".[9] Por meio de iPads, o público tem então acesso a *feeds* das câmeras do espaço anterior. Caso o visitante tire uma *selfie* com o aparelho, o sistema de reconhecimento facial consegue, com algum grau de acerto, identificá-lo entre os demais visitantes. Com tal inversão de perspectiva, o público anteriormente observado é colocado na posição do sistema de observação. Embora a exposição não oferecesse o recurso, certamente haveria tecnologia disponível para rastrear os movimentos de cada pessoa pelo edifício, assim como mostrar que os rastros da passagem pelo local – e por qualquer local – podem ter como destino grandes centros de dados, mantidos, controlados e vendidos não se sabe por quem a quem e com qual finalidade. A instalação limita-se apenas a revelar que os dados são coletados. Como afirma a resenhista do *New York Times*, visitar a exposição já é consentir em ter sua imagem capturada: "Se você está se perguntando sobre o destino de centenas de milhares de imagens, incluindo as suas, coletadas durante os dois meses

9. Cf. observações de Chris Ip. "Ai Weiwei's 'Hansel & Gretel' is a surveillance playground", in: https://www.engadget.com/2017-06-16-ai-weiwei-hansel-and-gretel-surveillance.html.

de execução deste projeto, você só precisa virar seu bilhete de entrada para ver que sua presença conta com o consentimento para que sua imagem ou aparência apareça em qualquer vídeo ou reprodução pelos criadores da obra, que são os proprietários do arquivo do projeto."[10]

6

Museus e galerias de arte, assim como quaisquer outras instituições e espaços públicos, sem falar das ruas de muitas grandes cidades, monitoram seus visitantes e transeuntes alimentando bases de dados sem que estes tenham controle ou acesso ao que é capturado. As redes sociais, por sua vez, são abastecidas pelos próprios usuários com um contingente inimaginável de imagens. Trevor Paglen, cujo trabalho com dispositivos de vigilância dá continuidade ao de um grande artista como Harun Farocki, estima que plataformas administradas pelo Facebook sejam abastecidas diariamente com 2 bilhões de imagens.[11]No ensaio "Imagens invisíveis (suas fotos estão olhando para você)", Paglen (2016) reflete a respeito das condições do próprio trabalho a partir do que ele diagnostica como uma mudança de nossa cultura visual. Até pouco tempo atrás, diz ele, imagens eram produzidas para serem vistas por nós. Com o advento da fotografia digital, surgem imagens legíveis por máquinas, afastando a cultura visual de nossos olhos e tornando-a invisível. A cultura visual humana torna-se "um caso especial de visão, uma exceção à regra. A maioria esmagadora das imagens são produzidas agora por máquinas para outras máquinas, raramente com pessoas nesse circuito" (*ibid.*).

Em trabalhos da década de 2000, Paglen dedicou-se a fotografar à longa distância, em locais de difícil acesso, a infraestrutura de sistemas de vigilância

....

10. Roberta Smith. "Watch Out: You're in Ai Weiwei's Surveillance Zone", in *The New York Times*, 8 de junho de 2017. https://www.nytimes.com/2017/06/08/arts/design/watch-out--youre-in-ai-weiweis-surveillance-zone.html.

11. Cf. Trevor Paglen. "Invisible Images (Your Pictures Are Looking at You)", in *The New Inquiry*, 8 de dezembro de 2016. https://thenewinquiry.com/invisible-images-your-pictures-are-looking-at-you/. A trajetória de Paglen foi bem reconstituída por Hal Foster em seu último livro, que tomo aqui como guia: Hal Foster. "Machine Images", in *What comes after farce*. Devido à dimensão restrita deste texto, não abordarei o trabalho de Harun Farocki, o qual mereceria um texto à parte. Como sustenta Foster em seu livro, uma parte significativa da obra de Farocki está diretamente vinculada a essa associação de imagem e controle aqui debatida. Cf. Foster (2020, p. 119-131), "Robo Eye".

e de operações militares clandestinas. Hal Foster observou que tais fotografias não têm a função de trazer à tona as atividades de vigilância, de mostrar como o segredo é produzido, mas mostrar que há uma atividade secreta em operação. "Paglen indica que a paisagem enquanto um gênero raramente é inocente, que ela frequentemente mascara atos de violência, de desapropriação, desastre e morte" (*ibid.*). Quando passa a deter-se sobre as bilhões de fotografias tiradas pelos *smartphones* que abastecem as redes sociais, Paglen busca questionar se de fato se trata de uma relação entre pessoas e imagens. Tecnicamente, diz ele, a fotografia digital é, antes de tudo, um conjunto de dados legível por uma máquina. Para ser vista por nós, é necessário um aplicativo associado a uma tela, "mas a imagem só aparece aos olhos humanos temporariamente antes de voltar à sua forma imaterial na máquina quando o telefone é colocado de lado ou a tela é desligada" (*ibid.*). E essa é a diferença fundamental em relação à película: "a imagem não precisa ser convertida num formato legível para que uma máquina possa fazer algo com ela" (*ibid.*).

A relação entre fotografia e vigilância não é nada nova. Nas pesquisas sobre as passagens parisienses, Benjamin ressaltou como a fotografia logo foi apropriada pela polícia francesa para catalogar seus suspeitos. "Nos primórdios dos procedimentos de identificação (...) encontramos a definição da pessoa através da assinatura. Na história desse processo, a descoberta da fotografia representa um corte. Para a criminalística não significa menos que a invenção da imprensa para a literatura. Pela primeira vez, a fotografia permite registrar vestígios duradouros e inequívocos de um ser humano."[12] A digitalização do meio altera a forma e expande radicalmente o alcance do monitoramento. A atenção de Paglen dirige-se particularmente à automatização da leitura das imagens por sistemas de informação baseados em inteligência artificial, como o "Deepface" do Facebook ou o "TensorFlow" do Google. Postar uma foto é fornecer material para tais sistemas treinarem como "identificar pessoas e reconhecer lugares e objetos, hábitos e preferências, identificar raça, classe, gênero, status econômico e muito mais" (Paglen, 2016). E quanto mais imagens tais sistemas processam, mais refinados eles se tornam. Paglen sustenta que a leitura e o armazenamento de imagens não são objetivos ou neutros, mas servem ao aperfeiçoamento de um sistema de regulação social com interesses bem definidos. Um exemplo hipotético é bastante ilustrativo: "É fácil imaginar, por exemplo, um algoritmo de inteligência artificial no Facebook registrando uma mulher menor de

12. Cf. "O flâneur" (Benjamin, 1991a, p. 45 [1991b, p. 550]).

idade bebendo cerveja na fotografia de uma festa. Essa informação é enviada para a seguradora do carro da mulher que assina um programa do Facebook projetado para fornecer este tipo de dados para agências de crédito, seguradoras de saúde, anunciantes, funcionários do fisco e para a polícia. A franquia de seu de seguro é então reajustada. Um segundo algoritmo vasculha seu passado procurando por comportamento impróprio semelhante com o qual a empresa matriz pode lucrar" (*ibid.*). Valores de seguros, publicidade, restrições a vagas de emprego, vigilância policial, censura e controle estatal em países autoritários: tudo isso é potencializado a partir da leitura do material com que *smartphones* abastecem tais sistemas de informação.

Diante disso, caberia à arte e ao pensamento explicitar o uso desse material como forma de controle e exploração social, ainda que se duvide de uma reversão possível de tal processo. A regulação estatal dos algoritmos não está no horizonte do ensaio de Paglen, nem ele vê perspectiva para driblar o treinamento das máquinas, como já se cogitou na forma de maquiagens que impedem o reconhecimento facial ou de tecidos bloqueadores dos sinais emitidos por um celular no bolso. Ao contrário, tais obstáculos serviriam de treinamento para os algoritmos. Ao comentar o ensaio, Hal Foster reconhece que Paglen não propõe muito mais que uma orientação geral de proteção contra a exposição maciça à rede. Nas palavras do artista: "criar ineficiências deliberadas e esferas de vida removidas de mercado e das predações políticas – 'casas seguras' na esfera digital invisível. É na ineficiência, na experimentação, na autoexpressão e frequentemente no desrespeito à lei que a liberdade e a autorrepresentação política podem ser encontradas" (*ibid.*).

7

É difícil avaliar em que medida a obra de Paglen, em vídeo e fotografia, concretiza ou aponta caminhos para tais "casas seguras". De modo geral, seu trabalho propõe uma educação do modo de ver, mostrando como os programas de reconhecimento funcionam, o que, para ele, também significa ensinar a desaprender a ver como humanos: "Precisamos aprender a ver um universo paralelo composto de ativações, pontos-chave, *eigenfaces*, transformadores de feições, classificadores, mecanismos de treinamento e assim por diante" (*ibid.*). Uma das obras mais significativas é *Behold These Glorious Times!*, uma videoinstalação de 2017 exposta em diversos museus da Europa, assim como na Trienal de Fotografia de Hamburgo em 2018, dedicada ao tema do controle social: *[Control] – No control.* Conforme a apresentação do próprio artista em seu site:

> Esta videoinstalação é composta por imagens de duas fontes. As imagens fotográficas no vídeo pertencem a bibliotecas de treinamento usadas para ensinar redes de inteligência artificial a reconhecer objetos, rostos, gestos, relacionamentos, emoções e muito mais. São imagens projetadas para ensinar às máquinas 'como ver'. O segundo tipo de imagem nesta instalação de vídeo mostra o que uma Rede Neural Profunda (uma arquitetura de Inteligência Artificial) está realmente 'vendo' quando ingere essas imagens. Para "aprender" como reconhecer imagens, a IA divide as imagens em centenas de partes componentes e tenta juntá-las novamente. Nas grades e imagens em preto e branco nesse vídeo, estamos vendo as várias maneiras como a IA está separando as imagens para tentar entendê-las. No geral, nessa instalação, estamos vendo imagens sendo usadas para ensinar IA, e vendo o que a IA está vendo quando olha para elas e tenta entendê-las. A música para essa peça, composta por Holly Herndon, foi em parte criada com o uso de redes neurais projetadas para sintetizar vozes e instrumentos, e de bibliotecas de treinamento usadas em reconhecimento de fala e outros aplicativos de aprendizado auditivo da máquina.[13]

Ao contrário de suas fotografias em campo aberto, de infraestruturas de vigilância, uma instalação como essa de fato busca evidenciar ao espectador como o controle funciona, nesse caso, como operam os mecanismos de reconhecimento disseminados em sistemas de segurança, redes sociais e plataformas digitais as mais variadas. Entretanto é preciso reconhecer que a disposição de cerca de cem imagens simultâneas em uma grande tela quadriculada (rostos, corpos, animais, frutas, paisagens, edifícios etc.) desperta algum fascínio, seja pelo estímulo sensorial provocado pela sucessão vertiginosa de um número virtualmente infinito de imagens, seja pela dimensão mesma do sistema de vigilância apresentado. E são necessários ao menos alguns minutos diante da tela para reagirmos ao estímulo sensorial e começarmos a refletir sobre o aparato. A percepção é fortemente *distraída*, no

....

13. Paglen, *"Behold these glorious times"*, disponível em: https://paglen.studio/2020/04/09/behold-these-glorious-times/. Imagens em boa qualidade da instalação podem ser encontradas no site do artista.

sentido dado por Benjamin ao falar da imagem de choque, e o efeito é esclarecedor: ao trazer à tona os mecanismos de vigilâncias que trazemos no bolso e encontramos em cada esquina, Paglen evidencia o viés pedagógico de sua obra.

Esse efeito, contudo, não é unívoco. Assim como a instalação imersiva de Ai Weiwei, Herzog e de Merron arrisca-se a resvalar no entretenimento, a videoinstalação de Paglen aproxima-se da estetização dos sistemas de vigilância, como bem observou Foster (2020, p. 148). Nesse caso, valeria para ele críticas como a de Brecht às fotografias de indústrias, incapazes de mostrar como elas de fato funcionam, ou a crítica de Benjamin ao embelezamento da miséria pela Nova Objetividade (cf. Benjamin, 1991, p. 383-384 e Foster, 2020, p. 148). Em defesa de Paglen, é possível dizer, de início, que ele não opera no registro da mera fotografia, mas no da montagem e de seu efeito de estranhamento, embora nossa percepção também tenha se acostumado à realidade montada, inclusive àquela que surge de monitores em funcionamento simultâneo em salas de museus e galerias, um inegável clichê da videoarte. A obra de Paglen não se desvenda por si só, exigindo uma dose de pedagogia para escapar à estetização e justificar a função atribuída pelo artista à arte. Assim como a obra nos ensina a ver a vigilância, seu autor (ou o espaço de exibição) precisa nos indicar como ver a obra (ou o que ver nela). A legenda do artista ou do curador no texto de parede, ou então sua reflexão sobre a própria obra, como a citada acima, mais que uma explicação a respeito de suas intenções ou de sua composição material, é uma mediação necessária a construir algum distanciamento perante aquela exposição vertiginosa de imagens que tende a nos hipnotizar. A pedagogia inevitavelmente implica o risco de restringir a recepção do público à orientação do artista, mas não é secundária em projetos como o de Paglen, que não se cumprem por inteiro na percepção sensorial, mas exigem entender que algo – um sistema de imagens invisíveis – está sendo desvelado.

8

A dimensão pedagógica não é de forma alguma estranha à abordagem do cinema proposta por Benjamin, nem se confunde com doutrinação, moeda corrente em muita arte engajada. O filme nos ensina que o aparelho é, desde o princípio, mediação: a técnica se coloca entre nós e o mundo e pode nos ajudar a controlar essa relação ou a resistir a sermos controlados por ela. Nesse sentido, a arte pode tornar-se o que Paglen denomina de uma "casa segura" na esfera digital: não uma esfera apartada da realidade, como se fosse a versão digitalizada da arte pela arte, mas o ensinamento de como utilizar dispositivos que servem ao nosso monitoramento.

Para concluir, um exemplo a respeito do uso de tais dispositivos para a organização política, pensada aqui como forma de experiência coletiva. Manifestações antiglobalização como aquelas por ocasião das reuniões do Fórum Econômico Mundial, em Davos, de cúpulas do G7, ou mesmo o movimento *Occupy Wall Street*, têm uma plateia mundial graças aos embates entre manifestantes e forças de segurança registrados e difundidos pela imprensa mundo afora. É certo que as manifestações não apenas estão voltadas para as câmeras como também incorporam a consciência de estarem sendo filmadas como um elemento da própria organização e da escolha dos atos a serem praticados. Tachá-las de espetáculo ou performance seria perder o foco do que representam. O mais importante é entender como a mediação pela imagem é um elemento integrante da ocupação pública em tais ocasiões. Um exemplo local pode servir como evidência.

Em 30 de maio de 2019, houve grandes manifestações a favor da educação em muitas cidades brasileiras. Em São Paulo, ela ocorreu no Largo da Batata, com presença da Polícia Militar e da imprensa, tanto no solo quanto no ar, vigiando e filmando com câmeras instaladas em helicópteros e drones. É muito difícil que um participante faça ideia da dimensão exata de uma manifestação de grande porte, ao contrário do ocorre a quem a observa do alto. Vemos pessoas à nossa volta, eventualmente realizamos um percurso, mas falta a nós uma visão de conjunto. Como sabem os leitores dos grandes romances do século XIX, o ponto de vista da personagem é limitado, enquanto o do narrador é abrangente. A câmera possui essa perspectiva ampliada, como já sabiam os cineastas dos anos 1920 e 1930, comunistas e fascistas. Na relação entre a câmera e os participantes, duas circunstâncias chamam a atenção. Em dado momento daquela tarde, um grupo de pessoas estendeu uma longa faixa que cobriu manifestantes por uma centena de metros. A intenção era transmitir a mensagem escrita na faixa, mas não propriamente aos demais manifestantes, ao menos não em primeiro lugar a eles. A mensagem estava voltada para o alto, dirigida às câmeras que sobrevoavam o local. Somente quem consultasse a cobertura ao vivo pela internet ou encontrasse a imagem veiculada em sites de notícias ou estampada na capa de alguns jornais do dia seguinte, poderia ler a mensagem na faixa: "O Brasil se une pela educação".

A segunda circunstância diz respeito a duas formas de acompanhar a manifestação: a primeira delas seria, nos termos de Benjamin, aurática, ou seja, determinada pela nossa localização a cada momento. Nesse caso, a presença física determina a relação imediata com o evento. A segunda é mediada pela imagem capturada pela câmera. Cada um de nós traz um *smartphone* no bolso, com o qual pode acompanhar a mesma manifestação por intermédio de sua filmagem em tempo real veiculada pela imprensa (pressupondo-se, claro, o interesse de certa imprensa no evento) e pelos próprios participantes nas redes sociais. Dessa segunda maneira, é possível adquirir no solo a perspectiva ampliada da câmera aérea, que fornece a visão de conjunto da manifestação e condições para lermos a faixa. O mais importante é notar que uma perspectiva não precisa ser abandonada em favor da outra, pois a tecnologia permite a simultaneidade de ambas, mediando a presença física pela filmagem do coletivo. Mesmo quem só tiver acesso às imagens num momento posterior, poderá, retrospectivamente, compreender sua presença física por meio da perspectiva ampliada pela imagem. O *smartphone*, que, obviamente, é um meio de comunicação, presta-se aqui não apenas à comunicação entre indivíduos, mas também à organização do coletivo.

Além disso, assistimos a operações simultâneas no mesmo local, em alguns aspectos operadas com as mesmas câmeras: primeiro, as imagens veiculadas pela imprensa e pelas redes sociais servirão ao treinamento de sistemas de monitoramento, para finalidades que escapam aos manifestantes, uma tendência que só tende a se fortalecer à medida que os próprios policiais também passam a portar câmeras em seus uniformes. Tudo está sendo filmado e transformado em dados a serem lidos por máquinas, como bem aponta o trabalho de Paglen. Por outro lado, a cobertura pela imprensa e sua difusão pelas mesmas redes sociais que capturam dados remete o evento à esfera pública, algo que, reapropriado pelos participantes, cria condições de organização coletiva por meio da imagem da multidão. Sem que precisemos desconsiderar o caráter atomizado de muitas atividades políticas organizadas por meio de redes sociais, é possível reconhecer, nessa situação, uma concretização das potencialidades de controle da imagem apontados por Benjamin na "exposição perante a massa" e na "exigência de ser filmado". Se for legítimo tomar tais usos da câmera como desdobramentos de seu ensaio para além do cinema, a politização da arte contra a estetização da política coloca-se aqui, mais uma vez, perante a imagem da massa. Ela exige, no entanto, para falar com Brecht, um "poderoso movimento na vida social"[14] para que a ocasião momentânea de uma manifestação de rua resulte em experiência coletiva.

Referências

ADORNO, Theodor W. "Transparências do filme". In: *Sem diretriz. Parva Aesthetica.* Tradução de Luciano Gatti. São Paulo: Editora da Unesp, 2021.

ADORNO, Theodor W.; HORKHEIMER, Max. "A indústria cultural: o esclarecimento como mistificação das massas". In: *Dialética do Esclarecimento. Fragmentos filosóficos.* Tradução de Guido de Almeida. Rio de Janeiro: Zahar, 1985.

BENJAMIN. *A obra de arte na época de sua reprodutibilidade técnica.* Tradução de Francisco de Ambrosis Pinheiro Machado. Porto Alegre: Zouk, 2012; "Das Kunstwerk im Zeitalter seiner technischen Reproduzierbarkeit". In: *Gesammelte Schriften* VII-1. Frankfurt am Main: Suhrkamp, 1991b.

______. *Gesammelte Schriften* VII-1. Frankfurt am Main: Suhrkamp, 1991b.

______. *Obras Escolhidas III. Charles Baudelaire. Um lírico no auge do capitalismo.* Tradução de José Carlos Martim Barbosa e Hemerson Alves Batista. São Paulo: Brasiliense, 1991a.

BRECHT, Bertolt. "Die Straßenszene. Das Grundmodell einer Szene des epischen Theaters". In: *Gesammelte Werke*16. Frankfurt am Main: Suhrkamp, 1967.

FOSTER, Hal. "Robo Eye". In: *What comes after farce.* New York: Verso, 2020.

....

14. Ao refletir no exílio sobre as condições que tornaram possível seu teatro épico, Brecht (1967, *Gesammelte Werke* 15, p. 272) escreveu: "até hoje as circunstâncias favoráveis a um teatro épico e pedagógico só existiram em poucos lugares e não por muito tempo. Em Berlim, o fascismo impediu energicamente o desenvolvimento de tal teatro. Além de um determinado padrão técnico, ele pressupõe um poderoso movimento na vida social que tenha interesse na livre discussão das questões vitais em vista de sua solução e que possa defendê-lo de toda tendência oposta."

IP, Chris. "Ai Weiwei's 'Hansel & Gretel' is a surveillance playground". Disponível em: https://www.engadget.com/2017-06-16-ai-weiwei--hansel-and-gretel-surveillance.html.

LEHMANN, Hans-Thies. "Fabel-haft". In: *Das politische Schreiben.* Berlin: Theater de Zeit, 2002, p. 219-222. ["A modo de fábula (Fabel-haft)". In: *Escritura política no texto teatral.* Tradução de Werner S. Rothschild. São Paulo: Perspectiva, 2009, p. 232-236.]

PAGLEN, Trevor. "Invisible Images (Your Pictures Are Looking at You)". *The New Inquiry,* 8 de dezembro de 2016. https://thenewinquiry.com/invisible-images-your-pictures-are-looking-at-you/.

______. *"Behold these glorious times"*. Disponível em: https://paglen.studio/2020/04/09/behold-these-glorious-times/.

SMITH, Roberta. "Watch Out: You're in Ai Weiwei's Surveillance Zone", in *The New York Times,* 8 de junho de 2017. Disponível em: https://www.nytimes.com/2017/06/08/arts/design/watch-out-youre-in-ai--weiweis-surveillance-zone.html.

Benjamin, crise da experiência e hiperempiria

Marcelo de Mello Rangel

Para Rafael Haddock-Lobo

Proponho a tematização do que podemos chamar de hiperempiria a partir de um pequeno texto de Benjamin publicado pela primeira vez em dezembro de 1933, no jornal *Die Welt im Wort*, seu "Experiência e Pobreza" (*Erfahrung und Armut*). Não se trata de uma noção propriamente benjaminiana, mas que Rafael Haddock-Lobo e eu temos buscado explorar também a partir desse ensaio de Benjamin.

1. Experiência, aceleração do tempo e crise

Experiência (*Erfahrung*) é um conceito importante para delimitarmos isto que chamamos de hiperempiria. Experiência, de acordo com Benjamin, se remeteria a um conjunto de "palavras duráveis" que teriam o poder de atravessar gerações e contextos distintos. E o que estaria em questão aqui, de maneira mais geral, é que, a partir de determinadas circunstâncias, teríamos a possibilidade (e mesmo necessidade) de relembrar tais "palavras duráveis" (a experiência), recuperá-las, reutilizá-las e, ao fim, redimensionar a própria experiência, nós mesmos e, ao menos, parte do nosso entorno.

Nesse momento inicial do ensaio, Benjamin está chamando atenção para certa lógica temporal ou histórica: a de que o tempo ou a história tenderiam, ao menos de maneira mais recorrente, a uma diferenciação menos explícita e dramática. A partir dessa lógica ou mobilidade, seríamos remetidos, a partir de determinado contexto e de maneira mais imediata, silenciosa e mesmo despercebida à experiência, às "palavras duráveis", e, assim, teríamos a possibilidade da recondução de nós mesmos, de determinado ambiente ou relação e, também, da própria experiência.

Esse seria o modo mais comum, recorrente, de temporalização ou de diferenciação do tempo, da história. No entanto, também teríamos horizontes mais extraordinários, os quais seriam marcados pelo que podemos chamar de uma "aceleração do tempo", ou, ainda, por certa diferenciação mais significativa entre presente, passado e futuro (cf. Koselleck, 2006, especialmente o capítulo 14). O que teríamos, então, seria a emergência de um conjunto de relações pouco conhecidas ou mesmo desconhecidas, as quais provocariam um movimento circular que tornaria possível, por sua vez, uma espécie de suspensão considerável da ordem (certa anomia). Teríamos, inicialmente, a emergência de entes, relações e possibilidades até então pouco visíveis, e, por conseguinte, certa dificuldade no que diz respeito a uma relação mais imediata com passados, com a experiência, e isso porque a experiência (especialmente a mais disponível) não teria uma relação tão direta ou não responderia, ao menos tão rapidamente, a circunstâncias mais incomuns. E, no que diz respeito à modernidade – temporalidade que Benjamin trata mais cuidadosamente no ensaio *Experiência e Pobreza* –, teríamos uma aposta mais em futuros do que em passados. Uma opção pelo futuro que significa, por sua vez, uma confiança maior no que estava despontando do que na experiência.

Assim, tendo em vista essa experiência temporal acelerada que é a modernidade, temos o que chamei de uma lógica circular responsável por certo deslocamento e mesmo suspensão do presente em relação à experiência, às "palavras duráveis". Quando temos a emergência de entes, relações e possibilidades até então menos conhecidos ou mesmo desconhecidos, já podemos observar certa desconfiança (mais automática) em relação à experiência, a determinada sabedoria mais generalizada, e, quando nos relacionamos mais com o que desponta do que com determinada sabedoria acumulada (como na modernidade), o que temos é uma espécie de hiperaceleração do tempo, ou, ainda, uma diferenciação significativa do presente em relação ao passado mais imediato. De modo que se dá o que podemos chamar de certa apatia, e mesmo antipatia, do presente em relação a esse passado mais visível, à experiência disponível, às "palavras duráveis", ou, como o próprio Benjamin sublinhou:

> Que foi feito de tudo isso (da experiência)? Quem encontra ainda pessoas que saibam contar histórias como elas devem ser contadas? Que moribundos dizem hoje palavras tão duráveis que possam ser transmitidas como um anel,

> de geração em geração? Quem é ajudado, hoje, por um provérbio oportuno? Quem tentará, sequer, lidar com a juventude invocando sua experiência? (Benjamin, 1994, p. 114)[1]

Benjamin está chamando atenção para o final do século XIX e o início do século XX, para a aceleração temporal que ia sendo experimentada, para uma diferenciação significativa do tempo, da história. Teríamos, por um lado, a emergência de entes, relações e possibilidades pelo menos pouco conhecidas, e, por outro, a própria aposta de boa parte dos homens e mulheres no futuro, muito mais no que ia despontando do que na experiência ou sabedoria disponível. Como consequência, tivemos o aprofundamento da diferenciação do tempo, da história, uma espécie de aceleração vertiginosa que ainda provocava a impressão temporal de que cada presente estaria mais distante do seu passado do que este do que o antecedera.

Temos, desse modo, a explicitação benjaminiana de determinada lógica temporal ou histórica, da possibilidade de uma diferenciação mais dramática e extraordinária (rara) do tempo, da história. Ou bem o tempo se temporaliza, se diferencia, mais secreta e serenamente, e isso de maneira mais comum, ou bem temos determinados contextos com base nos quais poderíamos falar de uma transformação destacada e expressiva do tempo, da história.

> Porque nunca houve experiências mais radicalmente desmoralizadas que a experiência estratégica pela guerra de trincheiras, a experiência econômica pela inflação, a experiência do corpo pela fome, a experiência moral pelos governantes. Uma geração que ainda fora à escola num bonde puxado por cavalos viu-se abandonada, sem teto, numa paisagem diferente em tudo... (Benjamin, 1994, p. 114)

A partir desse primeiro diagnóstico benjaminiano em relação ao que chama de certa pobreza da experiência, à perda da confiança e de uma relação mais imediata com a sabedoria disponível, temos acesso a parte de uma teoria do tempo ou da história e, também, por conseguinte, a oportunidade de delimitarmos, ao menos inicialmente, o que estamos chamando de hiperempiria. Com base na tematização benjaminiana da experiência (de certa

1. As citações seguintes também são retiradas do ensaio *Experiência e Pobreza*, de modo que são referenciadas no próprio corpo do texto.

crise da experiência) e na explicitação de parte da sua compreensão temporal ou histórica, chegamos à possibilidade de tematizar certo comportamento afetivo-teórico ainda mais relativo e adequado a momentos acelerados, críticos, instáveis, perturbadores: certa abertura integral àquilo que vem ao nosso encontro, que desponta, tornando possível, participando, assim, dessa mobilidade mais extraordinária da história. Esse comportamento de abertura integral ao que desponta, especialmente (mas não apenas) em contextos mais críticos, é parte importante do que chamamos de hiperempiria.

2. Crise e diferenciação da história

Podemos dizer que esse ensaio de Benjamin é um pouco diferente de boa parte do que escreve na década de 1930. Ele se constitui a partir de uma atmosfera (*Stimmung*) de certo otimismo em relação à possibilidade de que seu horizonte histórico se reorganizasse mais positiva e adequadamente. Por isso, se, num primeiro momento, a pobreza da experiência aparece como algo negativo, o que temos, logo em seguida, é a insistência em certa compreensão mais geral do tempo, a de que a história se diferencia e que horizontes mais críticos – como o de Benjamin – não eram exatamente negativos (apesar de perigosos), mas sim a própria possibilidade de uma diferenciação mais radical de determinado mundo.

O que estou propondo é que também há um esforço de Benjamin no sentido de pensar o seu horizonte histórico como um espaço com base no qual a história pudesse se reorganizar mais efetivamente. Por um lado, teríamos, por exemplo, uma crítica significativa à técnica, de modo a compreendê-la como uma espécie de ritmo produtivo alucinado que teria esquecido a pergunta pelo motivo da produção e a própria relação entre produção e igualização. A técnica e seu ritmo produtivo provocava a impressão de que o presente era ainda mais distinto e também "desenvolvido" que o passado, compreensão que estava na base da concepção de progresso, dos fascismos e reforçava a própria pobreza da experiência.

> Uma nova forma de miséria surgiu com esse monstruoso desenvolvimento da técnica, sobrepondo-se ao homem. A angustiante riqueza de idéias que se difundiu entre, ou melhor, *sobre* as pessoas... Porque não é uma renovação autêntica que está em jogo, e sim uma galvanização. (Benjamin, 1994, p. 115)

Por outro lado, haveria a possibilidade de diferenciação mais efetiva da história também a partir da técnica, frente a e mesmo apenas com base em um contexto desafiador, arriscado e ameaçador. Para isso, seria necessário um reposicionamento em relação ao que seria a pobreza da experiência. E, nesse sentido, temos a tematização de Benjamin da literatura e dos desenhos de Paul Scheerbart e o elogio a certa arquitetura baseada no vidro e no aço.

> Scheerbart se interessa pela questão de como nossos telescópios, aviões e foguetes transformam os homens antigos em criaturas inteiramente novas, dignas de serem vistas e amadas... ele atribui a maior importância à tarefa de hospedar sua 'gente', e os co-cidadãos, modelados à sua imagem, em acomodações adequadas à sua condição social, em casas de vidro, ajustáveis e móveis, tais como as construídas, no mesmo tempo, por Loos e Le Corbusier. Não é por acaso que o vidro é um material tão duro e tão liso, no qual nada se fixa. É também um material frio e sóbrio. As coisas de vidro não têm nenhuma aura. O vidro é em geral o inimigo do mistério. É também o inimigo da propriedade... Será que homens como Scheerbart sonham com edifícios de vidro porque professam uma nova pobreza? [...] Tudo isso (a interioridade burguesa) foi eliminado por Scheerbart com seu vidro e pelo *Bauhaus* com seu aço: eles criaram espaços em que é difícil deixar rastros. 'Pelo que foi dito', explicou Scheerbart há vinte anos, 'podemos falar de uma *cultura do vidro.* O novo ambiente de vidro mudará completamente os homens'. (Benjamin, 1994, p. 117-118)

Trata-se de um caminho possível, apesar de, e, especialmente, em razão dessa pobreza. O que está em questão é a possibilidade de reconhecer e acolher de alguma forma esse estado crítico, a própria diferenciação em relação a tudo o que havia sido mais razoável até então, de modo que seria, segundo Benjamin (1994, p. 115), "uma prova de honradez confessar nossa pobreza".

O que temos, assim, é, de um lado, a suspensão do modo mais comum de relação com o passado e de temporalização (ou mobilidade) da história, ou, ainda, da própria diferenciação a partir de uma relação mais imediata e contínua junto à experiência. E, de outro lado, a compreensão de que contextos como esses, incomuns, críticos, arriscados e atemorizadores, também poderiam preceder à constituição de outros horizontes mais dessemelhantes, e, quem sabe, mais comprometidos com as medidas da diferença e da igualização.

O que está em questão, ao confessar essa pobreza da experiência, é que: 1- a experiência mais disponível já não seria suficiente e mesmo adequada a uma relação mais criativa junto ao que ia despontando e se tornando possível, e 2- boa parte ou a maior parte do que ia se tornando mais visível aparecia exatamente a partir do ritmo frenético da (de certa) técnica, ou seja, sem vínculo algum com o que seria efetivamente (objetivamente, *Gegenständlichkeit*) necessário àquele contexto e também desvinculado da tarefa da igualização. A técnica, como ia se constituindo de maneira mais geral, aparece como um ritmo produtivo sem medida alguma e, especialmente, alheia às medidas que seriam fundamentais (norteadoras): a diferença e a igualização. E, segundo Benjamin (1994, p. 115):

> A horrível mixórdia de estilos e concepções do mundo do século passado mostrou-nos com tanta clareza aonde esses valores culturais podem nos conduzir, quando a experiência nos é subtraída, hipócrita ou sorrateiramente, que é hoje em dia uma prova de honradez confessar a nossa pobreza. Sim, é preferível confessar que essa pobreza de experiência não é mais privada, mas de toda a humanidade. Surge assim uma nova barbárie.

Confessar ou "assumir" a pobreza da experiência seria, assim, a própria condição de possibilidade para um pensamento crítico e engajado em nome da diferença e da igualização.

Enfim, e retomando o problema da hiperempiria, o que temos é que é possível, e mesmo necessário, especialmente em contextos críticos e arriscados como o de Benjamin (como o nosso!), insistir numa abertura integral e também entusiasmada em relação à diferença, ao que desponta e nos convoca, e isto a partir de um afeto que é o da modéstia, ou, ainda, da compreensão de que especialmente em contextos críticos e a partir desse fenômeno que é o da pobreza da experiência não se tem uma linguagem, sabedoria e instituições adequadas à participação crítica e objetiva (*Gegenständlichkeit*) no movimento de diferenciação do tempo, da história, da realidade (*Wirklichkeit*). Trata-se, muito mais, e, aqui, temos um segundo momento importante à delimitação desse comportamento que estamos chamando de hiperempiria, de uma abertura integral diante do que desponta e de uma relação e composição intensa com o que está diante de nós, para que seja possível a reconstituição objetiva e comunitária de determinada realidade (*Wirklichkeit*), e isto junto à própria possibilidade de uma revitalização da experiência, de determinada sabedoria ou "palavras duráveis". Então, temos uma nova barbárie, uma outra barbárie.

3. Uma nova barbárie!

> Barbárie? Sim. Respondemos afirmativamente para introduzir um conceito novo e positivo de barbárie. Pois o que resulta para o bárbaro dessa pobreza da experiência? Ela o impele a partir para a frente, a começar de novo, a contentar-se com pouco, a construir com pouco, sem olhar nem para a direita nem para a esquerda. (Benjamin, 1994, p. 116)

Uma nova barbárie é a sugestão de Benjamin, especialmente em contextos críticos como o seu (como o nosso!). Mas o que seria mais propriamente essa nova barbárie?

Seria uma espécie de acolhimento da crise temporal, dessa posição marcada por uma solidão significativa no que se refere à relação com o que desponta. Benjamin vai descrevendo o que chama de uma pobreza da experiência, ou, ainda, uma espécie de suspensão em relação a passados mais disponíveis, às próprias orientações que até bem pouco tempo eram suficientes. Uma solidão tão terrível quanto necessária ao tipo de recondução e diferenciação – mais dramática – que estava (que talvez esteja) sendo requerida pelo tempo, pela história.

E é exatamente essa solidão que está na base deste "partir para a frente", "começar de novo", e se abrir integralmente ao que aparece tornando possível, assim, uma relação objetiva (adequada), comunitária, intensa e (re) criadora. Esse é um outro elemento que nos auxilia na delimitação e compreensão do que estamos chamando de hiperempiria, essa abertura modesta em relação ao que desponta, por um lado, mas decisiva e entusiasmada, por outro. O que acrescentamos e sublinhamos, então, é a dimensão da solidão tendo em vista a supressão das orientações mais disponíveis, solidão que também está na base dessa abertura integral própria ao comportamento da hiperempiria.

Trata-se de um comportamento que se "contenta com pouco", ou, ainda, com uma relação direta, cuidadosa e intensa com o que é singular, aparece e convoca, sem pressa e sem a necessidade de se encaminhar, ao menos não rapidamente, em direção a outras relações possíveis. Um comportamento e uma atividade – essa que chamamos de hiperempiria – que seria objetiva, comunitária e (re)criadora.

> Entre os grandes criadores sempre existiram homens implacáveis que operaram a partir de uma tabula rasa. Queriam uma prancheta: foram construtores. A essa estirpe de construtores pertenceu Descartes, que baseou sua filosofia numa única certeza – penso logo existo – e dela partiu. Também Einstein foi um construtor assim, que subitamente perdeu o interesse por todo o universo da física, exceto por um único problema – uma pequena discrepância entre as equações de Newton e as observações astronômicas. Os artistas tinham em mente essa mesma preocupação de começar do princípio quando se inspiravam na matemática e reconstruíam o mundo, como os cubistas a partir de formas estereométricas, ou quando, como Klee, se inspiravam por engenheiros. Pois as figuras de Klee são por assim dizer desenhadas na prancheta, e, assim como num bom automóvel a própria carroceria obedece à necessidade interna do motor, a expressão fisionômica dessas figuras obedece ao que está dentro. Ao que está dentro, e não à interioridade: é por isso que elas são bárbaras. (Benjamin, 1994, p. 116)

Temos, assim, Descartes, Einstein e Klee num parágrafo importante ao ensaio de Benjamin. Trata-se da assunção do que seria a positividade da barbárie, de certa solidão, uma vez que pouco adiantaria insistir, ao menos tão imediatamente, numa atualização da experiência mais disponível, e isto especialmente porque se trataria de um contexto incomum. A relação com a experiência poderia, e mesmo precisaria, ser rearticulada, especialmente num horizonte crítico e em mutação, a partir e com base em uma relação direta, comunitária, demorada e intensa junto ao que desponta. E é justamente o que aparece que é capaz de reencaminhar (revitalizar) nosso olhar, nossa atenção em relação à experiência de um modo reencantado, renovado e criativo. Exatamente o que teria acontecido com Einstein, que, de repente, "subitamente", passou a olhar, a se relacionar diferentemente com o que estaria ao seu redor e com a própria experiência. Ele teria se espantado (*thaumatzen*) e, então, se admirado, teria um interesse renovado pelo que estava diante dele (e despontava) e, também, pela experiência, pelo que nos chega através das gerações.

A dúvida hiperbólica de Descartes também poderia ser pensada a partir desse esquema, tratando-se de uma espécie de reencantamento em relação à realidade efetiva (*Wirklichkeit*) e, também, à experiência a partir de um contexto crítico e do espanto, "começando do princípio". E, aqui, é importante ressaltar que a dúvida cartesiana, ou toda e qualquer dúvida efetiva, não tem sua origem numa atividade teórico-volitiva, mas, sim, na própria mobilidade da história. De modo que Descartes, e tantos outros, só questionaram a sua realidade de forma tão significativa porque participaram de uma experiência temporal dramática e, claro, em seguida, com base em uma atenção afetivo-teórica cuidadosa.

E é justamente essa abertura e essa relação direta, comunitária, demorada e intensa com o que está diante de nós (que estamos chamando de alguma forma de hiperempiria), que tornaria possível o próprio reencantamento e uma mobilidade criativa junto à realidade (*Wirklichkeit*) e à experiência. Ou, ainda, a hiperempiria seria um comportamento a partir do qual teríamos a possibilidade de nos atentarmos e, então, nos relacionarmos intensamente com o que teria sido, até então, menos perceptível (obscurecido, vulnerabilizado) quer mais diante de nós, quer em relação à experiência.

"Começar do princípio" seria a proposta de Benjamin e também do que estamos chamando de hiperempiria. E o que seria esse "começar do princípio"? Seria começar pelo que vem ao nosso encontro, por uma relação intensa com quem ou o que está diante de nós, suprimindo todas ou quase todas as orientações ou certezas prévias. O princípio aqui não é metafísico, não está além ou antes da coisa ou da relação, mas aponta para o que podemos reconstruir diante de e junto ao que desponta, como a carroceria de um automóvel que, de acordo com o que Benjamin propõe e com base em certo exercício de engenharia, estaria muito mais relacionada ao "motor" de determinado veículo do que a necessidades prévias ("interiores") ou exteriores, propostas pelo mercado, por exemplo. Muito mais relacionada a uma dinâmica própria, e dependeria, assim, de certa atenção afetivo-teórica, nesse caso do engenheiro, que pensaria e projetaria certa carroça a partir exatamente de uma relação direta e cuidadosa com o que estaria à sua frente, determinado motor.

O que "está dentro" (o motor) não se confunde com a "interioridade" (do carro) na medida em que não é a propriedade de algo, mas esse "dentro" está muito mais relacionado ao que é possível a partir de determinada relação entre o que desponta e aquele ou aquela que se coloca direta, comunitária, cuidadosa e intensamente junto ao que aparece, acompanhando (*mímesis*) e pensando, criando, recriando, participando da (re)constituição de determinada realidade efetiva (*Wirklichkeit*).

Benjamin fala, em seguida, de certa "desilusão" e, ao mesmo tempo, de uma "fidelidade". Uma desilusão, ou mesmo suspensão, em relação a determinada ordem mais disponível e uma fidelidade no que se refere ao que estaria despontando. Esse seria o papel da filosofia, do pensamento, da arte especialmente em contextos críticos. Brecht, Loos, Klee, Scheerbart construiriam sua atividade artística e reflexiva com base na desilusão e no espanto e, por conseguinte, na fidelidade junto ao que despontava.

> Algumas das melhores cabeças já começaram a ajustar-se a essas coisas. Sua característica é uma desilusão radical com o século e ao mesmo tempo uma total fidelidade a esse século... tanto um pintor complexo como Paul Klee quanto um arquiteto programático como Loos rejeitam a imagem do homem tradicional, solene, nobre, adornado com todas as oferendas do passado, para dirigir-se ao contemporâneo nu, deitado como um recém-nascido nas fraldas de nossa época. (Benjamin, 1994, p. 116)

Talvez tenhamos, aqui, ao menos parte da proposta benjaminiana continuando, por exemplo, a crítica do jovem Marx a certo Hegel, que teria, de alguma forma, se preocupado muito mais em renovar o pensamento sobre o real, a partir de uma hipostasia conceitual, do que em pensar junto ao que desponta, transformando, ou melhor, participando do movimento de diferenciação do pensamento e também da realidade efetiva (*Wirklichkeit*). Ou, ainda, retomando o que chamamos de comportamento hiperempírico, talvez se trate justamente da possibilidade de um pensamento verdadeiro (objetivo e comunitário) e também criativo, em consonância com e participando do que está (re)aparecendo.

Referências

BENJAMIN, Walter. "Experiência e Pobreza". In: *Obras Escolhidas I. Magia e Técnica, Arte e Política.* São Paulo: Brasiliense, 1994.

KOSELLECK, Reinhart. *Futuro Passado. Contribuição à semântica dos tempos históricos.* Rio de Janeiro: Contraponto: Ed. PUC-Rio, 2006.

Filosofia da Técnica: arte como conquista de um novo campo de ação lúdico (*Spielraum*) em Benjamin e Flusser

Márcio Seligmann-Silva

Este texto apresenta a teoria da técnica nas obras de Walter Benjamin e de Vilém Flusser, com destaque para a noção benjaminiana de *Spielraum* (campo de ação lúdico) e para a tese flusseriana que associa as novas imagens técnicas e seu universo ao triunfo do *homo ludens* sobre o funcionário burocrata que tende a dominar os aparelhos e operá-los como instrumentos do fascismo. Benjamin defende uma teoria da arte como uma teoria da "segunda técnica" que permite a conquista de uma nova relação com a natureza, na qual não impera mais a dominação, mas, antes, a "dominação da relação entre natureza e humanidade". Ambos os autores sonham com as naturezas externa e interna ao ser humano liberadas e capazes de desdobrar a sua potência a partir de uma arte-técnica emancipadora.

Walter Benjamin: crítica da técnica capitalista e sonho com uma técnica redencionista

A questão da técnica em Benjamin surge com força em seus textos sobretudo após a Primeira Guerra Mundial. Antes disso, no entanto, ele já refletia, em uma chave bastante romântica, é verdade, sobre o tema da separação com a natureza, como lemos em seu ensaio de 1916, "Sobre a linguagem em geral e sobre a linguagem do homem", bem como em vários de seus fragmentos filosóficos. Mas foi, sem dúvida, com o impacto da guerra e com suas leituras de cunho materialista histórico que sua teoria da técnica se desenvolveu, associada a uma reflexão sobre o papel do trabalho e a uma teoria da revolução como incorporação da técnica, conforme veremos.

Na sua crítica do volume coletivo *Krieg und Krieger*, editado por Ernst Jünger e publicada com o título "Teorias do fascismo alemão" (1930), Benjamin já esboça de modo claro essa sua teoria da técnica que a vincula à revolução. Partindo da frase de Léon Daudt, "O carro é a guerra", ele desdobra a concepção de uma *sobre-técnica*, ou seja, de um transbordamento das capacidades técnicas da sociedade, que, por sua vez, produz destruição e morte:

> O que estava na raiz dessa surpreendente associação de ideias era a noção de uma aceleração dos instrumentos técnicos, seus ritmos, suas fontes de energia etc., que não encontram em nossa vida privada nenhuma utilização completa e adequada e, no entanto, lutam por justificar-se. Eles justificam-se, renunciando a todas as interações harmônicas, pela guerra, que prova, com suas devastações, que a realidade social não estava madura para transformar a técnica em seu órgão, e que a técnica não era suficientemente forte para dominar as forças elementares da sociedade. Pode-se afirmar, sem qualquer pretensão de incluir nessa explicação suas causas econômicas, que a guerra imperialista é codeterminada, justamente no que ela tem de mais duro e de mais fatídico, pela discrepância abissal entre os meios gigantescos de que dispõe a técnica, por um lado, e seu débil esclarecimento em questões morais, por outro.[1]

Ou seja, por um lado, a sociedade que produz a guerra não estava à altura da técnica. Em segundo lugar, a própria técnica não havia sido suficiente para conter as "forças elementares" (*Elementarkräfte*) (*ibid.*, p. 256) da sociedade. A guerra imperialista é também fruto da discrepância abissal das gigantescas *virtualidades dos meios técnicos* e do nosso raquítico nível moral. Nesse ponto, o raciocínio retoma a noção de uma sobre ou *mais-técnica* (pensando no termo mais-valia) que leva a esse desequilíbrio técnica/moralidade. Para o autor, a sociedade burguesa desacopla a técnica da espiritualidade assim como descarta a sua relação com o controle da ordem social. Assim, ele decreta a seu modo imperativo e profético: "Cada guerra que se anuncia é ao mesmo tempo uma revolta escrava da técnica" (*ibid.*, p. 64).[2] A técnica é percebida por Benjamin como uma dupla interface: por um lado, ela deve

....

1. BENJAMIN, Walter, *Obras escolhidas*, v. I, *Magia e técnica, arte e política*, trad. S.P. Rouanet, revisão técnica Márcio Seligmann-Silva, São Paulo: Brasiliense, 2012, p. 63.

2. Tradução alterada. "Jeder kommende Krieg ist zugleich ein Sklavenaufstand der Technik." (Benjamin, 2011, p. 257).

ser pensada na sua relação com as forças sociais (elementares), por outro, ela nos conecta com a natureza, também carregada de forças elementares que precisam ser devidamente mediatizadas. Na Primeira Guerra, tentou-se imprimir na técnica bélica os traços heroicos do semblante alemão, mas, para o autor, o que se inscreveu nessa face foram os "traços hipocráticos, os traços da morte". Assim, a técnica "cunhou o semblante apocalíptico da natureza e reduziu-a ao silêncio, embora pudesse ter sido a força capaz de dar-lhe uma voz". A guerra é a manifestação da técnica como produção da morte e, mais ainda, como silenciamento da natureza.[3] Contra a visão da guerra de Jünger e seus companheiros como "mística da morte universal", Benjamin propugna que ela seria "a única, terrível e derradeira oportunidade de corrigir a incapacidade dos povos para ordenar suas relações mútuas segundo o modelo da relação que estabelecem com a natureza por meio de sua técnica." E ele arremata, em mais uma frase tristemente profética: "Se o corretivo falhar, milhões de corpos humanos serão — inevitavelmente — despedaçados e devorados pelo gás e pelo aço" (Benjamin, 2012, p. 75).

Em seu livro de aforismos *Rua de mão única*, publicado em 1928, ele já apresentara esse mesmo tom de urgência que lemos nessa resenha de 1930 sobre Jünger. O fragmento "Alarme de incêndio", que trata da ideia ou representação (*Vorstellung*) (Benjamin, 2009, p. 49) da luta de classes, fecha-se com estas palavras: "se a eliminação da burguesia não estiver efetivada até um momento quase calculável do desenvolvimento econômico e técnico (a inflação e a guerra de gases o assinalam), tudo está perdido. Antes que a centelha chegue à dinamite, é preciso que o pavio que queima seja cortado. Ataque, perigo e ritmo do político são técnicos – não cavalheirescos" (Benjamin, 2012a, p. 46). Como seguir esse conselho? Como impedir a destruição da humanidade e da natureza?

....

3. (Benjamin, 2012, p. 73). Benjamin continua nesta passagem: "A guerra como abstração metafísica, professada pelo novo nacionalismo, é unicamente a tentativa de dissolver na técnica, de modo místico e imediato, o mistério de uma natureza concebida em termos idealistas, em vez de utilizá-lo e explicá-lo, por um desvio, através da construção de coisas humanas" (*ibid.*). Com relação ao silenciamento da natureza, é importante lembrar passagens do ensaio de Benjamin sobre o drama barroco alemão que permitem vislumbrar como a primeira filosofia da natureza desse autor se articula com a sua posterior filosofia da técnica. Para Benjamin (1984, p. 188, p. 247), se "no símbolo, como transfiguração do declínio, o rosto metamorfoseado da natureza se revela fugazmente à luz da salvação, a alegoria mostra ao observador a *facies hippocrática* da história como protopaisagem petrificada. [...] Por ser muda, a natureza decaída é triste. Mas a inversão dessa frase vai mais fundo na essência da alegoria: é a sua tristeza que a torna muda".

É justamente no último texto desse mesmo volume, ironicamente chamado de "A caminho do planetário", que Benjamin (2009, p. 75) vai desenvolver essa filosofia da técnica e introduzir o conceito de "embriaguez" (*Rausche*) como peça central nessa equação técnica-política. O texto parte de uma dicotomia cultura/natureza ainda bem ao modo do conhecido ensaio de Schiller "Über naive und sentimentalische Dichtung" ("Sobre a poesia naïf e a sentimental") de 1796. Nesse texto, Schiller (1966, v. II, p. 553) afirmava que se os gregos na antiguidade estavam imersos na natureza, já nós nos relacionamos com a natureza como um doente com a saúde: "Assim como paulatinamente a natureza começou a desaparecer como *experiência* [*Erfahrung*] e como o *sujeito* (ativo e sensível), assim a vemos adentrar no mundo dos poetas como *ideia* e como *objeto*." Os poetas surgem aí como os guardiões (*Bewahrer*) da natureza. Resumindo sua tese, ele formula: "O poeta, eu dizia, é natureza, ou ele vai *buscá-la*. Aquilo perfaz o poeta *naïf*, isso o poeta sentimental" (*ibid.*, p. 557). E Benjamin (2012a, p. 70) escreve em seu aforismo: "Nada distingue tanto a pessoa antiga da moderna quanto sua entrega a uma experiência cósmica que este último mal conhece. O naufrágio dela anuncia-se já no florescimento da astronomia, no começo da Idade Moderna." Mas a relação com o cosmos não se dá apenas por meio do nobre sentido da visão: ela também é corpórea, se dá na "embriaguez", introduz Benjamin. Essa embriaguez não significa uma dionisíaca destruição das fronteiras, pelo contrário, ela guarda algo de apolíneo: "É embriaguez, decerto, a experiência na qual nos asseguramos unicamente do mais próximo e do mais distante, e nunca de um sem o outro. Isso quer dizer, porém, que somente na comunidade o ser humano pode comunicar em embriaguez com o cosmos" (*idem*). Trata-se de uma embriaguez na comunidade, *Gemeinschaft*, e que nos permite a relação do mais próximo (o outro) e do mais distante (o cosmos). Mas os modernos rebaixaram essa experiência ao nível da individualidade e romperam esse seu elemento ético. E aqui surge novamente a revolta da mediadora entre a humanidade e a natureza: a técnica. A primeira guerra é interpretada por Benjamin como uma manifestação violenta e terrível (*füchterlich*) dos nossos "esponsais com as potências cósmicas": "Massas humanas, gases, forças elétricas foram lançados ao campo aberto, correntes de alta frequência atravessaram a paisagem, novos astros ergueram-se no céu, espaço aéreo e profundezas marítimas ferveram de propulsores, e por toda parte cavaram-se poços sacrificiais na Mãe Terra. Essa grande corte feita ao cosmos cumpriu-se pela primeira vez em escala planetária, ou seja, no espírito da técnica" (idem). A técnica se revoltou por ter sido rebaixada de mediadora com a natureza em meio da "avidez de lucro da classe dominante". Assim, ela transformou um leito de núpcias em um mar de sangue, afirma Benjamin (no Brasil de 2019, diríamos: um mar de lama...). E aqui ele introduz uma diferença fundamental para a sua visão da técnica: se o capitalismo imperialista vê na técnica apenas a dominação da natureza, uma noção inaceitável que Benjamin compara a um professor que reduz a educação à dominação das crianças (comparação muito esclarecedora, aliás), deve-se afirmar a existência de uma outra técnica que "não é dominação da natureza: é dominação da relação entre natureza e humanidade" (Schiller, 1966, v. II, p. 557; Benjamin, 2009, p. 76). A humanidade como espécie estaria apenas dando seus primeiros passos e, para existir, ela precisa lançar mão da técnica que organize a *physis* na qual o contato com o cosmos se dará de modo diverso do que na relação de famílias e povos. Aqui, Benjamin adentra uma especulação feérica sobre novas tecnologias que adestrarão a humanidade nessa relação com o cosmos. Provavelmente inspirado na teoria da relatividade, ele escreve sobre viagens ultrarrápidas no interior do tempo como cura; os modernos parques de diversão são percebidos como antecâmaras de futuros sanatórios: o jogo e a brincadeira incidem como parte dessa outra técnica libertadora, que cura, traz a vida, ao invés dos mares de sangue (e de lama). Ele interpreta as revoltas que se sucederam à primeira guerra como um "primeiro ensaio de colocar o novo corpo [*Leib*] em seu poder". Como no fragmento "Aviso de incêndio", é o proletariado e sua força que permitem acompanhar esse processo de "cura". A frase final reintroduz a noção de embriaguez como estado de fusão no mundo: "O vivente só sobrepuja a vertigem do aniquilamento na embriaguez da procriação" (Benjamin, 2012a, p. 71).

Em seu ensaio de 1929 sobre o surrealismo, Benjamin volta ao tema da embriaguez em sua articulação com uma teoria da técnica e de um certo acionismo revolucionário (anárquico, por suposto: "Essa tarefa é idêntica à tarefa anárquica.") (Benjamin, 2012, p. 33). Assim, a sua palavra de ordem agora é dupla: "Mobilizar para a revolução as energias da embriaguez" e para a "organização do pessimismo" (*ibid.*, p. 34). A relação entre política e moral deve ser reelaborada a partir dessa mobilização. Benjamin adere ao que ele acredita ser a alternativa dada pelos surrealistas em consonância com o comunismo. Nessa visão, em oposição ao otimismo da social-democracia e ao "arcabouço imagético" (*Bilderschatz*) (Benjamin, 1980, p. 308) dos seus poetas, prega-se um pessimismo de princípio como guia para a mudança. E sobretudo: trata-se de uma clara consciência de que o único "avanço" alcançável no atual modelo capitalista é o da técnica que leva à destruição. De forma irônica, ele formula: "pessimismo absoluto. Sim, e sem exceção. Desconfiança acerca do destino da literatura, desconfiança acerca do destino da liberdade, desconfiança acerca do destino da humanidade europeia, e principalmente desconfiança, desconfiança e desconfiança com relação a qualquer forma de entendimento mútuo: entre as classes, entre os povos, entre os indivíduos. E confiança ilimitada apenas na I. G. Farben e no aperfeiçoamento pacífico da Força Aérea. Mas e agora, e então?" (Benjamin, 2012, p. 34). Para organizar o pessimismo seria necessário "simplesmente extirpar a metáfora moral da esfera da política, e descobrir no espaço da ação política o espaço completo da imagem [*den hundertprozentigen Bildraum*]. Mas esse espaço da imagem não pode mais absolutamente ser medido de forma contemplativa."[4] Benjamin formula aqui o embrião de uma técnica do artista que consiste em extrair da ação um novo e poderoso espaço de imagem, *Bildraum* correspondente a um mundo "em sua atualidade completa e multifacetada" que leva a uma destruição da imagem do indivíduo que ele denomina de "destruição dialética". Mas é essa destruição mesma (que também leva consigo o acima mencionado arcabouço imagético social-democrata) que garante o novo espaço de imagem, *Bildraum*, que ele descreve de modo mais concreto também como um "espaço de corpo", *Leibraum*, que também tem um sentido coletivo nesse autor: "Também o coletivo é corpóreo" (Benjamin, 2012, p. 35).[5] Assim, ele reivindica um novo *materialismo antropológico*, inspirado nos surrealistas e descendente de autores queridos seus, como Hebel, Georg Büchner, Nietzsche e Rimbaud. Nesse materialismo é o espaço da imagem que permite que a técnica organize novamente a *physis*. Os surrealistas com suas "iluminações profanas" nos iniciaram também em um novo campo ou espaço de imagens:

> Somente quando o corpo e o espaço de imagens se interpenetrarem nessa *physis*, tão profundamente que todas as tensões revolucionárias se tornem inervações do corpo coletivo, e todas as inervações do corpo coletivo se tornem tensões revolucionárias; somente então terá a realidade conseguido superar-se no grau exigido pelo *Manifesto comunista*. (Benjamin, 2012, p. 35-36)

....

4. Ibid., p. 34-35; BENJAMIN, Walter. "Gesammelte Schriften Vol. I". In: *Essays, Vorträge*, cit., p. 309.

5. "Auch das Kollektivum ist leibhaft" (Benjamin, 1980, p. 310).

Tanto no seu trabalho sobre as passagens de Paris (o *Passagen-Werk*, 1927-40), como no ensaio sobre a obra de arte (1935, um desdobramento desse estudo sobre o século XIX), Benjamin estava preocupado em estudar os novos regimes de visualidade e de percepção do mundo, diretamente determinados pelas aceleradas mudanças técnicas, já que, para ele, o homem moderno não poderia ser compreendido sem essa análise da técnica. A técnica para ele determina novos modos de percepção e, como vimos, é responsável pela organização de nossa relação com a natureza. Se em Baumgarten as artes eram uma porta para o estudo da nossa percepção do mundo, em Benjamin as artes são vistas como uma caixa de ressonância privilegiada para a compreensão do novo papel da técnica. Sem perder de vista que a arte tem muito a ver com a percepção, Benjamin nunca se esquece também da concepção grega das artes como *techné*. Tendo a técnica agora um lugar tão privilegiado na teoria estética, essa última passa a ser pensada intensamente do ponto de vista de uma teoria social. Como o primeiro e o último capítulo do ensaio de Benjamin sobre a obra de arte deixam claro, para esse autor não se pode pensar as artes e a estética sem se levar em conta a política.

A cada técnica de reprodução corresponde também uma certa visão da história e de nossa relação com o tempo/morte. Walter Benjamin deixa transparecer essa ideia em seu ensaio *A obra de arte na era de sua reprodutibilidade técnica*, que constitui, até hoje, o ensaio mais profundo sobre o gesto da reprodução. Ele escreveu então sobre as técnicas de reprodução:

> Durante a Idade Média somam-se à xilogravura também a gravura em cobre com ponta seca e a água-forte, assim como a litografia, no início do século XIX. Com a litografia, a técnica reprodutiva atinge um patamar fundamentalmente novo. [...] Por meio da litografia, as artes gráficas tornaram-se capazes de acompanhar o dia a dia de maneira ilustrativa. Elas começaram a acompanhar o ritmo da impressão. Nisso, porém, já foram superadas, poucas décadas após a invenção da impressão sobre pedras, pela fotografia. (Benjamin, 2013, p. 52-53)

Ou seja, a litografia corresponde à era da imprensa, dos jornais, ao encontro das técnicas de reprodução escrita e imagética, era da *informação* com tudo o que isso significa: uma nova ordem política marcada pela divisão entre esfera pública e privada, a temporalidade da produção capitalista e da circulação de mercadorias, o ritmo cada vez mais acelerado, as relações humanas pautadas por contratos e o indivíduo marcado pela situação de alienação e cuja vida orbita em torno do trabalho. Trata-se de um processo de distanciamento e de ruptura com a tradição, que nos jogou na pós-tradição, em um tempo cada vez mais sem densidade e qualidade, o tempo do cronômetro, da produtividade (do trabalho), sem transcendência ou sentido.

Por outro lado, a superação da ideia de um tempo que nos contém, e que preenche de significado a vida, vem junto com a *superação da ideia de autenticidade*, atrelada ao credo na unicidade inabalável das obras. A reprodutibilidade técnica faz ruir as noções associadas a uma concepção unívoca de verdade, seja ela metafísica idealista, seja calcada no positivismo e na crença da representação total da natureza. O abalo da tradição traz *a liberdade da criação como reprodução sem fim* que se associa à noção, advinda do cinema, de obra como montagem, de caráter aberto, sempre passível de aperfeiçoamento. Existe, portanto, uma interessante dialética nesse processo de despedida da cultura da unicidade e autenticidade. Como formulou Benjamin:

> Os gregos conheciam apenas dois métodos de reprodução técnica de obras de arte: a fundição e a cunhagem. Bronzes, terracotas e moedas eram as únicas obras de arte que podiam ser criadas massivamente por eles. Todas as outras eram únicas e tecnicamente não reprodutíveis. *Por isso* elas precisavam ser feitas para a eternidade. *Os gregos foram levados pelo estado de sua técnica a produzir valores de eternidade na arte.* É a essa situação que eles devem seu lugar excepcional na história da arte, em comparação ao qual a posteridade pode determinar a sua própria posição. Não há dúvida de que o nosso se encontre no polo oposto ao dos gregos. Nunca antes obras de arte foram tecnicamente reprodutíveis num grau tão elevado e em proporções tão vastas quanto hoje. No filme temos uma forma cujo caráter artístico é pela primeira vez determinado completamente por sua reprodutibilidade. (Benjamin, 2013, p. 65)

No segundo capítulo do seu ensaio sobre a obra de arte, Benjamin apresenta uma de suas teses centrais:

> Por volta de 1900 a reprodução técnica tinha atingido um padrão que lhe permitiu não somente tornar a totalidade das obras de arte convencionais em seu objeto, submetendo seus efeitos às mais profundas modificações, mas também conquistar um lugar próprio entre os procedimentos artísticos. (Benjamin, 2013, p. 53; 2012b, p. 98)

Ou seja, a reprodução técnica lançou as artes em uma nova era, que podemos chamar de pós-representacionista, na qual a técnica passa a ser vista como preponderante sobre seu aspecto artístico/estético. Benjamin desenvolve, ao longo do ensaio, justamente os modos como essa arte/técnica vai organizar a *physis* e as forças coletivas.

A reprodução técnica aniquila, para Benjamin, a aura da obra, ou seja, a sua relação com a tradição. Nela, não se pode esperar unicidade, autenticidade ou testemunho histórico. A liquefação das obras, acelerada em nossa era digital, já foi detectada por Benjamin com base na técnica reprodutiva da fotografia e do cinema.

> A autenticidade de uma coisa é a quintessência de tudo o que nela é originalmente transmissível, desde sua duração material até seu testemunho histórico. Como esse testemunho está fundado sobre a duração material, no caso da reprodução, na qual esta última tornou-se inacessível ao homem, também o primeiro – o testemunho histórico da coisa – torna-se instável. E somente isso. Mas aquilo que desse modo se desestabiliza é a autoridade da coisa, seu peso tradicional. (Benjamin, 2013, p. 55)

Resumindo o significado dessa virada, Benjamin (2013, p. 55; 2012b, p. 100) afirma que a técnica "*desliga o reproduzido do campo da tradição*" conectando a obra ã sua existência massiva e produzindo um "abalo violento no que é transmitido" ("*gewaltige Erschütterung dês Tradierten*"). Dá-se uma "liquidação do valor de tradição na herança cultural".

Se a aura é definida também como "uma trama peculiar de espaço e tempo: a aparência única de uma distância, por mais próxima que esteja" (Benjamin, 2013, p. 57), para o autor, com o advento das massas na economia capitalista, não há mais espaço para a aura, uma vez que a paixão dessas massas é justamente o aproximar as coisas de si. Hoje, quando o mundo todo passa nas telas de silício debaixo de nosso nariz, podemos dizer que, mais uma vez, Benjamin acertou ao apontar para essa tendência. As massas querem também possuir tudo: o que também implica uma quebra no regime estético inaugurado no século XVIII. Lembremos que Kant falava, em sua terceira crítica, de uma necessária ausência de interesse com relação às obras de arte.

Outro ponto fundamental na teoria da arte como associada umbilicalmente à técnica da reprodução é a passagem da arte da esfera do ritual, na qual imperam o culto e a magia, para a esfera de sua exposição pública.

Benjamin formula uma diferença fundamental entre dois momentos da arte, tal como Schiller o fizera no ensaio acima mencionado. Mas, agora, o essencial não é uma reflexão estética sobre a relação com a natureza, mas, antes, é a própria técnica. Existe uma interessante variante nessa formulação desses dois universos técnicos em Benjamin, o antigo (mágico, ritual) e o moderno, marcado pela reprodução. Na versão que a nova edição do *Werke und Nachlass* da Suhrkamp de Benjamin denomina de "segunda" (até então, e, segundo penso, de modo acertado, tratado como primeira versão), vemos Benjamin recorrer aos conceitos de primeira e de segunda natureza para refletir sobre essa virada na história da técnica:

> Essa sociedade constitui o polo oposto da contemporânea, cuja técnica é a mais emancipada. Essa técnica emancipada, porém, apresenta-se à sociedade contemporânea como uma segunda natureza e, como o comprovam crises econômicas e guerras, como uma natureza não menos elementar do que aquela dada à sociedade originária. (Benjamin, 2013, p. 63)

Ou seja, primeiro Benjamin afirma que existe uma emancipação na técnica moderna, mas, em seguida, ele dialetiza essa afirmação: sob a forma de uma "segunda natureza", essa técnica leva a guerras e crises econômicas, resultado que o autor já explorara em outros ensaios, como vimos acima. E, por fim, essa segunda natureza se torna tão elementar quanto se apresentava a primeira natureza aos homens de antigamente. Para domar essa segunda natureza, Benjamin indica que é a arte, com destaque para o cinema, que nos ajuda nessa tarefa:

> Diante dessa segunda natureza, o ser humano, que, embora a tenha inventado, há muito não a domina mais, é levado a um aprendizado, do mesmo modo que um dia o levou a primeira. E novamente a arte coloca-se a seu serviço – especialmente o cinema. O cinema serve para exercitar o ser humano nas novas apercepções e reações necessárias para lidar com uma aparelhagem cujo papel em sua vida aumenta quase que diariamente. (Benjamin, 2013, p. 102)

Benjamin (2013, p. 102; 2012b, p. 63-64) reintroduz a metáfora, desenvolvida em seu materialismo antropológico, da interpenetração do corpo e do espaço de imagens na *physis* promovendo a transformação das inervações do corpo coletivo em tensões revolucionárias e, por sua vez, dessas tensões em novas inervações: "Fazer da monstruosa aparelhagem técnica de nossos tempos o objeto da inervação humana – é essa a tarefa histórica em cujo serviço o cinema tem seu verdadeiro sentido."

Essa passagem da primeira natureza para a segunda, para, em seguida, via cinema, adestrarmos nosso corpo para lidar com as novas técnicas/ segunda natureza, foi desenvolvida na versão seguinte desse ensaio (chamada agora de "terceira") com base em dois conceitos que, infelizmente, posteriormente não foram mais desenvolvidos sob a pena do filósofo. Refiro-me aos conceitos de *primeira* e de *segunda técnica.* Benjamin vai destacar então a diferença tendencial entre a primeira técnica (associada à arte cultual) e a segunda técnica (associada à reprodução): essa diferença

> consiste no fato de a primeira empregar o ser humano o máximo, e a segunda, o mínimo possível. Em certo sentido, podemos considerar o ato máximo da primeira técnica como sendo o sacrifício humano; o da segunda encontra-se no horizonte dos aviões de controle remoto, que dispensam tripulação. A primeira técnica orienta-se pelo 'de uma vez por todas' [*Das Ein für allemal*] (nela trata-se do sacrilégio irreparável ou do sacrifício eternamente exemplar); a segunda, pelo 'uma vez é nenhuma vez' [*Das Einmal ist keinmal*] (ela trata do experimento e das variações incansáveis dos procedimentos de teste). (Benjamin, 2013, p. 62; 2012b, p. 108)

Temos, aqui, uma clara definição da primeira técnica como voltada ao sacrifício e à morte e, por outro lado, uma segunda técnica que seria responsável pela emancipação do trabalho; por mais que Benjamin não pudesse imaginar que drones se tornariam a marca de uma técnica violenta que permite o assassinato frio e à distância... (Chamayou, 2015). Por outro lado, a primeira técnica tem uma temporalidade terminal, e não uma outra que pode ser associada tanto ao esporte como à brincadeira: como Benjamin (2012a, p. 39) o expressa ao descrever em "Rua de mão única" uma criança no carrossel: "Há muito o eterno retorno de todas as coisas tornou-se sabedoria de criança e a vida, uma antiquíssima embriaguez de dominação, com a retumbante orquestra, no centro, como tesouro da coroa." Por outro lado, em um fragmento de suas "Imagens do pensamento", Benjamin articula essas duas temporalidades de modo distinto: o "de uma vez por todas" ele associa ao jogo, ao exame e ao duelo (cf. morte!). Já a temporalidade da repetição ele associa ao trabalho manual preciso e cita Trotsky descrevendo seu pai ceifando como exemplo (Chamayou, 2015, p. 280). O exemplo é o de um trabalho idílico, com plena harmonia entre corpo, gesto e natureza. Desse modo, voltando ao ensaio sobre a obra de arte, Benjamin se apressa em definir que na arte encontramos seriedade e jogo, rigor e descomprometimento, ou seja, tanto o que ele define como primeira e como segunda técnicas se relacionam com as artes. Mas o fato de Benjamin (2013, p. 62) pontuar que seriedade e jogo estão na obra de arte "em proporções muito distintas" não pode ser deixado de lado. Sendo que a ênfase na aproximação entre jogo e segunda técnica é clara: "A origem da segunda técnica deve ser buscada onde o ser humano, com uma astúcia inconsciente, chegou pela primeira vez a tomar uma distância em relação à natureza. Em outras palavras, ela encontra-se no jogo" (*ibid.*, p. 63). E, em contraste com essa tomada de distanciamento lúdica da segunda técnica, ele logo acrescenta que é à primeira técnica apenas que se deve associar o ideal de "dominação da natureza" (*Naturbeherrschung*) e arremata:

> A primeira realmente pretende dominar a natureza; a segunda prefere muito antes um jogo conjunto [*Zusammenspiel*] entre natureza e humanidade. A função socialmente decisiva da arte de hoje é exercitar esse jogo conjunto. Isso vale sobretudo para o cinema. *O filme serve para exercitar o homem nas apercepções e reações que são exigidas para se lidar com uma aparelhagem cujo papel em sua vida aumenta quase que diariamente.* (Benjamin, 2013, p. 63; 2012b, p. 108)

Ou seja, se na versão anterior desse texto, Benjamin dizia que a arte deveria atuar para enfrentarmos a segunda natureza que passou a nos dominar, nessa (terceira) versão ele associa o cinema à segunda técnica e repete a ideia acerca de sua capacidade de nos *treinar* para enfrentar os *aparelhos* cada vez mais onipresentes.

Mas Benjamin introduz ainda uma ideia de necessária "adaptação" da condição humana às novas forças produtivas desencadeadas pela segunda técnica, que traria consigo uma "libertação". Em uma nota que consta apenas nessa "terceira versão" e na versão em francês desse texto, ele retoma a ideia de *inervação do coletivo* novo, que ele associa agora às *revoluções* que teriam como objetivo acelerar essa adaptação. Vale a pena confrontar essa nota com os fragmentos preparatórios de Benjamin a essa terceira versão, dentre os quais encontramos a elaboração dessa teoria da revolução utilizando os conceitos de primeira e segunda naturezas. Nesse fragmento, lemos:

> *Revoluções são inervações do coletivo, tentativas de dominação [Beherrschung] daquela segunda natureza, na qual o controle [Bewältigung] das forças sociais elementares se tornou indispensável como* pressuposto *de uma dominação técnica mais elevada das [forças] naturais.* (Benjamin, 2013, p. 140; 2012b, p. 148)

Nessa formulação, na revolução os aparelhos são dominados. Nessa sociedade, as forças sociais controladas são necessárias para uma melhor dominação técnica das forças naturais. Na "terceira versão", encontramos:

> Revoluções são inervações do coletivo, mais precisamente: tentativas de inervação do coletivo novo, historicamente sem precedentes, o qual tem seus órgãos na segunda técnica. Essa segunda técnica é um sistema em que o controle das forças sociais elementares aparece como precondição para o jogo com as forças elementares naturais. (Benjamin, 2013, p. 63; 2012b, p. 109)

Agora a revolução se tornou uma inervação do coletivo via segunda técnica. Não existe mais a ideia de "dominação da segunda natureza". A própria (segunda) técnica se torna órgão, é incorporada ao coletivo. As forças sociais estão controladas agora na segunda técnica como pressuposto para o *jogo* (e não mais para a dominação) com as forças elementares da natureza.[6]

Essa segunda técnica desdobrada nas revoluções permite, de início, colher frutos próximos, mas ambiciona também atingir os mais distantes, utópicos, na linguagem de Benjamin, como ele se expressa metaforicamente:

> Assim como uma criança, aprendendo a agarrar, estica o braço em direção à lua como que em direção a uma bola, a humanidade, em suas tentativas de inervação, ambiciona, juntamente com o agarrável, também objetivos que ainda permanecem utópicos. Pois não é apenas a segunda técnica que anuncia suas reivindicações à sociedade nas revoluções. Justamente porque essa segunda técnica pretende liberar progressivamente o ser humano do trabalho forçado, o indivíduo vê, de outro lado, seu campo de ação[7] aumentar de uma vez para além de todas as proporções. (Benjamin, 2013, p. 63; 2012b, p. 109)

....

6. Nos tempos arcaicos, escreve Benjamin (2013, p. 133; 2012b, p. 260) em outro fragmento, a relação era distinta: ao invés da dominação das forças sociais serem condição para a dominação (e não jogo) das forças naturais, a dominação dessa última vinha em primeiro lugar.

7. *Spielraum*: literalmente, "espaço de jogo" (N. T.).

Na medida em que esse órgão da segunda técnica é incorporado e realiza esse jogo com as forças naturais, ele não apenas realiza o sonho prometeico da libertação do trabalho, mas *nos introduz um novo campo de ação, espaço de jogo, Spielraum*. Esse espaço de jogo implica uma libertação do campo de forças antes dominado pela primeira técnica: forças elementares da natureza e da humanidade. Como lemos na versão dos fragmentos à "terceira versão" do ensaio: "Pois não é apenas a segunda natureza, da qual o coletivo se apodera na técnica como sua primeira [natureza], que põe suas reivindicações revolucionárias. Também a primeira natureza, a orgânica, e em primeiro lugar o organismo corporal [*leiblich*] do ser humano singular, ainda está longe de obter o que lhe cabe" (Benjamin, 2013, p. 140; 2012b, p. 148). E na terceira versão, que repagina esses conceitos de primeira e segunda naturezas em primeira e segunda técnicas, lemos:

> Pois quanto mais o coletivo se apropria da segunda técnica, tanto mais perceptível torna-se para os indivíduos que pertencem a ele o quão pouco podiam, sob o jugo da primeira, chamar de seu. Em outras palavras, é a pessoa individual emancipada por meio da liquidação da primeira técnica que faz suas exigências. Mal a segunda técnica garantiu suas primeiras conquistas revolucionárias, as questões vitais do indivíduo – amor e morte – já exigem novas soluções. (Benjamin, 2013, p. 63; 2012b, p. 109)

Para Benjamin, a obra de Fourier seria o primeiro documento histórico dessa reivindicação de uma revolução orgânica, corpórea.[8] No falanstério de Fourier, Benjamin reconhece a superação do trabalho na forma positiva do jogo infantil, superação esta que traria consigo uma libertação da natureza.[9]

....

8. Em um fragmento do *Passagen-Werk*, lemos essa ideia com palavras próximas às dessa versão do ensaio sobre a obra de arte: "Comparar as ideias de Fourier sobre a propagação dos falanstérios por meio de *explosões* com duas ideias de minha 'política': a da revolução como inervação dos órgãos técnicos do coletivo (comparação com a criança que, ao tentar pegar a lua, aprende a agarrar as coisas) e a ideia da 'ruptura da teleologia natural'" (Benjamin, 2006, p. 674; 1983, p. 777).

9. Na 11ª das teses "Sobre o conceito de história", Benjamin (2020, p. 78) desenvolve uma crítica do conceito utilitarista de trabalho da social-democracia de Josef Dietzgen, que veria no trabalho apenas um meio de conquista e submissão da natureza: "Ele exibe já os traços tecnocráticos que depois se encontram no fascismo." Benjamin, em seguida, contrapõe essa visão instrumental da natureza à concepção de Fourier, que via na técnica um modo de extrair da natureza a sua força adormecida; de transformá-la plasticamente, construindo uma utopia: "O trabalho, como agora compreendido, visa a uma exploração da natureza, que é associada, de maneira ingênua e complacente, à exploração do proletariado. Comparada a essa

Ou seja, para esse pensador, de modo bastante avançado para a sua época, estava claro que a exploração social via trabalho não pode ser desvinculada da exploração da natureza:

> A caracterização do processo de trabalho em relação com a natureza traz a marca da concepção social que se tem dele. Se o homem não fosse *propriamente* explorado [*ausgebeutet*], poder-se-ia poupar o discurso *impróprio* da exploração [*Ausbeutung*] da natureza. Este último reforça a aparência do 'valor' que as matérias-primas adquirem apenas pelo sistema de produção fundado na exploração do trabalho humano. Se esta termina, o trabalho, por sua vez, despe-se do caráter de exploração da natureza pelo homem e se realizaria, então, segundo o modelo do jogo infantil que serve de base ao 'trabalho apaixonado' dos 'harmonianos' em Fourier. Ter apresentado o jogo como cânone do trabalho que não é mais explorado foi um dos méritos de Fourier. Um trabalho animado assim pelo jogo não visa a produção de valores e sim o melhoramento da natureza. Também para ela a utopia de Fourier propõe um modelo tal como encontrado de fato nos jogos infantis. Trata-se da imagem de uma terra na qual todos os lugares se tornaram *Wirtschaften*. (Benjamin, 1980a, p. 406-207; 1983, p. 455-460)

Benjamin joga, aqui, com a duplicidade da palavra *Wirtschaften*: "Lugar de produção" e "taverna". Esse trabalho lúdico permite a união do útil com o belo, da ação com o sonho. Esse trabalho que aprimora a natureza, na verdade, aprimora tanto a natureza externa como a interna, corpórea. Daí Benjamin (2013, p. 139; 2012b, p. 147) vislumbrar também afinidades entre

....

concepção positivista, os delírios tão ridicularizados de um Fourier revelam uma surpreendente vitalidade de sentido. De acordo com Fourier, o trabalho social bem organizado teria como consequência quatro luas iluminando a noite terrestre, o gelo retirando-se dos polos, a água do mar deixando de ser salgada, e os animais ferozes ficando a serviço dos homens. Isso tudo serve para ilustrar um trabalho que, longe de explorar a natureza, faz nascer suas criações, que dormem no seu ventre como possibilidades. Ao conceito corrompido de trabalho corresponde, como seu complemento, *a* natureza, a qual, como Dietzgen se expressou, 'está aí de graça'" (Benjamin, 2020, p. 78-79). Nas teses e em muitos dos fragmentos redigidos em torno dela, com destaque para a famosa nona tese sobre o anjo da história, assim como no ensaio sobre "Eduard Fuchs, o colecionador e o historiador" (1937; Benjamin, 1980, p. 465-505, especialmente p. 474-475), Benjamin desenvolve uma crítica radical do progresso associado ao modo de produção capitalista. Sobre essa crítica, remeto ao meu ensaio: SELIGMANN-SILVA, Márcio. "Catástrofe, história e memória em Walter Benjamin e Chris Marker: a escritura da memória". In: SELIGMANN-SILVA, Márcio (Org.). *História, memória, literatura*: O testemunho na era das catástrofes. Campinas: Editora Unicamp, 2003. p. 387-413.

Fourier e a experiência do sádico descrita por Sade: idílio e crueldade são extremos que se encontram na busca dessa felicidade orgânica (Benjamin, 1980a, p. 681). "Sade e Fourier têm em vista a efetivação da vida humana feliz." Ou, ainda, esse elemento de uma espécie de utopia orgânica corpórea também pode ser percebido nos comentários entusiastas que Benjamin fez das ficções científicas de Paul Scheerbart.[10] Benjamin também comemora os corpos plásticos dos palladianos, os habitantes do asteroide Pallas, do romance *Lesabéndio* de Scheerbart. Ou seja, a técnica não apenas permite reencenar as bodas com a natureza, abrindo um novo *Spielraum*, campo de ação e de jogo, mas ainda implicaria uma conquista do *Bildraum* (espaço de imagem) e do *Leibraum* (espaço de corpo), como havíamos visto no materialismo antropológico desenvolvido em seu ensaio sobre o surrealismo. A inervação do coletivo via segunda técnica realiza a proposta do ensaio surrealista, ou seja, fazer com que o corpo e o espaço de imagens se interpenetrem (via segunda técnica) com a *physis* de modo tão profundo a ponto de transformar todas as tensões revolucionárias em "inervações do corpo coletivo, e todas as inervações do corpo coletivo" em "tensões revolucionárias" (Benjamin, 2012, p. 36).

Essa refundação do espaço de imagens e do espaço do corpo se dá, em grande parte, como vimos, por meio do cinema, que serve como vacinação contra uma psicose derivada da primeira técnica e permite uma "risada coletiva" que simultaneamente "proporciona a erupção precoce e salutar de tal psicose de massas" e produz "uma explosão terapêutica do inconsciente" (Benjamin, 2013, p. 85). Nos filmes pastelão da Disney, Benjamin identifica

....

10. Cf. os elogios que Benjamin faz à visão de Scheerbart sobre as maravilhas da arquitetura marcada pela transparência do vidro. As novas técnicas derivadas do concreto e da arquitetura de ferro liberaram essa revolução no modo de morar: a cultura de vidro transformaria o ser humano. O vidro é associado à ausência de aura e de vestígios, estando na base de uma vida à altura da ausência de experiência. Fazendo uma tábula rasa da tradição, Benjamin comemora com o vidro (amplamente utilizado por Le Corbusier e pela Bauhaus) uma nova e positiva barbárie calcada na pobreza de experiência (Benjamin, 2012, p. 126-127). Sobre o romance *Lesabéndio*, de Scheerbart, cf. um pequeno texto de 1918 (Benjamin, 1980a, p. 618-620) e sua versão francesa bastante modificada de 1938 (Benjamin, 1991, p. 252-54), na qual se lê: "A obra desse poeta está toda marcada por uma ideia que era a mais extravagante para a época. Essa ideia, ou, mais propriamente, essa imagem, era aquela de uma humanidade que estaria sintonizada com a sua técnica que seria utilizada de modo humano. Em um tal estado de coisas, Scheerbart acreditou ver duas condições essenciais, a saber: que os homens abandonam a opinião básica e grosseira que eles são chamados a 'explorar' as forças da natureza; que, por outro lado, eles permanecem convencidos de que a técnica, ao mesmo tempo que liberta os humanos, liberaria de modo fraterno por eles toda a criação."

a figura do *clown*, que teria sido "o primeiro a se sentir em casa nos novos campos de ação [*Spielräume*] abertos pelo filme: o seu improvisado primeiro morador. Nesse contexto tem Chaplin o seu lugar enquanto figura histórica" (idem). Percebe-se aqui em Benjamin a presença de um modelo catártico das artes: à loucura coletiva provocada pela primeira técnica, ele indica a terapia da segunda, como terapia de choque que protege nosso corpo e a coletividade. Nas suas notas posteriores ao ensaio sobre a obra de arte, lemos um resumo das duas principais funções da arte (tratada por Benjamin como uma técnica) que indicam sua ação na luta de imagens, o campo ou espaço das imagens (*Bildraum*) e, por outro lado, no espaço do corpo, *Leibraum*, coletivo e individual:

> Duas funções da arte: 1) Familiarizar a humanidade com certas imagens, antes que sejam dados à consciência os fins em cuja perseguição tais imagens são criadas. 2) Auxiliar tendências sociais, cuja realização no próprio ser humano seria destrutiva, a se concretizarem no mundo das imagens. (Benjamin, 2013, p. 132; 2012b, p. 239)

O cinema é aproximado por Benjamin, enquanto técnica, da ciência, sobretudo na quinta versão de seu ensaio sobre a obra de arte. Ele compara o cinema à psicanálise. Na *Psicopatologia da vida cotidiana*, Freud encampou o ato falho como elemento a ser analisado sob o escrutínio da ciência:"O filme teve por consequência, em toda a vastidão do mundo da percepção óptica, e agora também acústica, um aprofundamento similar da apercepção" (Benjamin, 2013, p. 110; 2012b, p. 259). O cinema permitiria uma aproximação da arte e da ciência, em uma revitalização desta última, posto que também a ciência, em seus primórdios, estaria mais próxima do jogo:

> A primeira técnica excluía a experiência independente do indivíduo. Toda experiência mágica da natureza era coletiva. O primeiro sinal de uma experiência individual ocorre no jogo. Dela desenvolve-se então a científica. As primeiras experiência[s] científicas ocorrem sob proteção do jogo descompromissado. É, pois, essa experiência que faz desaparecer, em um processo de duração milenar, a representação e talvez também a realidade dessa natureza que correspondia à primeira técnica.
> Elementos de jogo da nova arte: futurismo, música atonal, *poésie pure*, romance policial, filme. (Benjamin, 2013, p. 134; 2012b, p. 264)

É importante notar que Benjamin (2013, p. 129; 2012b, p. 146) tenta se distanciar de uma visão romântica, essencialista, da natureza. Em um fragmento do manuscrito da terceira versão, ele deixa claro que a "primeira natureza" é uma criação da segunda.[11] Por outro lado, ele nota também, nesse mesmo fragmento, as tentativas de se absorver a "segunda natureza" na primeira via doutrinas fascistas. A doutrina nazista do "sangue e solo" (*Blut und Boden*) é citada por Benjamin nesse contexto: o corpo, nessa doutrina, é reduzido à estirpe do sangue/raça e o solo visto como meio de construção da nação ariana.

> Se nos voltarmos, neste contexto, ao dito 'sangue e solo', apresenta-se de um só golpe o fascismo, em sua busca por bloquear o caminho para ambas as utopias [da primeira e da segunda naturezas]. 'Sangue' – isso vai contra a utopia da primeira natureza, que deseja tornar todos os micróbios em arena de sua medicina.[12]'Solo' – isso vai contra a utopia da segunda natureza, cuja realização deve ser um privilégio do tipo de ser humano que se eleva à estratosfera para dali arremessar bombas. (Benjamin, 2013, p. 139; 2012b, p. 147)

Não podemos esquecer que a segunda natureza, para Benjamin, corresponde ao mundo dos aparelhos, contra os quais a segunda técnica se desenvolve, e, dentro dela, o cinema tem um grande papel. Contra essa redução pseudonaturalizante do social ao "sangue e solo", Benjamin (2013, p. 129; 2012b, p. 146) recorda: "Diante disso, trazer necessariamente à tona a forma de jogo da segunda natureza: opor a jovialidade do comunismo à seriedade animalesca do fascismo."[13]

....

11. Como escreveu Lukács (1923, p. 201): "Natur ist eine gesellschaftliche Kategorie." ("A natureza é uma categoria social."
Disponível em: https://coghnorti.files.wordpress.com/2010/08/lukacs-geschichte-klassenbewusstseinocr.pdf

12. Como veremos, essa utopia será compartilhada por Flusser em seu texto "Ecologia multicolorida?".

13. Nesse sentido, é importante recordar o ensaio de Benjamin (2012, p. 131) "O autor como produtor", de 1934, no qual ele desenvolve uma teoria da "*técnica literária* das obras". Essa técnica pode ser resumida com a noção de "refuncionalização", que se refere à necessidade de transformações de formas e dos instrumentos de produção por parte do escritor. A máxima exige: "não abastecer o aparelho de produção, sem modificá-lo, na medida do possível em um sentido socialista. [...] O que se propõe são inovações técnicas, e não uma renovação espiritual, como proclamam os fascistas" (*ibid.*, p. 137). Nesse sentido, o autor poderá modificar o próprio *aparelho*, conceito que Benjamin não pensa nesse ensaio no sentido da segunda natureza, mas cujo escopo de ideais pode ser aproximado desse conceito sem violar seu ca-

Ao menos desde seu ensaio sobre o surrealismo, de 1929, a crítica e a resistência ao fascismo estavam no coração das teorias benjaminiana da arte e da técnica. O projeto de Benjamin, portanto, não era o de simplesmente criticar condenando a onipresença dos choques na modernidade, mas de desviar a carga desses choques no sentido de um aproveitamento revolucionário deles. Ele, nesse gesto, uniu-se às vanguardas. Mas, contra o futurismo de Marinetti e seu culto da técnica como máquina de guerra, Benjamin desenvolve uma crítica baseada em sua teoria de uma *segunda técnica*, que se oporia a essa técnica destruidora. Para Benjamin, na conclusão de seu ensaio sobre a obra de arte:

> [...] a estética da guerra dos dias de hoje apresenta-se do seguinte modo: se o uso natural das forças produtivas é bloqueado pela distribuição da propriedade, a elevação dos meios técnicos, em termos de ritmo, de fontes de energia, pressiona em direção a uma utilização antinatural dessas forças. Esta é encontrada na guerra, que dá, com suas destruições, a prova de que a sociedade não estava madura o suficiente para transformar a técnica em seu órgão, de que a técnica não estava desenvolvida o suficiente para subjugar as forças elementares da sociedade. (Benjamin, 2013, p. 93-94; 2012b, p. 140-141)

Como lemos acima no texto "Teorias do fascismo alemão" (1930), existiria uma mais-técnica. Ela é produzida pelo bloqueio na distribuição da propriedade. A inervação do coletivo não acontece e, no lugar dela, temos a guerra:

> *A guerra imperialista é uma insurgência da técnica que cobra, em 'material humano', exigências para cuja satisfação o material natural foi negado pela sociedade.* No lugar de usinas de força ela coloca em ação a força humana, na forma

....

ráter. Dessa forma, Benjamin pensa em um escritor tanto com uma "formação politécnica" (*ibid.*, p. 134), rompendo com a especialização estéril, como também em ampliar cada vez mais a possibilidade de o público se tornar autor, ideia que, como veremos com Flusser, passou a ser um mandamento da ordem do dia no mundo das redes cibernéticas. O artista/escritor benjaminiano, seguindo a máxima de Brecht do "princípio de interrupção", evita cair na falsa representação da totalidade, que mascara o real. Esse artista também é guiado pelo trabalho de montagem e de interrupção do contexto, sendo que ele utiliza o riso como uma de suas ferramentas. Riso e interrupção são meios para a técnica literária obter um distanciamento produtivo e promover a *reflexão*: trata-se de conseguir-se "refletir sobre a [...] posição no processo produtivo" (*ibid.*, p. 144). Esse artista modificador do aparelho também será central para Flusser.

de exércitos. No lugar do trânsito aéreo, ela instaura o trânsito de balas, e na guerra química ela tem um novo meio para extirpar a aura. (Benjamin, 2013, p. 93; 2012b, p. 141)

Apesar de ainda apontar, aqui, para um culto da técnica fáustica, com suas barreiras, diques e represas (que, no decorrer da história, se mostraram destruidoras das populações mais frágeis e da natureza) e também de mostrar certo fascínio com o incremento da velocidade do transporte, o tom antifascista e antibelicista da passagem é claro. Assim, ele concluiu o seu ensaio sobre "A obra de arte na era da sua reprodutibilidade técnica" com uma afirmação que se tornou um mote, sobretudo desde sua apropriação pelo movimento estudantil de 1968:

> '*Fiat ars – pereat mundus*', diz o fascismo e espera, como o reconhece Marinetti, da guerra a satisfação artística da percepção sensível alterada pela técnica. É esta claramente a última instância do *l'art pour l'art*. A humanidade, que em Homero foi um dia objeto de contemplação para os deuses olímpicos, tornou-se objeto de sua própria contemplação. Sua autoalienação atingiu tal grau que se lhe torna possível vivenciar a sua própria aniquilação como um deleite estético de primeira ordem. *Assim configura-se a estetização da política operada pelo fascismo. A ele o comunismo responde com a politização da arte.* (Benjamin, 2013, p. 93-94; 2012b, p. 141)

É digna de nota essa observação segundo a qual o futurismo via na guerra uma espécie de paroxismo do estético – o que poderia ser associado à observação do músico Kalheinz Stockhausen, que, cinco dias após o ataque às torres gêmeas de Nova York em 2001, declarou, em uma entrevista em Hamburgo, que esse ataque foi "the greatest work of art imaginable for the whole cosmos." Nessa declaração cínica confluem a teoria do sublime com a ideia de *Gesamtkunstwerk*. Na linha oposta a essa estetização do real, Benjamin, com seus conceitos de "autor como produtor" que defende uma relação entre sua técnica e o aparelho que deve ser modificado em função das mudanças sociais necessárias, com seu elogio do jogo como meio de aproximação com a natureza e dos conflitos sociais, apontou para uma virada política das artes, na contramão também da estetização da política que culmina na guerra e no sacrifício de vidas.

Segundo Benjamin (que, aqui, relê a *Poética* aristotélica), "na mimese dormitam, dobradas estreitamente uma sobre a outra, como os cotilédones de um broto, os dois lados da arte: aparência e jogo [*Schein und Spiel*]" (2013, p. 74; 2012b, p. 120). Para ele, no cinema – que desdobra de modo potencializado as energias da fotografia – a "natureza ilusória é uma natureza de segundo grau" (2013, p. 80; 2012b, p. 127), obtida por meio do corte, da interrupção, como na montagem do teatro brechtiano. A realidade livre dos aparelhos aparece agora, segundo Benjamin, apenas por meio do próprio aparelho. Daí ele fazer sua famosa – e mal compreendida – afirmação: "a visão da efetividade imediata tornou-se a flor azul no país da técnica" (*ibid.*). A flor azul é uma metáfora romântica para a totalidade, o absoluto como fusão com a natureza, fim da tristeza do estar no mundo. Benjamin traduz esse sonho romântico para a era das imagens técnicas: nela, a flor azul nasce do aparelho. Não há mais mimese da natureza como aparência, mas, antes, mimese como jogo: trata-se de um jogar junto com a natureza, atuar com ela. O bisturi, que Benjamin compara à câmera, penetra na realidade mais fundo do que a pintura, que ficava apenas no âmbito da (bela) aparência, como um curandeiro, que não toca seus pacientes (mantendo a distância "aurática"). Hoje, na era dos pixels e das imagens eletrônicas, vemos esse fenômeno da flor azul como fruto de a técnica se intensificar. O mundo onde os humanos e a natureza conversam pode ser visto no cinema, de um modo bem distinto como aparecia no sonho do personagem de Novalis, Heinrich von Ofterdingen, em sua busca da flor azul.

Vilém Flusser: imagens técnicas como triunfo da arte contra o fascismo

Vilém Flusser faz várias menções, em suas obras, ao ensaio de Benjamin sobre a obra de arte, mas, para além desse ensaio, não sabemos exatamente o quanto ele leu daquele autor.[14] De um modo geral, suas referências a Benjamin são positivas. Como ele faleceu em 1991, imagino que não chegou

....

14. Em uma entrevista de 1988, ele diz ter se apoiado na teoria da fotografia de Benjamin para escrever sobre o aparelho fotográfico (Flusser, 1996, p. 35). No mesmo ano, ele afirmou que Benjamin foi um dos primeiros a perceber que "as imagens não representam mais o mundo", mas, antes, são "articulações de pensamento", e se colocou na sua tradição (Flusser, 2010, p. 38). Nas preleções de Bochum, feitas pouco antes de sua morte em 1991, ele incorpora a teoria da "perda da aura e da morte do autor" e da autoridade, de Benjamin (Flusser, 2014, p. 177).

a conhecer a teoria da *segunda técnica* de Benjamin (mesmo tendo sido publicada em 1989), que possui tantas afinidades, como veremos, com as suas ideias. De qualquer modo, seu livro *Ins Universum der technischen Bilder/O universo das imagens técnicas*, que contém uma das formulações mais radicais de sua teoria das imagens, já havia sido publicado em 1985. Portanto, não se trata, aqui, de comprovar uma influência direta dos escritos e das ideias de Benjamin sobre a visão e a obra de Flusser, mas, antes, de marcar uma confluência, a qual, creio, pode ser bem destacada a partir do conceito benjaminiano de *Spielraum.*[15]

Flusser via a história, assim como Benjamin em seu ensaio sobre a obra de arte o fez, como uma história de revoluções técnicas: "*Ich glaube, die Geschichte ist die Geschichte der Technik.*"[16] E ainda: "*Every revolution, be it political, economic, social or aesthetic, is, in the last analysis, a technical revolution*" (Flusser, 2010, p. 38). Mais do que isso, não apenas as revoluções neolítica, da era do bronze e industrial foram técnicas, mas a que ocorre no nosso presente também o é: ela leva a uma *inervação do corpo coletivo*, como o expressava Benjamin em seu artigo sobre o surrealismo no qual desenvolveu, como vimos, a articulação entre o "espaço de imagem" (*Bildraum*) e o "espaço de corpo" (*Leibraum*). Afirma Flusser: "*So far, techniques have always simulated the body, for the first time, our new techniques simulate the nervous system. So that this is for the first time, a really, if you want to say so, a really immaterial, and, to use an old term, spiritual revolution*" (idem). As novas redes propiciam essa inervação. Nelas, arte e técnica se interpenetram e se superam.

Isso ocorre porque, para Flusser (1996, p. 95; 2014, p. 173), "a fronteira entre a técnica e a arte é (...) artificial; uma invenção do Renascimento". As artes práticas foram denominadas como técnica, e quanto às associadas ao prazer deram o nome de "arte". Ele mesmo diz em entrevista sempre utilizar "arte" no sentido anterior à sua separação da técnica (Flusser, 1996, p. 227). Agora a técnica reabsorve a arte e restabelece "a unidade precedente entre 'ars' e 'techné'. Tal tendência é observável em toda parte: design, arte publicitária, e sobretudo imagens técnicas do tipo fotografia e filme."[17]

....

15. Cf. SELIGMANN-SILVA, Márcio. "De Flusser a Benjamin: do pós-aurático às imagens técnicas". *Flusser Studies*, n. 8, 2009.

16. "Creio que a história é a história da técnica" (Flusser, 1996, p. 116).

17. FLUSSER, Vilém. "Arte na pós-história". Disponível em: http://www.flusserbrasil.com/art121.pdf.

> É um dado passageiro o fato de nós agora usarmos a palavra latina para arte e a grega para técnica. Farei um esforço para mostrar que entre arte e técnica não há diferença fundamental. Se vocês quiserem estabelecê-la, eu diria que aquilo que chamamos de arte é uma técnica sem teoria. No entanto, como nada mais é sem teoria, nesse sentido não existe mais arte.

Ele formulou em suas preleções em Bochum, em 1991 (Flusser, 2014, p. 173-175). Podemos ver, agora, "a arte como ciência aplicada ou a ciência como uma teoria da arte" (Flusser, 1996, p. 227). Para Flusser, não podemos mais traçar uma linha divisória entre epistemologia, ética e estética:

> Todo objeto informado por homem, (todo objeto cultural), revelará, sob análise, parâmetros epistemológicos, éticos e estéticos intimamente interligados. E que o homem nada conhece sem valorá-lo e vivenciá-lo, nada valoriza sem conhecê-lo e vivenciá-lo, e nada vivencia sem conhecê-lo e valorá-lo. De modo que todo objeto cultural é, sob certo ângulo "obra de arte", sob outro 'objeto útil', (ético), e sob mais outro 'objeto atestando a determinado conhecimento'. E todo homem engajado em fazer cultural, quer se chame homem político ou cientista, é, sob certo ângulo, artista. Até obras tão 'feias' como são as cidades industriais, revelarão, sob análise, seu lado artístico, embora frustrado. A arte não permite ser expulsa do fazer quotidiano, sob pena do homem perder a sua humanidade. [...] Neste sentido é pois possível afirmar-se que todo membro da sociedade pós-histórica será, quase espontaneamente, artista. (Flusser, 2014, p. 175)[18]

Esse ser artista do homem pós-histórico é determinado também por "Uma nova imaginação" (*Eine neue Eibildungskraft*), título de um pequeno artigo de 1990. Ele distingue duas modalidades de imaginação. Uma, a *Imagination* (Flusser, 2010, p. 35), é aquela capaz de traduzir o mundo em imagens permitindo que vivamos no mundo: nela, dá-se um recuo abstrativo no qual o sujeito toma contornos em sua relação com o mundo. Mas essas imagens, como Flusser observou em várias ocasiões, tornam-se elas mesmas obstáculos diante do mundo. A crítica dessas imagens levou, por sua vez, ao domínio da escrita alfabética. No entanto, a nova imaginação, a *Einbildungskraft* (idem) que interessa a Flusser e que marcará a virada pós-histórica e a passagem para o triunfo do *homo aestheticus*, resulta da passagem da escrita alfabética para o cálculo. "Imagens tradicionais são decalques [*Abziehbilder*]

18. FLUSSER, Vilém. "Arte na pós-história".

(abstrações), imagens técnicas são projeções (concretizações)."[19] O código numérico invade o código alfabético e permite a sintetização, e não mais apenas a representação (tanto como *Repräsentation*, ou seja, duplo do mundo, como enquanto *Vorstellung*, ideia). Essas imagens não significam mais o mundo, mas o criam. Saem da abstração e entram no mundo concreto. As imagens computacionais, para Flusser (2007, p. 173), implicam uma autonomização da imaginação. É interessante que, em meio a essa teoria da imaginação técnica, ele toque em um ponto que justamente era central na citada conclusão do ensaio benjaminiano sobre a obra de arte. Se Benjamin criticava Marinetti por sua estetização da política como realização da *l'art pour l'art*, Flusser reverte essa crítica por meio de sua nova teoria da imaginação, que nos leva à conquista de um novo campo de jogo:

> A própria intencionalidade por trás da nova imaginação é aquilo que a tradição chamava de 'estética pura' (*l'art pour l'art*). Por isso pode-se dizer, então, que o que diferencia a nova imaginação da antiga é o fato de que nela se desdobra a 'estética pura' que se encontra instalada na antiga, e de que ela pode fazer isso porque a nova imaginação se encontra num ponto de vista de abstração insuperável, a partir do qual as imagens podem ser criticadas e analisadas. Dito de outro modo: somente quando as imagens são feitas a partir de cálculos, e não mais de circunstâncias [...] é que a 'estética pura' (o prazer no jogo com 'formas puras') pode se desdobrar; somente assim é que o *Homo faber* pode se desprender do *Homo ludens*. (Flusser, "Die technische Imagination", p. 175)

Flusser, como Hannah Arendt já o descrevera em seu ensaio *The Human Condition*, pensa a sociedade pós-trabalho, na qual as máquinas passam a operar todo o fazer. Resta aos seres humanos a criatividade, ou seja, a

> elaboração dos modelos a serem imprimidos automaticamente sobre os objetos. O homem passa a ser 'programador da história', e seu fazer passará a ser a manipulação das informações a serem impressas sobre o mundo, o 'software'. Pela primeira vez, desde que o homem é homem, poderá ele dedicar-se à tarefa negativamente entrópica de preservar informações em memórias, e criar informações novas, isto é: ser plenamente homem. (Flusser, "Arte na pós-história")

....

19. FLUSSER, Vilém. "Die technische Imagination". Disponível em: http://flusserbrasil.com/artg76.pdf.

Se, para esse poderoso historiador e teórico da escrita, após o ápice da cultura escrita no século XIX, o mundo caminha em direção às imagens, a questão é *como evitar a estetização fascista do mundo.* Os artistas e os teóricos das imagens devem se voltar para construir uma sociedade na qual não devem imperar os valores estabelecidos pelos programadores dos aparelhos. Utilizando a teoria da fotografia como teoria social dos aparelhos, Flusser (1986, p. 330) destaca a figura do fotógrafo experimental que tenta desviar do programa da câmera. Ele é a prova da inexistência, hoje, da separação entre técnica e arte, sobretudo quando levamos em conta a fotografia digital, já teorizada por Flusser em 1985. E ele vai mais longe, argumentando também do ponto de vista da teoria da ciência:

> More significantly, there is no basic distinction between scientific and artistic research: both are fictions in the quest of truth (scientific hypotheses being fictions). Electromagnetized images do away with this divorce because they are the result of science and are at the service of the imagination. They are what Leonardo da Vinci used to call 'fantasia essata'. A synthetic image of a fractal equation is both a work of art and a model for knowledge. Thus the new photo not only does away with the traditional classification of the various arts (it is painting, music, literature, dance and theatre all rolled into one), but it also does away with the distinction between the two cultures (it is both art and science). It renders possible a total art Wagner never dreamt of. (Flusser, "Die technische Imagination", p. 331)

Mas esse sonho de uma sociedade de artistas/cientistas criativos capaz de fazer uma *Gesamtkunstgesellschaft* (sociedade da obra de arte total) não está livre do pesadelo fascista, que assombrava a citada passagem de Benjamin sobre Marinetti. Para Flusser, a sociedade das imagens digitais deveria também estar atenta para sua tarefa de lutar contra a sociedade totalitária, na qual imperam os discursos (unidirecionais e monológicos), e visar à construção de uma sociedade dialógica. O pensamento puramente técnico e científico é, para ele, *wertfrei*, sem sensibilidade valorativa e absolutamente pragmático, voltado para a solução técnica de problemas. Nesse mundo, a câmara de gás é solução, mesmo que de um pseudoproblema (Flusser, "Die technische Imagination", p. 76). Apenas a crítica constante dos funcionários que dominam os aparelhos poderia evitar mergulhar no horizonte fascista. Em seu ensaio "O universo das imagens técnicas", originalmente de 1985, assim como no ensaio "The Photograph as Post-Industrial Object", predomina a visão otimista dessa sociedade informatizada dialógica:

> Cables and other reversible channels will carry information both ways. The new photo may be changed by its receiver to be sent back, thus changed, to the sender. Everybody will become capable of collaborating in the elaboration of information (within the limits imposed by automation). Democracy has become technically possible for the first time since the industrial revolution. To summarize: the new photo will differ from the chemical one in that it will be practically eternal, it will *render total art possible* and it will permit democracy to function. (Flusser, "Die technische Imagination", p. 331, grifo nosso)

O indivíduo dessa sociedade telemática, ao se ver livre do trabalho, poderá dedicar-se ao ócio produtivo. Esse ócio não é o mesmo do ideal grego de uma moral do ócio, mas se trata do "ócio como jogo [*Muße als Spiel*]. O jogo é, segundo a definição, sem sentido, sem objetivo. Mas esse ser sem objetivo projeta significados, sentidos" (Flusser, "Die technische Imagination", p. 90). Flusser (2014, p. 200) via no fim do trabalho a libertação (no desempregado uma espécie de "vanguarda") e a liberdade para mergulharmos na sociedade dialógica da informação pura.

> This, of course, is called 'play', and the present cultural revolution may be seen as a mutation from 'homo faber' into 'homo ludens'. All serious business will be relegated to apparatus, and the new generation will play its games and look back with contempt on the animal seriousness of past generations. (Flusser, 1986, p. 331)

O filósofo paulista acredita em "uma verdadeira explosão de criatividade" derivada dessa revolução. "De modo algum podemos imaginar a quantidade de novas criações que fluirão sobre nós, vindas de nossos aparelhos graças aos artistas" (Flusser, 2014, p. 194).[20] Esse artista *homo ludens* estaria

20. Em seu *Pós-história* ele já formulara: "A escola do futuro deverá ser instituto de tecnologia, criatividade a serviço dos aparelhos" (Flusser, 2011, p. 170). Aqui e em outros momentos, percebe-se como Flusser levou às últimas consequências o desejo benjaminiano de uma "formação politécnica" da humanidade que ele expressou tanto em "O autor como produtor" (Benjamin, 2012, p. 134), como no ensaio sobre a obra de arte (Benjamin, 2013, p. 78). Cito um fragmento de Benjamin para reforçar esse paralelo com a teoria flusseriana do trabalho criativo: "A produção cinematográfica tem uma enorme significação para a liquidação da

também liberto de sua dependência com relação aos objetos que o condiciona e aliena. Nasceria uma comunidade informacional para além do espaço e do tempo: sem objeto também o tempo deixa de incidir sobre a cultura. A informação *imaterial* estaria no centro dessa cultura pós-industrial e pós-objetiva e os indivíduos viveriam intensamente uma existência intersubjetiva que se inscreveria em memórias imperecíveis. E Flusser conclui:

> *It will be total art, and every human being will become, potentially, a universal artist.* The human being will no longer exist as subject to an objective universe but as a knot within a social network which transcends space-time. This is, of course, utopian. Catastrophes may be relied upon to prevent it. Still, it has become a technically feasible utopia. (Flusser, 1986, p. 331, grifo nosso)

Assim, no ensaio *O universo das imagens técnicas*, ele indica a coexistência de dois tipos de imagens técnicas: uma aponta em direção às sociedades totalitárias. Nelas, as pessoas são reduzidas à categoria de funcionários das imagens. A outra aponta para a sociedade "telemática dialogante dos criadores de imagens e dos colecionadores de imagens" (Flusser, 2008, p. 14). A primeira utopia tem tons negativos, a segunda, positivos, observa Flusser. Essas imagens técnicas são marcadas também por uma espécie de retorno ao concreto, uma vez que as imagens tradicionais se davam sob a batuta da razão e da abstração. Para Flusser (2008, p. 137), "apenas a imagem é o concreto". Se, para Freud, os sonhos são uma porta para nosso mais profundo real, Flusser preconiza uma sociedade telemática na qual "os sonhos serão o concreto" (*ibid.*, p. 139). Também podemos lembrar do Benjamin do artigo sobre a obra de arte, para quem também são as imagens técnicas que penetram o real, ao invés de manter distância dele.

É como se, para Benjamin e Flusser, a realidade se tornasse uma série de pedras de lego que podem ser reconstruídas *ad libitum*. Flusser escreve: "A sociedade utópica telemática torna-se a rede na qual a vertigem da queda

diferença entre trabalho espiritual e manual. As leis da atuação cinematográfica exigem do ator absoluta sensualização dos reflexos e reações espirituais; dos operadores, por outro lado, exigem performances altamente espirituosas. 'A divisão do trabalho penetra a vida a partir do instante em que surge uma diferença entre trabalho corporal e espiritual.' Se essa afirmação da 'Ideologia alemã' está correta, então não há nada mais vantajoso para uma liquidação da divisão do trabalho em geral e para o desenvolvimento de uma formação humana politécnica do que o nivelamento da diferença entre trabalho corporal e espiritual. Atualmente podemos acompanhá-lo, se não exclusivamente, com certeza de modo especialmente nítido, na produção cinematográfica" (Benjamin, 2013, p. 137; 2012b, p. 252s.).

se transforma em vertigem da aventura. Os participantes dessa sociedade apertarão teclas como as apertam atualmente os escritores, os pianistas, os 'imaginadores'" (*ibid.*, p. 92 s). Heidegger afirma que estamos sempre caindo na morte e o *Dasein* projeta-se para longe da morte no projeto (*Entwurf*). Já Flusser (2014, p. 242) pensa esse projeto a partir da técnica/arte. Como o vídeo, por exemplo: seu herói é o filósofo. Sua temporalidade é a do instantâneo, o tempo de agora, fora da história. Se a história foi sugada pelas imagens (como Benjamin já o descreveu no seu ensaio sobre a obra de arte), agora são "as imagens que produzem História" (*ibid.*, p. 253): *Bildraum*, espaço imagético detonando o campo de imagens que procura manter as massas dominadas, infantilizadas e sem fala, *un-mündig* (*ibid.*, p. 251). Trata-se de conquistarmos os *gadgets* e "submetê-los à nossa liberdade" ao invés de nos submetermos a eles. A futura sociedade será deliberadamente "artificial: obra de arte. Nada haverá nela de 'orgânico', de 'natural', de 'espontâneo'" (Flusser, 2008, p. 98). Ela será pura superficialidade e suas regras serão lúdicas, regras de jogo. A vida será arte nesse sentido lúdico: "um fazer limitado por regras que são modificadas pelo fazer mesmo" (idem), como nos juízos reflexionantes de Kant. Cada um se torna jogador de um jogo no qual todos são vencedores: "a cada lance o universo do jogo fica enriquecido" (*ibid.*, p. 149). A arte é a palavra-chave nessa sociedade lúdica: "A arte é uma fonte de conhecimento. (...) A arte se mostra como o lado experimental da ciência" (Flusser, 2014, p. 188).

Voltemos, contudo, à possibilidade da "catástrofe" aventada na citação do ensaio de 1986 sobre a fotografia como objeto pós-industrial. Se Flusser tem no centro de seu pensamento a memória de Auschwitz e uma crítica da sociedade que resultou naquele evento, nem por isso ele se tornou um *Kulturpessimist*, isto é, um pessimista cultural. Em 1988, ele formulou: "Não compreendo os *Kulturpessimisten* de modo algum, que não param de olhar para trás e reclamar do que foi destruído. Evidentemente muita coisa é destruída, mas o belo é, evidentemente, que nós podemos estar presentes na chegada do novo" (Flusser, 1996, p. 47). Os "deuses vindouros" de Hölderlin se transformam em imagens técnicas: "Nada se interpõe ao caminho do progresso" (*ibid.*, p. 54). Dois anos depois, em outra entrevista, ele volta ao tema, ao afirmar que não só judeus (como Hannah Arendt, Derrida, Marcuse e Levinas) perceberam em Auschwitz o fim da história. Mas a versão que ele apresenta desse corte é original: ele parte do vazio de Auschwitz para criticar os que falam de catástrofes *vindouras*. Ele afirma que a *catástrofe está atrás de nós*: "Auschwitz está, claro, atrás de nós." "Eu estou fora da história, mas existem pessoas que ainda se encontram dentro. Repentinamente tomei consciência: as pessoas que falam dessas besteiras de Chernobyl e coisas do gênero estão, é claro, dentro da história. É claro que isso é besteira. Pois para mim foi Treblinka. Depois nada mais pode acontecer" (*ibid.*, p. 114). Esse corte ontológico está na base de sua filosofia da história e da técnica. Assim, diferentemente de Benjamin, cujo anjo da história também via a catástrofe no passado, mas era soprado pela tempestade do progresso (técnico), em Flusser o anjo da história vê a catástrofe no passado, mas aposta (como Pascal) no deus da técnica: "Tenhamos confiança na técnica, trata-se da única coisa na qual podemos confiar ainda. As pessoas tornam-se piores, mas a técnica torna-se melhor" (*ibid.*, p. 222). Podemos colocar essa afirmação ao lado da ironia de Benjamin com relação a só confiar na I. G. Farben, de seu ensaio sobre o surrealismo. Mas se observarmos com calma, perceberemos que Flusser aqui também estabelece um limite ao seu otimismo com relação à técnica: para ele, o Humanismo morreu e, com ele, a confiança na capacidade de uso pacífico da técnica. Ou seja: ambos filósofos constatam a concretude do progresso técnico e o risco potencial da técnica. Ambos apostam também em uma vertente técnica progressista e emancipadora. Ambos pensaram na necessidade de um freio no percurso da técnica e em uma temporalidade da catástrofe, não linear. Benjamin resumiu sua crítica do progresso com essa forte imagem: "Marx afirma que as revoluções são as locomotivas da história do mundo. Mas talvez isso seja totalmente diferente. Talvez as revoluções sejam o freio de emergência da humanidade que viaja neste trem" (Benjamin, 1980a, p. 1.232). Também para Flusser (2010, p. 23), o marxismo sofria com sua consciência histórica linear, sendo "incapaz de penetrar esse pensamento analítico formal, não histórico, que agora está no poder". Portanto, Flusser não diverge tanto quanto pode parecer à primeira vista dessa ideia de frear da história, mesmo se, para ele, a suspensão do progresso equivale a uma luta contra (e não a favor) da revolução. Em seu ensaio sobre a *Pós-história*, do início dos anos 1980, ele não apenas escreve sobre uma provável guerra atômica aniquiladora que "*surgirá inevitavelmente*", descrevendo um *final de jogo*, como deduz daí "o nosso profundo *contrarrevolucionarismo*. Porque o que receamos é o progresso inexorável da cultura. *Engajar-se em liberdade*, e mais radicalmente ainda, na simples sobrevivência do homem na face da Terra, *implica* atualmente estratégias para *retardar o progresso*. A reação é atualmente a única atitude digna" (Flusser, 2011, p. 149). Ou seja, temos que, como em Benjamin, organizar nosso pessimismo.

Traduzindo essa tarefa crítica em termos de uma filosofia do design em "Uma ética do design industrial?" (1991), ele escreveu:

> Se não formos capazes – além de toda ideologia – de encontrar minimamente um caminho de aproximação a uma solução dos problemas éticos do design, então o nazismo, a guerra do Golfo e fenômenos parecidos haverão de representar unicamente os primeiros estágios da destruição e da autodestruição. O fato de que começamos a fazer perguntas é motivo de esperança. (Flusser, 2007, p. 204)

Nas suas últimas preleções, em Bochum, no mesmo ano, ele trata longamente da técnica e sobre suas ambíguas virtualidades, partindo do pressuposto de estarmos na pós-história: "Progresso, retrocesso, nada disso faz sentido" (Flusser, 2014, p. 293). Ele afirma de modo peremptório (que faz muito sentido pensando-se na teoria benjaminiana da segunda técnica):

> [...] liberdade é técnica. [...] Para minha completa incompreensão, os alemães, e em parte também os franceses, creem que técnica seja algo secundário. Não veem a técnica, nos aparelhos técnicos, nenhum triunfo da existência humana. A visão de Heidegger sobre a composição (*Gestell*), por exemplo, torna-o para mim mais antipático que muitas outras coisas. [...] A técnica é propriamente liberdade. Em que é que a técnica difere do conhecimento aplicado das causas? A técnica é a possibilidade de manipular as causas de forma que elas tenham as consequências que eu queira. (Flusser, 2014, p. 299-300)

Ou seja, a técnica permite ir contra a lei de entropia (em termos benjaminianos: a segunda técnica permite ir contra a primeira e seu programa tanatológico), implica a possibilidade do triunfo da vida sobre a morte. Se liberdade é técnica, ou seja, se ambas andam juntas, é porque Flusser também indica uma conquista de um espaço lúdico com a técnica-liberdade:

> Nasce um novo conceito de liberdade. É a primeira vez que começamos a elaborar um conceito de liberdade consistente e a liberdade se torna então, [...] a antecipação intencional do acaso. A liberdade é uma estratégia, um tipo de jogo. A liberdade só tem sentido dentro de uma visão lúdica de mundo, de modo que o jogo é visto como um tornar-se necessário do acaso. (Flusser, 2014, p. 302)

Liberdade como campo lúdico de ação

Vemos como Flusser leva a sério a proposta de Benjamin de seu ensaio sobre a obra de arte que vimos acima: "Mal a segunda técnica garantiu suas primeiras conquistas revolucionárias, as questões vitais do indivíduo – amor e morte – já exigem novas soluções" (Benjamin, 2013, p. 63; 2012b, p. 109). Pouco antes de seu fatídico acidente de carro, que lhe custou a vida, Flusser, tratando da imaginação técnica, escreveu de modo bastante próximo: "Todos nossos conceitos de arte, ciência, política, de liberdade, de condicionamento [*Bedingung*], de acaso, de necessidade, sim, de vida e morte, devem ser repensados."[21] Todos esses conceitos são rearticulados no campo imagético--lúdico das imagens técnicas: "Tudo isso está implícito na constatação de que iniciamos a imaginar [*einzubilden*]." A dignidade deve ser conquistada a cada dia, e o ideal mais empolgante de todos, que pode nos garantir tal dignidade, é justamente a luta pela liberdade, que, para Flusser, era a máxima tarefa da vida. Contra "o aparelho em sua cretinice infra-humana",[22] que parece nos cercar cada vez mais, vale a máxima do *Fausto* de Goethe (1994, p. 446): "*Ja, diesem Sinne bin ich ganz ergeben,/ Das ist der Weisheit letzter Schluß:/ Nur der verdient sich Freiheit wie das Leben,/ Der täglich sie erobern muss.*"[23]

O parque de diversões como reencontro com a natureza na técnica

Se da obra de Benjamin podemos muito bem deduzir uma contemporânea filosofia da natureza e uma base para a luta socioambiental, o mesmo vale para a obra de Flusser, mesmo eles sendo, em alguns momentos, entusiastas da técnica. Eles veem na técnica uma hidra de duas cabeças: uma voltada para

....

21. FLUSSER, Vilém. "Die technische Imagination". Disponível em: http://flusserbrasil.com/artg76.pdf.

22. Flusser (2014, p. 255) escreve de modo sarcástico: "Como uma planta se volta heliotropicamente para o Sol, a massa se volta teletropicamente para o televisor." E arremata: "A massa é oral-anal." Outra sentença flusseriana que cabe bem para se estudar o comportamento das massas nas redes hoje... também Benjamin (cf. 2013, p. 85) percebeu traços semelhantes na massa em seu ensaio sobre a obra de arte e nos fragmentos que redigiu em torno dela.

23. Na tradução de Flusser: "Sim, a isto estou inteiramente dedicado, isto é a derradeira conclusão da sabedoria: apenas aquele merece liberdade e vida, quem precisa conquistá-las diariamente" (cf. "Da banalidade do mal". Disponível em: http://www.flusserbrasil.com/art312.pdf.).

a autodestruição da humanidade, outra capaz de abrir caminho para uma sociedade na qual as relações interpessoais e a relação da humanidade com a natureza não são mais de dominação, mas sim de "jogo de soma positiva", para lançar mão de uma expressão de Flusser (2014, p. 261), ou seja, um jogo no qual todos ganham. Assim, Benjamin (2012a, p. 71) sonha com as imagens de falanstérios de Fourier, com os personagens com corpos plásticos de Scheerbart. O parque de diversões ele vislumbra como modelo da humanidade pacificada com a técnica e a natureza. E Flusser, por sua vez, sonha um mundo transformado em uma "Disney", construída por artistas que são também biólogos moleculares. Como na mágica, tudo seria possível nesse parque. "O técnico genético pode manipular a paleta dos corpos animais como se fosse pintor que mistura tintas em tela" (Flusser, "Ecologia multicolorida? [Reflexões submetidas a Casa da Cor, S. Paulo]", s/d). Como nas obras do artista Eduardo Kac, Flusser prevê um encontro de ecologia e arte. A arte transformada em método para "soprar vida na natureza" contra a ameaça mortal do cinza. Se Benjamin e Flusser como que se tocam em sua ausência de solo determinada pela catástrofe da Guerra Mundial, eles, por outro lado, se reencontram também nessa *féerie* da utopia do parque de diversões como sanatório. Da morte ao triunfo da vida – por meio e para além da técnica.

Referências

BENJAMIN, Walter. "Gesammelte Schriften Vol. I". In: *Essays, Vorträge.* R. Tiedemann e H. Schweppenhäuser (Org.). Frankfurt am Main: Suhrkamp, 1980.

______. "Gesammelte Schriften Vol. II". In: *Essays, Vorträge.* R. Tiedemann e H. Schweppenhäuser (Org.). Frankfurt am Main: Suhrkamp, 1980a.

______. "Gesammelte Schriften Vol. V: Das Passagen-Werk". In: *Essays, Vorträge.* R. Tiedemann e H. Schweppenhäuser (Org.). Frankfurt am Main: Suhrkamp, 1983.

______. *Origem do drama barroco alemão.* Trad.: Sergio Paulo Rouanet. São Paulo: Brasiliense, 1984.

______. "Gesammelte Schriften Vol. VII: *Nachträge*". In: *Essays, Vorträge.* R. Tiedemann e H. Schweppenhäuser (Org.). Frankfurt am Main: Suhrkamp, 1989.

______. *Écrits français.* Paris: Gallimard, 1991.

______. *Passagens.* Willi Bolle e Olgária Matos (Org.). Trad.: Cleonice Paes Barreto Mourão e Irene Aron. São Paulo: Editora UFMG e Imprensa Oficial do Estado de São Paulo, 2006.

______. *Werke und Nachlaß. Kritische Gesamtausgabe. Band 8. Einbahnstraße.* Frankfurt am Main: Suhrkamp, 2009.

______. *Werke und Nachlaß. Kritische Gesamtausgabe. Band 19. Über den Begriff der Geschichte.* Frankfurt amMain: Suhrkamp, 2010.

______. *Werke und Nachlaß. Kritische Gesamtausgabe. Band 13.1. Kritiken und Rezensionen.* Frankfurt am Main: Suhrkamp, 2011.

______. *Magia e técnica, arte e política*: ensaios sobre literatura e história da cultura. Trad.: Sergio Paulo Rouanet; rev. técnica: Márcio Seligmann--Silva. 8 ed. rev. São Paulo: Brasiliense, 2012.

______. *Obras escolhidas II*: Rua de mão única. Trad.: R. R. Torres Filho e J. Barbosa; rev. técnica: Márcio Seligmann-Silva. São Paulo: Brasiliense, 6 ed. rev., 2012a.

______. *Werke und Nachlaß. Kritische Gesamtausgabe. Band 16 Das Kunstwerk im Zeitalter seiner technischen Reproduzierbarkeit.* Frankfurt am Main: Suhrkamp, 2012b.

______. *A obra de arte na era de sua reprodutibilidade técnica.* Organização e apresentação: Márcio Seligmann-Silva; trad.: Gabriel Valladão Silva. Porto Alegre: L&PM, 2013.

______. *Sobre o conceito de História.* Edição crítica. Trad. e organização Márcio Seligmann-Silva e Adalberto Müller, São Paulo: Alameda, 2020

CHAMAYOU, Grégoire. *Teoria do drone.* Trad.: Célia Euvaldo. São Paulo: Cosac Naify, 2015.

FLUSSER, Vilém. "The Photograph as Post-Industrial Object". *Leonardo,* v. 19, n. 4, p. 329-332, 1986.

______. *Zwiegespräche. Interviews 1967-1991.* Göttingen: European Photography, 1996.

______. *O mundo codificado*: por uma filosofia do design e da comunicação. São Paulo: Cosac Naify, 2007.

______. *O universo das imagens técnicas. Elogio da superficialidade.* São Paulo: Annablume, 2008.

______. *We Shall Survive in the Memory of Others.* Köln: Verlag der Buchhandlung Walther König, 2010.

______. *Pós-história*: vinte instantâneos e um modo de usar. São Paulo: Annablume, 2011.

______. *Comunicologia. Reflexões sobre o futuro.* Trad.: Tereza Castro. São Paulo: Martins Fontes, 2014.

______. "Arte na pós-história". Disponível em: http://www.flusserbrasil.com/art121.pdf.

______. "Da banalidade do mal". Disponível em: http://www.flusserbrasil.com/art312.pdf.

______. "Die technische Imagination". Disponível em: http://flusserbrasil.com/artg76.pdf.

______. "Ecologia multicolorida? (Reflexões submetidas a Casa da Cor, S. Paulo)", manuscrito datilografado fotocopiado, s.d.

GOETHE, Johann W. *Faust.* Frankfurt am Main: Deutsche Klassiker Verlag, 1994.

LONGINO. *Do Sublime.* Trad.: F. Hirata. São Paulo: Martins Fontes, 1996.

LUKÁCS, Georg. *Geschichte und Klassenbewusstsein,* 1923. Disponível em: https://coghnorti.files.wordpress.com/2010/08/lukacs-geschichte-klassenbewusstseinocr.pdf

SCHILLER, Friedrich. "Über naive und sentimentalische Dichtung". In: *Werk in drei Bänden.* München: Carl Hanser Verlag, 1966, vol. II.

SELIGMANN-SILVA, Márcio. "Catástrofe, história e memória em Walter Benjamin e Chris Marker: a escritura da memória". In: SELIGMANN-SILVA, Márcio (Org.). *História, memória, literatura:* O testemunho na era das catástrofes. Campinas: Editora Unicamp, 2003. p. 387-413.

______. De Flusser a Benjamin: do pós-aurático às imagens técnicas. *Flusser Studies,* n.8, 2009.

Walter Benjamin: as coisas e seu destino

Olgária Matos

A teoria do conhecimento racionalista, empirista ou transcendental privilegia as qualidades primárias de um objeto – aquelas consideradas intrínsecas – com respeito às propriedades secundárias – que existem por acidente e, assim, são contingentes. Contrariando essa tradição da ciência, Benjamin se interessa pelo acessório e recessivo. Já em 1916, no diálogo de seu "Arco-Íris", Benjamin (1991, p. 24) se refere à personagem Margarethe, que descreve a "inocência" da percepção de uma criança, citando um verso de Heinle: "se eu fosse feito de alguma matéria, eu me pintaria de muitas cores." É que a criança, com seus brinquedos e brincadeiras, é a guardiã de uma *mathesis singularis*, da faculdade mimética de reconhecer e criar semelhanças entre as coisas, atendo-se à sua materialidade imaterial, às semelhanças, correspondências e afinidades alquímicas que estimulam a percepção, pois é nelas que se reencontra a aura das coisas, perdida pela reprodutibilidade mecânica e pela aceleração do tempo pela técnica. Benjamin (1993, p. 56) escreve: "O que designa a aura autêntica [é] o ornamento, uma inclusão ornamental no círculo em que a coisa ou um ser se encontra estreitamente encerrado como em um estojo. Nada manifesta uma ideia da aura tão precisa quanto as telas tardias de Van Gogh, em que a aura é pintada ao mesmo tempo que o objeto." Van Gogh enfrenta a luz e luta contra o sol com o risco e no limite da insolação, pois toda beleza verdadeira é um apocalipse, cada instante, cada dado imediato, é pleno, é uma iluminação.

É a experiência de inebriamentos que se revela também em seus programas de rádio, entre 1929 e 1932, publicados como *Aufklärung für Kinder* (*Luzes para as crianças*), reflexões e narrativas, desde o teatro de marionetes de Berlim, passando por um passeio entre brinquedos, por ciganas quiromantes até o Vesúvio, a destruição de Herculano e Pompeia, com seus sentidos de máximas, provérbios, contos de fadas, em uma pedagogia do maravilhoso e como que por charadas. Assim, ao mesmo tempo iluminismo e iluminações, essas Luzes se dirigem para as crianças, para sua capacidade de pensar brincando, de tomar posição, dispondo, desmontando, recompondo seus brinquedos. Em seu artigo "Brinquedos antigos", Benjamin anota as suas transfigurações: "uma vez maltratada, quebrada ou consertada, mesmo a boneca mais aristocrática pode se tornar um companheiro proletário de verdade na comunidade de brincadeira da criança"[1]– o que dá sequência às observações de Baudelaire: "[a criança] vira e revira seu brinquedinho, o esfola, chacoalha, o joga contra a parede e o atira no chão, querendo assim encontrar nele sua alma" (Baudelaire, 1889, p. 136). No brinquedo da infância, o passado sobrevive sob a pátina do esquecimento como uma imagem daquilo que fomos, promessa de um destino que se recolheu nas pregas da matéria. Benjamin conhecia a passagem em que o narrador do *Em busca do tempo perdido* observa:

> Acho muito razoável a crença céltica de que as almas daqueles a quem perdemos se acham cativas em algum ser inferior, em um animal, um vegetal, uma coisa inanimada, efetivamente perdidas para nós até o dia, que para muitos nunca chega, em que nos sucede passar por perto da árvore, entrar na posse do objeto que lhe serve de prisão. Então elas palpitam, nos chamam, e, logo que as reconhecemos, está quebrado o encanto. Libertadas por nós, venceram a morte e voltam a viver conosco. (Proust, 2011, p. 70)

Assim, o brinquedo antigo também é dotado de alma, de aura, com vestígios das semelhanças que a criança encontrava entre o mundo natural e a sua vida. Benjamin se refere à sabedoria das imagens e à criança que, por sua capacidade mimética, é trem, porta, estátua. Na infância, a imagem é apotropaica, proteção contra malefícios, indiferente à falta e à sanção, pois os acontecimentos que iriam nos atingir são exorcizados. Essa capacidade mimética e o mundo das correspondências são as que devem ter existido entre uma constelação de estrelas e um indivíduo. E tratando da ambiguidade da palavra "leitura", seu significado profano e mágico, Benjamin escreve: "o aluno lê seu livro e o astrólogo lê o futuro nas estrelas (...). O astrólogo lê a posição das estrelas no céu e simultaneamente ele lê, a partir delas, o futuro e o destino" (Benjamin, 2008, "A doutrina das semelhanças", p. 112).[2] Assim, o declínio da astrologia, sua queda em superstição antiquada,

....

1. "Altes Spielzeug" (Benjamin, 1991, p. 515).

2. Tradução um pouco modificada.

deve-se a que seu fundamento na experiência se perdeu. Não possuímos mais o que, no passado remoto, permitia considerar o elemento ritual com o qual os primitivos objetos de culto criavam uma distância comunicativa com a natureza. A faculdade mimética é uma forma de experiência que a abstração lógica silenciou.

Benjamin examina a história do eclipse da imitação e da apreensão das afinidades e simpatias secretas entre as coisas e os acontecimentos, a perda da experiência na modernidade científica e a tecnológica autonomizadas do homem e suas consequências. Em "Experiência e Pobreza", Benjamin anota:

> [...] uma nova forma de miséria surgiu com esse monstruoso desenvolvimento da técnica, sobrepondo-se ao homem. A angustiante riqueza de idéias que se difundiu entre, ou melhor, sobre as pessoas, com a renovação da astrologia e da ioga, da Christian Science e da quiromancia, do vegetarianismo e da gnose, da escolástica e do espiritismo, é o reverso dessa miséria. Porque não é uma renovação autêntica que está em jogo, e sim sua galvanização. (Benjamin, 2008, p. 115)

Pratica-se, hoje, a magia sem transcendência mítica ou teológica, protocolarmente. Trata-se, para "O programa para a filosofia vindoura", de se reapropriar do que se dispersou e se perdeu, cujos rastros e elementos arcaicos ressurgem em mitos que evocam as formas mais antigas da percepção, que recriam a fisionomia do mundo, daqueles objetos cuja significação foi encoberta, transformados em natureza morta, esvaziados de sentido. Razão pela qual, em seu ensaio "O Surrealismo, último instantâneo da inteligência europeia", Benjamin observa:

> [O Surrealismo] foi o primeiro a ter pressentido as energias revolucionárias que transparecem no 'antiquado', nas primeiras construções de ferro, nas primeiras fábricas, nas primeiras fotografias, nos objetos que começam a extinguir-se, nos pianos de cauda, nas roupas de mais de cinco anos, nos locais mundanos, quando a moda começa a abandoná-los. (Benjamin, "O Surrealismo", 2008, p. 25)

Este "mundo das coisas" significa, para Benjamin, que elas, por seu caráter enigmático, convidam a imaginar sua história. Assim, em "Paris, Capital do século XIX", Benjamin (2006, p. 954) anota: "Os peixinhos dourados vinham de um laguinho que há muito secou, o revólver era um corpus delicti e estas partituras [de música] tiveram muita dificuldade em impedir que sua antiga proprietária morresse de fome quando suas últimas alunas pararam de frequentar suas aulas." Esse mundo que desapareceu bruscamente deixou vestígios nas coisas, de que o colecionador faz a história, pois a coleção é uma forma de rememoração prática; nela, o objeto não apenas é liberado da corveia de ser útil, uma vez que a memória lhe confere uma outra fisionomia, em que os "dados objetivos" se misturam aos rastros de sua origem, mas também de seu passado, tanto sua história social quanto as marcas daqueles que o possuíram, seu valor. Para Benjamin, o colecionador é o fisionomista do mundo das coisas, opondo-se à sua dispersão no mundo alienado do capital, criando um universo em que as coisas se completam, em que a memória reencontra o objeto, simultaneamente, tal como ele foi e sem nunca chegar a ele inteiramente.

> É decisivo na arte de colecionar que o objeto seja desligado de todas as suas funções primitivas, a fim de travar a relação mais íntima que se pode imaginar com aquilo que lhe é semelhante. Esta relação é diametralmente oposta à utilidade e situa-se sob a categoria singular da completude. O que é esta 'completude'? É uma grandiosa tentativa de superar o caráter irracional de sua mera existência através da integração em um sistema histórico novo, criado especialmente para este fim: a coleção. Não se deve pensar que o *tópos hyperouranios,* que, segundo Platão abriga as imagens primevas e imutáveis das coisas, seja estranho para o colecionador. (Benjamin, 2006, p. 239)[3]

O mundo das coisas revela uma lógica ilógica que não é sem relação com o transe mediúnico da anamnese platônica.

Não se trata de um culto dos mistérios, mas de experiência (*Erfahrung*) e de experimentação (*Experiment*) em que imagens e embriaguez, o onírico e o científico estabelecem entre si um "jogo". Assim, em suas experiências com o haxixe, em particular, Benjamin encontra um mundo de empatia com seres e objetos, mas também de distanciamento, experiência de um estranhamento devido a uma "metamorfose incompleta das coisas". Em seus escritos sobre o haxixe, Benjamin observa: "as pessoas com as quais estamos (...) têm uma forte tendência a se metamorfosearem um pouco, não digo a se tornarem estranhas, nem a deixarem de ser familiares, mas a de se assemelharem a

3. "O Colecionador", arquivo H 1ª, 2.

estranhos" (Benjamin, 1993, p. 11). Assim, a mímesis benjaminiana[4] passa a operar segundo uma metafísica melancólica da falta:

> Esquecemos há muito tempo o ritual sob o qual foi edificada a casa de nossa vida. [...] Talvez o que torne o passado tão intenso não seja senão o vestígio de hábitos perdidos, nos quais já não nos poderíamos mais encontrar. Talvez seja a maneira como este passado se combina com os grãozinhos de poeira de nossa morada em ruínas o segredo que o faz sobreviver. (Benjamin, 1987, p. 105, tradução um pouco modificada)

Eis por que a percepção do real – a da criança, a do colecionador, a do fumador de ópio ou haxixe, do leitor – é a de "iluminações profanas",[5] muito mais amplas do que ser ele objetivo e só podendo ser conhecido kantianamente no espaço e no tempo: "O homem que lê, que pensa, que espera, que se dedica à *flânerie*, pertence, do mesmo modo que o fumador de ópio, o sonhador e o ébrio, à galeria dos iluminados. E são iluminados profanos. Para não falar da mais terrível de todas as drogas 'nós mesmos – que nos administramos na solidão'" (Benjamin, 2016, p. 33). O que têm em comum o *flâneur*, o leitor, quem pensa, quem espera, o fumador de ópio é a suspensão do tempo: "para aquele sob os efeitos do haxixe, nem Versalhes é suficientemente amplo, nem a eternidade suficientemente longa" (Benjamin, 1993, p. 44). Assim, em seus protocolos sobre o haxixe, as drogas são a propedêutica de instantes de iluminação, são "pausas do destino".

Para Benjamin, há inúmeros acontecimentos inexplicáveis no quadro das categorias lógicas, como sonhos e alucinações, que abolem as determinações espaciais, temporais, a identidade de pessoas e das coisas. Razão pela qual Benjamin se refere ao fenômeno da sobreposição em seus experimentos com haxixe, quando descreve o Café em que se encontra na cidade de Marselha:

....

4. A mímesis, em sentido benjaminiano, abrange alegoria, imagens dialéticas, imagens de pensamento, iluminações profanas. (Cf. "O Surrealismo, último instantâneo da inteligência europeia", "Imagens de Pensamento", in *Rua de Mão Única*, e Francisco Pinheiro Machado, "Disrupção subjetiva e crítica social: surrealismo e imagens de pensamento benjaminianas", *Filosofia e Educação* [*rfe*] – volume 8, número 1 – Campinas, SP, Fevereiro-Maio de 2016).

5. A iluminação profana evoca a cintilância e reencantamento do mundo, em que a embriaguez (*Rausch*) expressa uma relação mágica com o cosmos. Essa relação ritual com o mundo desapareceu na sociedade moderna e é reencontrada por Benjamin no surrealismo. Os êxtases religiosos ou os da droga são manifestações menores de embriaguez.

> o vermelho das paredes tornava-se determinante. Meu sorriso tomava aspectos satânicos: ele expressava muito mais um saber satânico, um comportamento satânico, uma tranquilidade satânica [a tranquilidade de um rebelde que, no entanto, não reage contra regras e normas, pois se encontra em um estado para além delas, no 'supra-legal – o poeta satânico que cruza com deus: nos cumprimentamos como dois cavalheiros mas sem esquecer antigos rancores'] do que uma ação satânica, destruidora. A pregnância das pessoas lá presentes se intensificava, o espaço tornava-se mais aveludado, mais flamejante, mais escuro. Eu pronunciava o nome de Delacroix.[6]

Sobreposição, portanto, de Baudelaire e de Delacroix, as Litanias a Satã baudelairianas – Satã, o Senhor do Mal e o grande vencido, príncipe abandonado pela sorte, o exilado de Deus em uma terra estrangeira – figuração dos extremos sem superação – e A Morte de Sardanapalo. Sob os efeitos do haxixe, sentado no café em Marselha, Benjamin anota:

> [...] meu olhar pousou nas dobras geradas por minha calça de praia, eu as reconheci, dobras do albornoz. Caiu, [em seguida], na minha mão, eu a reconheci uma mão bronzeada, etíope, e enquanto os meus lábios continuavam rigorosamente colados um ao outro, recusando-se igualmente à bebida e à palavra, do seu interior surgia um sorriso, um sorriso altivo, africano, sardanapalesco, o sorriso do homem que está prestes a entender tudo o que está por trás do curso do mundo e dos destinos. (Benjamin, 2020, p. 146)

Há, aqui, a faculdade mimética e a sobreposição: a calça branca de praia ocidental e a vestimenta árabe, a mão morena africana e a oriental, o nome próprio Braunschweig [moreno e silencioso] e o da cidade Brunswick. Sobreposição do fumante de haxixe com a serenidade de Sardanapalo.

Com efeito, Delacroix retrata a calma do último rei assírio quando sitiado pelas tropas de Arkabés, apoiado este pelos persas, medos e babilônios, quando decide pelo massacre de seu harém, de suas concubinas, eunucos e seus cavalos, e pelo suicídio. Em meio à catástrofe, o tirano está recostado em suas almofadas macias e luxuosas. Efeminado, Delacroix não descuida de enfeitar cada um de seus dedos com brilhantes anéis. Efeminado, mas que, em meio à destruição, surge viril e corajoso em sua imperturbabilidade distraída e ausente, em que nada poderia aumentar ou diminuir a dor

6. Experimento de 15/01/1928 às 15:30".

do Rei. Levada ao paroxismo, a violência não o perturba, nessa calma que nasce da indiferença ao mundo. Os gritos de suas concubinas, os lamentos dos que agonizam e o relinchar de seus cavalos não interferem nessa indolência meditativa, em que seu olhar se dirige para fora da cena em que se encontra em uma serenidade inalterável.

É na conjuntura entre a Primeira Guerra Mundial, a hiperinflação alemã nos anos da República de Weimar, a Revolução Russa e sua culminância no stalinismo, na ascensão do fascismo e do nacional-socialismo, na emigração e no exílio em Paris, em meio a um mundo em desintegração e desorientação, de mudanças tecnológicas sem exemplo no passado e no colapso de valores da tradição e de vínculos, que a interrupção temporal significa uma "pausa do destino". Nela, inscreve-se, em objetos e acontecimentos únicos, vestígios do passado, atualizados no Agora. Tempo pleno, "inteiramente preenchido", realiza-se como se "o Messias já tivesse chegado."[7]

Referências

BAUDELAIRE, Charles. *Œuvres complètes 3: L'art Romantique.* Paris: Alphonse Lemerre éditeur, 1889.

BENSAÏD, Daniel. *Walter Benjamin*: sentinelle messianique. Paris: Les Prairies Ordinaires, 2010.

BENJAMIN, Walter. "Myslowitz-Braunschweig – Marselha". In: *O Contador de Histórias e outros textos.* Org. e posfácio Patrícia Lavelle, trad. Georg Otte, Marcelo Backes, Patrícia Lavelle. São Paulo: Ed. Hedra, 2020.

______. *Passagens.* Trad. Cleonice Mourão e Irene Aron, "Passagens Parisienses II". Belo Horizonte: Ed. UFMG, 2006.

______. "Fragmento teológico–político". In: *Gesammelte Schriften,* vol. II-2, Frankfurt: Ed. Suhrkamp, 1991.

______. "O jogo de Letras", Infância em Berlim. *Obras Escolhidas II: Rua de mão única.* São Paulo: Brasiliense, 1987.

______. "Protocoles d'expérience faites avec les drogues". In: *Sur le haschich et autres écrits sur la drogue* (1927-1934), trad. J.-F. Poirier. Paris: Christian Bourgois, 1993.

7. Cf. "Fragmento teológico–político" (Benjamin, 1991), *Walter Benjamin: sentinelle messianique* (Bensaïd, 2010), entre outros.

______. "O Surrealismo, último instantâneo da inteligência europeia", "Imagens de Pensamento". In: *Magia e técnica, arte e política.* (Trad. Paulo Sérgio Rouanet). São Paulo: Brasiliense, 2012. (Obras escolhidas, vol. 1).

______. "A doutrina das semelhanças". Trad. Sérgio Paulo Rouanet. *Obras Escolhidas I,* São Paulo: Ed. Brasiliense, 2008.

______. "Altes Spielzeug". In: *Gesammelte Schriften,* t. III. Francfort-sur-le--Main: Suhrkamp, 1991.

MACHADO, Francisco Pinheiro. Disrupção subjetiva e crítica social: surrealismo e imagens de pensamento benjaminianas, *Filosofia e Educação* [*rfe*] – volume 8, número 1 – Campinas, SP, Fevereiro-Maio de 2016.

PROUST. *No Caminho de Swann.* Trad. Mario Quintana. Rio Grande do Sul: Ed. Globo, 2011.

Ruas de mão dupla: Ai se sesse o Benjamin no Brasil

Rafael Haddock-Lobo

Para Marcelo Rangel, pelo chamado hiperempírico[1]

As cidades são também entidades filosóficas [...]. Testemunham, enquanto tais, a fidelidade ao singular e ao concreto.
Katia Muricy

O sagrado e suas profanações, o sagrado que já é profano, satânico e mundano, são a maneira benjaminiana de ingressar na compreensão da modernidade e da história.
Olgária Matos

Este incêndio simultâneo do espaço, do tempo e da linguagem é, em Benjamin, a forma autêntica da revelação onde uma nova subjetividade, mais livre, pode ser construída. E a infância, enquanto encarnação da própria filosofia, faz desta última uma arte de caçar borboletas.
Claudia Castro

[...] isto não significa dizer que não haja e que não tenha havido a possibilidade de uma reconstituição hiperempírica e compartilhada de um mundo, de um espaço comum e mais estável determinado por um conjunto específico de sentidos, significados e afetos.
Marcelo de Mello Rangel

....

1. "Hiperempiria" é um termo ao qual Marcelo de Mello Rangel e eu temos nos dedicado para pensar uma outra noção de experiência e, por conseguinte, de relação com o real. O termo aparece pela primeira vez na versão revisada e publicada de sua tese de doutorado, *A história e o impossível.*

O poeta e alfaiate paraibano Zé da Luz, com uma boa mão para costuras de textos e tecidos, desliza sutilmente o pretérito imperfeito dos contos de fada europeus para a realidade sempre condicionada dos pensamentos das terras onde a fome é a regra, quando o "era uma vez" é largado de mão e a escrita se dá ao som do "ai se sesse".[2] Enquanto os contos de fada são contados no pretérito imperfeito do indicativo, tempo verbal utilizado para se referir a um fato ocorrido no passado, mas que não foi completamente terminado, expressando, assim, uma ideia de continuidade e de duração no tempo, os cordéis de Zé da Luz acontecem no pretérito imperfeito do subjuntivo, tempo verbal utilizado para expressar desejos e acontecimentos que são sempre determinados por outros, que, portanto, os condicionam. Além disso, o suspiro temporal de "ai se sesse", essa esperança – como aquela de Benjamin – que, a cada geração, sabemos que ainda não chega, pode indicar também uma indecidibilidade temporal, pois a ação aspirada pode se dar no presente, no passado ou no futuro.

É nesse estranho e fantasmagórico tempo, e em homenagem a um amigo e parceiro de ruas de muitas mãos como Marcelo Rangel e a grandes amigas-mestras como Katia Muricy, Olgária Matos e Claudia Castro, e talvez mesmo em agradecimento ao Benjamin, que ensaio aqui algumas possíveis *passagens* que eu desejaria muito que ele, WB, tivesse, por nossas terras, experimentado e escrito.

"Ai se sesse..."

...

Benjamin, o menino que, em sua infância em Berlin, caçava borboletas[3] e que, com esse jogo, aprende a caçar palavras, é o mesmo que aprende que um certo olhar sempre se dirigiu a ele: o do Corcundinha. Essa figura, que tanto a ele como a mim sempre pareceu instigar e sobre quem eu tive a ousadia de escrever[4] – meu medo de escrever sobre Benjamin sempre foi tamanho! – fica como antípoda ao menino saltitante. Por um lado, o lufar de asas, do menino e da borboleta; por outro, as mãos trêmulas da criança

....

2. Na linda interpretação de Lirinha, vocalista do Cordel do Fogo Encantado, remeto ao poema de Zé da Luz: https://www.youtube.com/watch?v=aSpCkGeiTec.

3. CASTRO, Claudia. "A arte de caçar borboletas", disponível em: https://www.claudiacastro.net/a-arte-de-cacar-borboletas. Sobre esse texto de Claudia Castro, indico minha homenagem póstuma "Sobre borboletas, letras e rastros" (Haddock-Lobo, 2019).

4. Remeto a meu texto "Entre as asas e a corcunda" (Haddock-Lobo, 2019).

que deixa a tigela de sopa cair no chão. Como disse Olgária Matos,[5] aqui parafraseada e levemente traída pelas minhas palavras, em uma das mãos dessa rua, no sentido em que Benjamin se dirigia, as asas esvoaçantes, os perfumes das folhagens e o sol, e, no sentido contrário, corcundas, as asas de um anjo melancólico e a noite.

Nesse encontro, nessa encruza, Benjamin, no cabo de guerra entre marxismo e misticismo, entre Adorno e Scholem, e que preferiu sempre viver no *entre*, faz desse território seu local de feitiço e de esconjuro do desencanto (Matos, 2006, p. 182). Esse lugar de encontro de forças que Benjamin habita é o que o levou a se sentir tão confortável, apesar da falta de dinheiro, entre os becos, as ruas, as marquises e as esquinas[6] de Paris, "uma cidade no espelho" (Muricy, 2020, p. 97).

E é por meio desse espelho que, tal qual Alice, gostaríamos de ver Benjamin passar, não em direção à Espanha, onde o Corcundinha já o aguardava, mas, como num gesto de encantamento ou drible na morte, como cantam Simas e Rufino (2019, p. 5-6), num certo descaminho ao Brasil. Mas, certamente, essas especulações que aqui ensaio não se refletem sob a lógica simétrica daquelas exploradas por Benjamin em "Paris, a cidade no espelho" (Muricy, 2020, p. 97). Esse estranho espelho[7] dessa Alice de Oxum, que, como menina feiticeira, abre-se como portal, é distorcido, refletindo apenas a fantasmagoria concreta daqueles que, aos suis dos mundos, espectram-se e desafiam o desencanto colonial.

Nesse sentido, dando ouvidos a boatos, suposições, fofocas, devaneios, delírios e desejos, ou seja, a tudo aquilo que a academia pretende varrer para debaixo do tapete, este texto é o reflexo desse sonho que, como não sou historiador, não ouso interpretar (Muricy, 2020, p. 115), começa com o aceite de Benjamin ao convite para lecionar na Universidade de São Paulo.

Esse sonho, portanto, não é apenas um sonho com a *sobrevivência*[8] de Walter Benjamin. Também é, claro. Mas talvez, mais ainda, seja um sonho

....

5. A frase de Olgária à qual me refiro é: "O que são as asas de um anjo que não pode cumprir sua missão angélica senão uma grande corcunda?" (Haddock-Lobo, 2019, p. 17).

6. Referência ao texto "Becos, ruas, marquises e esquinas", de Marcelo José Derzi Moraes (Borges-Rosário et al., 2020).

7. Referência a meu texto "Esses estranhos espelhos ou sobre como especular diante de..." (Solis et al, 2020), também disponível em: https://revistas.pucsp.br/index.php/PoliEtica/article/view/50693.

8. Referência à "Tarefa do tradutor". As diferentes versões em português podem ser encontradas em: http://escritoriodolivro.com.br/bibliografia/Benjamin.pdf.

por uma academia outra, uma outra filosofia brasileira, a que poderia ter acontecido *se* Benjamin tivesse vindo dar com os burros em nossas águas. Ai se sesse. Odoiá. Ora ieiê.

...

Talvez o texto devesse ter terminado aqui, apenas expressando que filosofia, que humanidades e que Brasil teria sido esse, abençoado por Walter Benjamin. E que porvir, quanta esperança, e que lindos encontros teriam acontecido em nossas universidades, em nossas ruas, nas ruas das universidades e nas universidades das ruas. É por um mundo em que Benjamin sobrevive no encantamento e encanta as luzes que escrevo. Mas, ao invés de dissertar, analisar ou explicar seus textos, queria propor algumas alegorias, algumas alegorias cruzadas ou encruzilhadas alegóricas desse mundo com o qual eu sonho através de Benjamin.

...

Primeira encruza: Benjamin e o caboclo

Do outro lado do espelho, estamos nós, aqui. E quando Luiz Antonio Simas (2019, p. 13) pensa suas *Pedrinhas miudinhas* nesse cruzo entre a "História a contrapelo" de Benjamin com o ensinamento do Caboclo da Pedra Preta,[9] de Joãozinho da Gomeia, que canta: "Uma é maior, outra é menor, a miudinha é que nos alumeia / pedrinha miudinha de Aruanda ê", ele abre os caminhos, como Ogum Rompe-Mato, por dentro das pequenas veredas dos cruzos. Simas, como "ogã de Ogum, do ventre d'um tumbeiro vem pra aldeia"[10] e nos faz sonhar com a chegada do filósofo alemão, talvez levado por Pierre Verger ao quilombo de Caxias, onde Tata Londirá o esperava. Naquele lugar, na baixada fluminense, as miudezas teriam se encontrado. E, nesse sonho que persigo, o caboclo teria mandado Benjamin correr sete encruzilhadas e,

9. A referência é ao ponto cantado por Joãozinho da Gomeia: https://www.youtube.com/watch?v=NXt9VNEHq48

10. Referência à canção "Ogã de Ogum", de Luiz Antônio Simas e Moyseis Marques. Segue a versão cantada por Fabiana Cozza: https://www.youtube.com/watch?v=3eXlCgHYcZI

em cada uma, fazer sua oferenda. Esse encontro, com o qual Simas nos faz sonhar e que encanta histórias, filosofias e macumbas, é a primeira imagem que, aqui, saúdo.

(Antes de correr as sete encruzilhadas com Benjamin, acendo minhas velas, como num arco-íris, para louvar aquilo que me anima a escrever: a vermelha, para o fogo de Exu, que alimenta nossas encruzilhadas filosóficas; a laranja para Matamba, que fazia esvoaçar os cabelos alisados de Joãozinho; a amarela para ele, Joãozinho, que traz o ouro, o brilho, e inaugura uma outra estética dos candomblés; a verde, ofereço ao caboclo, sabedor das miudezas; a azul, para Oxóssi, que aponta sua flecha e nos faz aprender que pensar é caçar; a anil, acendo para Ogum, que nos ensina que a melhor tradução para "método" é "abre-caminho"; e, por fim, a última, ofereço à força do pensamento que se chama Luiz Antonio Simas, que me queima com sua chama violeta, a da sabedoria).

A primeira encruzilhada, na qual Benjamin arreia sua obrigação, é justamente a Gomeia, encruzilhada onde se encontram orixás iorubanos, inquices bantos e caboclos brasileiros. Ele bate sua cabeça aos pés do dendezeiro do caboclo e lá firmando seu axé.

(E aqui deveríamos ouvir Benjamin sambando ao som de "Tata Londirá: O Canto do Caboclo no Quilombo de Caxias", Samba de 2020 da Acadêmicos da Grande Rio)[11]

Segunda encruza: descarregar a corcunda

Enquanto Clementina canta que "lá na mata tem cachorro do mato e catinguelê"[12] e chama suas crianças pra virem lhe defender, Benjamin parece entender, depois de sua consulta com seu Pedra Preta, que é hora de seu ebó para o Corcundinha. Mas muito se engana quem acha que ebó é só pra despachar, tem carrego que vem pra ficar, já nos ensinou Jorge Amado! Diferente da ideia de obsessor, o encosto é afetivo, ele encosta porque se apega. E Benjamin bem sabia disso: não é à toa que, a despeito de tudo, ele nos lembra que é preciso rezar ao Corcundinha!

....

11. Disponível em: <https://www.youtube.com/watch?v=iro9fp8PaD8>.

12. Referência ao ponto de erê "Caxinguelê das crianças", gravado por Clementina de Jesus: <https://www.youtube.com/watch?v=DN3RSt7Eq7Q>.

Parece que não é na floresta, mas na mata, que a reza tem sua força. A lista do ebó, Benjamin já nos dera: o vinho que ele, em sua jarrinha, bebe sempre antes de chegarmos à adega; a sopa, na panelinha de ágate; o mingauzinho, em um pratinho bem ornado. Mandaram Benjamin botar tudo bem bonitinho perto de um bambuzal porque, ali, sob a proteção de caboclos, exus e crianças, o Corcundinha vai conhecer o Saci e, os dois, passam a morar no coração do redemunho.

Um, com só uma perna, e o outro, com sua corcunda pesada, passam nessa terra a encantar os sonhos infantis, fazer suas travessuras, fumar cachimbo e podem até morar em uma garrafa, quando pegos. Tornam-se protetores das matas, mensageiros dos curandeiros e se movem sob o vento de Iansã.

(Benjamin acende, nessa encruza das matas, uma vela verde, que oferece a seu amigo, Câmara Cascudo, e uma vela vermelha, acesa na intenção de Clementina).

Terceira encruza: navio atraca

Um cargueiro atraca no cais do Porto, no Rio de Janeiro. Desce ele, com sua leveza e pés que *flanam*. "Caminhando na ponta dos pés, como quem pisa nos corações, que rolaram dos cabarés." E entre "deusas e bofetões, entre dados e coronéis, entre parangolés e patrões",[13] o *flâneur* desliza pelo mangue, onde é acolhido por mulatas e polacas. Quando conhecem suas mumunhas, resolvem apresentá-lo a um certo camarada que, também recém-chegado, mas vindo de Alagoas e chegando ao Rio num pau-de-arara, sabe pisar de mansinho: seu Zé Pelintra.

Quem ensinou quem? Zé Pelintra ensina o *flâneur* a pisar no chão devagarinho,[14] seguindo a máxima da ética dos pés de Dona Ivone Lara, ou foi o *flâneur* que ensinou o malandro a tomar cuidado com o balanço da canoa?[15]

Dois grandes espectadores urbanos da modernidade; dois mestres, seja das *passagens* ou dos becos, ruas, marquises e esquinas;[16] um vindo dos

....

13. Referência à canção "A volta do malandro", de Chico Buarque, na bela interpretação de Teresa Cristina: https://www.youtube.com/watch?v=lxvx5cCzSWc

14. Referência à canção "Alguém me avisou", de Dona Ivone Lara: https://www.youtube.com/watch?v=2KAOsDvcUuE

15. Referência ao ponto cantado de Zé Pelintra, aqui na voz de Clementina de Jesus: https://www.youtube.com/watch?v=zskLxJufGGw

16. Referência ao livro de Benjamin e ao texto de Marcelo Moraes, já mencionado.

poemas de Baudelaire, outro vindo dos pontos de catimbó: duas expressões da *pelintração*[17] que nos ensinam que às vezes é preciso usar sapato para poder andar descalço. Benjamin teria adorado essas infinitas traduções.

(Nessa encruzilhada entre terra e mar, WB acende uma vela branca para Dicró, uma preta pra Kid Morengueira e uma vermelha pra Bezerra da Silva).

Quarta encruza: Dândi na esquina é doutor

Vendo um homem muito bem apessoado na esquina, encostado junto a um poste de luz, com bengala e cartola, Benjamin crê ter reconhecido o dândi. Vai até ele e o cumprimenta cheio de salamaleques. O homem, de modo meio debochado, faltando alguns dentes na boca e com bafo de cachaça, retribui o cumprimento: "bá noite, moxo." Estranhando o modo de falar desse estranho dândi das encruzilhadas, ele perguntou seu nome. "Me chamo Tranca Rua", respondeu. Benjamin deu "boa noite", atravessou a rua em respeito, ficou o observando e anotou em seu caderninho: "Lá na encruza existe um homem valente, com sua capa e cartola e um punhal entre os dentes. É madrugada, e ele está a meu lado...".[18]

Andou mais um pouco pelas ruas escuras e, mais à frente, viu outro homem que lhe assustou bastante, e anota "não era meia-noite quando o malvado chegou, com sua capa preta dizendo que era doutor. Mas ele é Exu dizendo que era doutor".[19] Não sabendo o nome desse senhor, anotou ao lado, *batizando-o*, "Capa Preta", e prosseguiu. Mais à frente, vê outro belo homem, com uma capa preta brilhante, com a majestade de um rei. O preto azulado de sua capa lhe fez merecer uma nota no caderninho do filósofo: "Salve o veludo", quando, de um sobrado próximo, se ouvia atabaques e vozes que lhe pareciam esganiçadas cantarem: "Exu veludo é rei, ele é sim senhor. Ele é rei lá na encruza, na estrada ele é doutor."[20]

Foi ficando deslumbrado com a elegância que encontrava em corpos tão precários, que pareciam nem ter o que comer, mas que, à noite, reinavam

....

17. Expressão utilizada em diversos textos e falas de Luiz Antonio Simas (et al., 2020), mas que pode ser encontrada no texto "As pelintrações e o samba".

18. Ponto cantado de Exu Tranca-Rua: https://www.youtube.com/watch?v=lDvh3aGm_2o

19. Ponto cantado de Exu Capa Preta: https://www.youtube.com/watch?v=ETwBvl74trA

20. Ponto cantado de Exu Veludo: https://www.youtube.com/watch?v=bZfhKZTC1wo

soberbamente. Senta, por fim, num boteco de esquina. Na mesa ao lado, um outro dândi subalterno se apresenta a ele: "Me chamo Exu Marabô, sou doutor dos saberes dessas ruas, sou aquilo que resiste a essa modernidade que o senhor tanto tenta entender. Gargalho de toda pomba, reino em cada boteco, ensino em qualquer terreiro, defendo qualquer injustiçado e curo toda ferida que a cidade produz." E sai, cantando:

> Tava curiando na encruza quando a banda me chamou
> Tava curiando na encruza quando a banda me chamou
> Exu na encruza é rei, no terreiro ele é doutor
> Exu na encruza é rei, no terreiro ele é doutor
> Exu vence demanda, Exu é Marabô
> Exu vence demanda, Exu é Marabô[21]

(Benjamin sente saudades de João Cândido Felisberto, a quem não via há algum tempo. O almirante negro, como era chamado, nascido na Encruzilhada do Sul, tinha essa dignidade de mestre-sala, que ele aprendia nas ruas. A ele brindou, a ele, aos piratas, às mulatas e às sereias)[22]

Quinta encruza: por debaixo do tabuleiro

Nessas terras cheias de fundanga, o misterioso anão da teologia deve se fazer. Mas será que ele precisa largar os fios de seu boneco vestido à turca? Numa dessas encruzas, entre jogos e bebidas, o anão para um tempo na porta de um cassino. Ao longe, vê um vulto estranho e não sabe se era um menino com roupa de homem ou um homem com roupa de menino. Fuma, bebe, mas gargalha como criança. Faz ele se lembrar do velho Zaratustra, mas eternizado como forma infantil. Pergunta seu nome e lhe pede um cigarro: "sou exu mirim", responde a estranha figura. E você, anão, o que faz aqui? "Vim jogar, quero aqui me libertar dos fios e deixar meu boneco em qualquer canto." Mirim se pôs a rir, com sua roupa de marinheirinho, e deu um bom gole na cachaça. "Ah, anão, só você, que aqui se acha ventríloquo e acredita

....

21. Ponto cantado de Exu Marabô: https://www.youtube.com/watch?v=_IvCLZlgk4Q

22. Referência à canção "Mestre-sala dos mares", de Aldir Blanc Mendes e João Bosco. Aqui, na versão original ("O almirante negro"), sem a censura: https://www.youtube.com/watch?v=B_WgMM0_Ghw

que pode sair de debaixo do tabuleiro." O anão parece se envergonhar um pouco do seu despudor. Aquele menino, meio erê meio exu, ensinava a ele que ninguém ao certo sabia se ele era um adulto que baixava em gira de criança pra viver a infância que não pôde viver ou uma criança que baixava em gira de exu pra poder ser o adulto que não pôde ser. Em todos os casos, nessa terra, nunca se sabe quem é que está por cima e quem é que está por debaixo do tabuleiro. É por isso que o cumpadre Simas diz que não há comunismo sem macumba e não há macumba sem comunismo.[23]

(As velas de Benjamin tinham acabado. Saudou essa encruza cantando: "Vi um menino sentado na encruza / Perguntei o que que foi, perguntei, o que que faz / Vi um menino sentado na encruza / Perguntei o que que foi, perguntei, o que que faz / Eu vim aqui desmanchar feitiço / Mas pra Calunga eu já vou voltar")[24]

Sexta encruzilhada: o anjo antropófago

Em uma visita à casa de Tarsila do Amaral, a quem considerava a maior expoente da filosofia brasileira, Benjamin passa por um sufoco, como que um ataque agoráfobo, sente o peito doer e não consegue ir embora. Fica por algumas semanas preso, junto à Tarsila, como que dirigidos por Buñuel.[25] Sem, contudo, as ovelhas passeando e sem as pessoas na sala de jantar, ocupadas em nascer e morrer,[26] os dois viviam seu anjo exterminador e colocavam, na parede, lado a lado, o *Angelus novus* e o *Abaporu.*

Benjamin pensa nos olhos escancarados e na boca dilatada e nas asas abertas do quadro de Klee. Reflete sobre como esse anjo europeu só encontra as ruínas a seus pés e, tentando, sem sucesso, acordar os mortos, tem suas asas seladas em meio à tempestade. Mas conta a Tarsila que sempre que Deus

....

23. Isso aparece constantemente em suas redes sociais.

24. Ponto cantado de Exu Mirim: https://www.youtube.com/watch?v=EIB73yxsBus

25. O Filme "O anjo exterminador", de Luís Buñuel, de 1962, está disponível em: https://www.youtube.com/watch?v=rNh7-t1C5Lc

26. A crítica social de Buñuel, seja em "O anjo exterminador", "O discreto charme da burguesia", "O fantasma da liberdade", "A bela da tarde", "Esse obscuro objeto do desejo" parecem animar toda a crítica tropicalista. "Panis et circenses", de Caetano Veloso, Sergio Dias Baptista, Arnaldo Baptista, Rita Lee e Gilberto Gil, mostra bem essa herança: https://www.youtube.com/watch?v=ETqMNQw-a9M

quer que uma nova ordem seja executada, um novo anjo é criado. É assim que vejo teu Abaporu.

Tarsila riu. Quase concordou. Sempre ria quando tentavam enquadrar seu quadro, pois ele desenquadra. É ele quem cria anjos a cada vez. "É ele. É ela."

A porta se abre e Benjamin, respirando levemente, sai com as cores do quadro em sua cabeça, tentando compreender como aquele anjo que come gente consegue despertar tantos mortos, viver de tantos restos e *sobre-viver.*

Sétima encruzilhada: Benjamin e as heroínas da modernidade

Uma voz chama Benjamin: "Juraram de me matar na porta do cabaré, juraram de me matar na porta do cabaré, ando de dia, ando de noite, não mata porque não quer."[27] Ele se sente em casa como nunca desde que pisou nessas bandas. Reconhece várias das moças que ali encontra: viu que dona Padilha lembrava muito uma amiga espanhola que conheceu em Paris, isso sem falar nas ciganas, que conhecia bem, e de algumas polacas que se espalharam pelo velho continente. Mas uma mulher em especial encanta Benjamin: um corpo negro masculino, forte, com grandes seios e voz áspera que, fumando um charuto, lhe chama pra sentar e lhe oferece um conhaque.

Se Olgária, minha fada-madrinha, diz que "o feminino é uma crítica ao mundo desencantado, e a prostituta é a herdeira dos contos de fada" (Matos, 2006, p. 183), Benjamin proclama Mulambo a Safo negra, a dona do próprio corpo encantado nesse conto de fadas das ruas. Essa moça, com quem Benjamin se encontra, mais homem que muito homem, é a quem Benjamin, enfim, seu coração entrega, e acende duas velas rosas em um pires com muito mel, nas redondezas da Rua Augusta, para onde passou a ir, todos os dias, após suas aulas na universidade.

> Arreda homem que aí vem mulher!
> Arreda homem que aí vem mulher!
> Ela é a pombagira, rainha do cabaré
> Sete homens vêm na frente pra dizer quem ela é
> Ela é a pombagira, rainha do cabaré[28]

....

27. Ponto cantado de Pombagira do Cabaré: https://www.youtube.com/watch?v=QseCI3RGSqM

28. Ponto cantado de Pombagira Rainha do Cabaré: https://www.youtube.com/watch?v=PoWrEqbIxT0

Referências

BENJAMIN, Walter. *Diário Parisiense e outros escritos*. Trad. Carla Damião e Pedro Hussak. São Paulo: Hedra, 2020.

______. *O contador de histórias e outros textos*. Trad. George Otte, Marcelo Backes e Patrícia Lavelle. São Paulo: Hedra, 2020.

______. *Obras escolhidas II*: rua de mão única. Trad. Rubens Rodrigues Torres Filho e José Carlos Martins Barbosa. São Paulo: Brasiliense, 2000.

______. *Obras escolhidas III*: Charles Baudelaire, um lírico no auge do capitalismo. Trad. José Carlos Martins Barbosa e Hemerson Alves Barista. São Paulo: Brasiliense, 2000.

______. *Obras escolhidas*: magia e técnica, arte e política. Trad. Sérgio Paulo Rouanet. São Paulo: Brasiliense, 1996.

______. *Passagens*. Organização: Willi Bolle. Colaboração: Olgária Chain Féres Matos. São Paulo/Belo Horizonte: Ed. UFMG/Imprensa Oficial do Estado de São Paulo, 2006.

______. *Sobre o programa da filosofia por vir*. Trad. Helano Ribeiro. Rio de Janeiro: 7 letras, 2020.

BORGES-ROSÁRIO, Fabio; MORAES, Marcelo José Derzi e HADDOCK-LOBO, Rafael. *Encruzilhadas filosóficas*. Rio de Janeiro: Ape'ku, 2020.

CASTELO BRANCO, Lucia. *A tarefa do tradutor, de Walter Benjamin*: quatro traduções para o português. Belo Horizonte: FALE/UFMG, 2008.

CASTRO, Claudia. "A arte de caçar borboletas". In: KOHAM, Walter. *Devir-criança da filosofia – infância da educação*. Rio de Janeiro: Autêntica, 2010.

HADDOCK-LOBO, Rafael. *Experiências abissais ou sobre as condições de impossibilidade do real*. Rio de Janeiro: Via Verita, 2019.

MATOS, Olgária. *Advinhas do tempo*. São Paulo: HUCITEC, 2008.

______. *Discretas esperanças*. São Paulo: Nova Alexandria, 2006.

MORAES, Marcelo José Derzi. "Becos, ruas, marquises e esquinas". In: BORGES-ROSÁRIO, Fábio; MORAES, Marcelo José Derzi; HADDOCK-LOBO, Rafael. *Encruzilhadas filosóficas*. Rio de Janeiro: Ape'Ku, 2020.

MURICY, Katia. *Figuras da verdade*: Nietzsche, Benjamin, Foucault. Rio de Janeiro/Belo Horizonte: Ed. PUC-Rio/Relicário, 2020.

RANGEL, Marcelo de Mello. *A história e o impossível. Walter Benjamin e Derrida*. Rio de Janeiro: Ape'ku, 2020.

SIMAS, Luiz Antonio. *Pedrinhas miudinhas*: ensaios sobre ruas, aldeias e terreiros. Rio de Janeiro: Mórula, 2019.

SIMAS, Luiz Antonio; RUFINO, Luiz. *Flecha no tempo*. Rio de Janeiro: Mórula, 2019.

SIMAS, Luiz Antonio; RUFINO, Luiz; HADDOCK-LOBO, Rafael. *Arruaças*: uma filosofia popular brasileira. Rio de Janeiro: Bazar do Tempo, 2020.

SOLIS, Dirce Eleonora Nigro; DIAS, Rosa; HADDOCK-LOBO, Rafael. *Cenas filosóficas*: entre Mênades, telas e fios. Rio de Janeiro: Ape'ku, 2020.

SOBRE OS AUTORES E ORGANIZADORES

Aléxia Bretas é Professora Adjunta na Universidade Federal do ABC, onde leciona nos cursos de Filosofia e Ciências & Humanidades. Tem mestrado e doutorado em Filosofia pela USP (2010), pós-doutorado em Teoria Literária pela UNICAMP (2014) e estágios de pesquisa na Freie Universität Berlin (2009) e na Université Paris 8 (2013). É autora dos livros: *A Constelação do Sonho em Walter Benjamin* (Humanitas, 2008), *Do Romance de Artista à Permanência da Arte* (Annablume, 2013), *Fantasmagorias da Modernidade* (Ed. UNIFESP, 2017) e *Aquém do Homem* (EdUFABC, no prelo). É membro do GT Filosofia e Gênero da ANPOF, da Rede Brasileira de Mulheres Filósofas e da Rede de Pesquisa Nexos: Teoria Crítica e Pesquisa Interdisciplinar.

Augusto de Carvalho é Doutor em História, com ênfase em Teoria e Filosofia da História, pela UFMG. Atua entre a História e a Filosofia.

Bruno Almeida Guimarães é Professor Associado do Departamento de Filosofia da Universidade Federal de Ouro Preto (UFOP) e atua nas áreas de Estética e Filosofia da Psicanálise, especializando-se também na pesquisa de temas ligados à ética, idealismo alemão e teoria crítica. Publicou os livros: *A ética desde Lacan: implicações filosóficas da crítica do sujeito autoconsciente* (Ed. Ufop, 2015) e *Filosofia como esclarecimento* (Autêntica, 2015). É membro do GT de Estética e do GT de Filosofia e Psicanálise da ANPOF.

Carla Damião é Professora da Faculdade de Filosofia e dos Programas de Pós-Graduação em Filosofia e em Arte e Cultura Visual da Universidade Federal de Goiás (UFG). É autora do livro *Sobre o declínio da 'sinceridade'. Filosofia e autobiografia de Jean-Jacques Rousseau a Walter Benjamin* (Loyola, 2006). Com Pedro Hussak, organizou e traduziu *Walter Benjamin. Diário parisiense e outros escritos* (Hedra, 2020).

Daniel Pucciarelli é Professor da Universidade do Estado de Minas Gerais e dos Programas de Pós-Graduação em Artes da UEMG e em Filosofia da UFMG. Concluiu o bacharelado (UFMG, 2009), o mestrado (Erasmus Mundus Europhilosophie, 2012), o doutorado (Universidade de Munique, 2017) e um pós-doutorado em Filosofia (UFMG, 2017-2019). Membro do GT de Estética da ANPOF e dos grupos de pesquisa Crítica e Dialética (CNPq) e Mário Pedrosa Atual. Editor Adjunto do periódico *Artefilosofia* (UFOP) e coeditor da *Ouriço: Revista de poesia e crítica cultural.*

Ernani Chaves é Professor Titular da Faculdade de Filosofia da UFPA. Atualmente é coordenador do PPG em Filosofia da mesma Universidade. Escreveu livros, diversos capítulos de livros e artigos publicados no Brasil e no exterior. É tradutor de Nietzsche, Benjamin e Freud.

Helano Ribeiro trabalhou de 2006 a 2008 como Professor Leitor de Língua Portuguesa e Literatura Brasileira na Universität zu Köln (Alemanha), onde ministrou disciplinas de cultura e literatura brasileiras contemporâneas, assim como de tradução. Publicou traduções de textos de autores de línguas alemã e francesa, tais como, Walter Benjamin, Carl Einstein e Georges Didi-Huberman. Trabalha como Professor no Curso de Bacharelado em Tradução na Universidade Federal da Paraíba (UFPB). Em 2019, foi professor visitante na Katholische Universität Eichstätt e Friedrich-Alexander-Universität Erlangen-Nürnberg, na Alemanha. Atuou em 2021 como professor convidado no Programa de Pós-Graduação em Letras da Universidade Federal de Santa Catarina.

Imaculada Kangussu é Professora Titular no Departamento de Filosofia da Universidade Federal de Ouro Preto. Atua na área de Estética, Ética, Teoria Crítica e teorias críticas. É autora de *Leis da liberdade* (2008, Loyola), *Sobre Eros* (2007, Scriptum) *e A fantasia e as fantasias* (2020, Ape'ku). Participa do GT de Estética da Anpof e atualmente é vice-presidente da International Herbert Marcuse Society.

João Emiliano Fortaleza de Aquino é Professor dos Cursos de Graduação e Mestrado em Filosofia da Universidade Estadual do Ceará, onde ministra disciplinas das áreas de Filosofia Social e Política e de Teoria Crítica. É Doutor em Filosofia pela PUC-São Paulo.

Luciano Gatti é Professor do Departamento de Filosofia da Unifesp e pesquisador do CNPq. É autor de *Constelações. Crítica e verdade em Benjamin e Adorno* (Loyola, 2009) e *A peça de aprendizagem. Heiner Müller e o modelo brechtiano* (Edusp/Fapesp, 2015).

Marcelo de Mello Rangel é Professor do Departamento de História e dos Programas de Pós-Graduação em História e em Filosofia da UFOP. Coordena o GT Alteridade e Desconstrução da Anpof. É autor de *Da ternura com o passado: História e pensamento histórico na filosofia contemporânea* (Via Verita, 2019) e *A história e o impossível. Walter Benjamin e Derrida* (Ape'Ku, 2020). Foi professor visitante na Universidade de Stanford.

Márcio Seligmann-Silva é doutor pela Universidade Livre de Berlim, pós-doutor por Yale, professor titular de Teoria Literária na UNICAMP e pesquisador do CNPq. É autor de, entre outras obras, *Ler o Livro do Mundo: Walter Benjamin, romantismo e crítica poética* (Iluminuras,1999, seg. ed. 2020, vencedor do Prêmio Mario de Andrade de Ensaio Literário da Biblioteca Nacional em 2000), *Adorno* (PubliFolha, 2003), *O Local da Diferença* (Editora 34, 2005, seg. ed. 2018, vencedor do Prêmio Jabuti na categoria Melhor Livro de Teoria/Crítica Literária 2006), *Para uma crítica da compaixão* (Lumme Editor, 2009) e *A atualidade de Walter Benjamin e de Theodor W. Adorno* (Editora Civilização Brasileira, 2009). Foi professor visitante em Universidades no Brasil, Argentina, Alemanha, Inglaterra e México.

Olgária Matos é Professora Titular aposentada da Universidade de São Paulo (USP) e Professora Titular no Departamento de Filosofia da EFLCH-Unifesp. É coordenadora da Cátedra Edward Said (Unifesp), tem experiência na área de Filosofia, com ênfase em História da Filosofia, atuando principalmente nos seguintes temas: tempo, razão, democracia e história. Recebeu o prêmio Jabuti em 1990 pela publicação do livro *Os arcanos do inteiramente outro* (Brasiliense, 1989).

Rafael Haddock-Lobo é Professor do Departamento de Filosofia da UFRJ, do Programa de Pós-Graduação em Filosofia da UERJ e do Programa de Pós-Graduação em Bioética, Ética Aplicada e Saúde Coletiva (PPGBIOS-UFRJ). É autor de *Da existência ao infinito: ensaios sobre Emmanuel Lévinas* (Loyola; Ed. PUC, 2005), *Derrida e o labirinto de inscrições* (Zouk, 2008), *Para um pensamento úmido: a filosofia a partir de Jacques Derrida* (Nau, 2011), *Experiências abissais ou sobre as condições de impossibilidade do real*, (Via Verita, 2019), *Os fantasmas da colônia - notas de desconstrução e filosofia popular brasileira* (Ape'Ku, 2020), *Arruaças: uma filosofia popular brasileira* (Bazar do Tempo, 2020), *O que eu te escrevo continua... 50 anos de Uma aprendizagem ou o livro dos prazeres. Uma homenagem a Clarice Lispector* (Ape'Ku, 2021) e *Cenas filosóficas entre Mênades, telas e fios* (Ape'Ku, 2021). É coordenador do Laboratório "X" de encruzilhadas filosóficas e foi um dos criadores, coordenador, e hoje é membro do GT Alteridade e Desconstrução da ANPOF.

Romero Freitas é professor titular no Departamento de Filosofia da Universidade Federal de Ouro Preto. Interessa-se por: literatura e filosofia, idealismo alemão, filosofia francesa contemporânea, teoria crítica e tradução (teoria e prática).

Esta obra foi composta em Crimson Text e Lato
sobre papel Pólen Soft 80 g/m² para a Relicário Edições.